湖北省社会科学基金项目暨
中央财政专项资金项目成果

农村社会治理的
理论与实践

—— 基于法务前沿工程的社会学研究

徐炜 等 著

WUHAN UNIVERSITY PRESS
武汉大学出版社

图书在版编目(CIP)数据

农村社会治理的理论与实践:基于法务前沿工程的社会学研究/徐炜
等著. —武汉:武汉大学出版社,2015.11
ISBN 978-7-307-17062-9

Ⅰ.农⋯　Ⅱ.徐⋯　Ⅲ.农村—社会管理—研究—中国
Ⅳ.C912.82

中国版本图书馆 CIP 数据核字(2015)第 257076 号

责任编辑:胡程立　　　责任校对:李孟潇　　　版式设计:马　佳

出版发行:**武汉大学出版社**　　(430072　武昌　珞珈山)
(电子邮件:cbs22@ whu. edu. cn　网址:www. wdp. whu. edu. cn)
印刷:武汉中远印务有限公司
开本:720×1000　1/16　　印张:21.25　字数:304 千字　插页:1
版次:2015 年 11 月第 1 版　　2015 年 11 月第 1 次印刷
ISBN 978-7-307-17062-9　　　定价:68.00 元

撰稿人名单

导　论　徐　炜
第一章　林　景
第二章　孟　玲
第三章　徐　炜
第四章　陈民洋
第五章　王连慧　陈民洋

目　　录

导　论

第一节　研究缘起与问题的提出

一、研究缘起

中国是一个具有悠久农业文明史的国家，尽管历经近代以来现代化大潮的洗涤，目前农业在整个国家 GDP 的总量中只占 10%，但农村人口仍有 62961 万人，占全国总人口的 46.27%①，如此庞大的农村人口生活在约 60 万个行政村中，农村、农业、农民被冠以"三农问题"成为摆在历届政府面前和社会高度关注的问题。中国农村、农民、农业向何处去？"农民的终结"②何时真正成为现实？与此相关的回应则是政治话语的"中国特色"，学术话语则是"中国经验"、"中国体验"③，社会的转型或曰"摸着石头过河"，这些都是中国学术界关注和迫切解释的重大问题。而与这些问题紧

---

①　参见《中华人民共和国 2013 年国民经济和社会发展统计公报》。

②　参见孟德拉斯著，李培林译：《农民的终结》，社会科学文献出版社 2010 年版，第 6 页。

③　参见周晓虹：《社会建设：西方理论与中国经验》，《学术月刊》2012 年第 9 期；周晓虹：《中国经验与中国体验：理解社会变迁的双重视角》，《天津社会科学》2011 年第 5 期；李培林：《改革和发展的"中国经验"》，《甘肃社会科学》2010 年第 4 期；郑杭生：《中国模式或中国经验与当代中国社会学再研究》，《江苏社会科学》2010 年第 6 期；郑永年：《国际发展格局中的中国模式》，《中国社会科学》2009 年第 5 期；宋林飞：《"中国模式"的成功与未来》，《社会科学战线》2006 年第 2 期等。

密相关的且更为亟待回答的问题是对于当下中国农村的社会治理问题，它既是适切地描述与指导当前社会治理实践的需要，同时也是帮助回答上述问题的理论之不可或缺的构件。作为一个来自农村的社会科学研究者，笔者尽管从 20 世纪 70 年代末就离开农村来到了堂而皇之的大城市，在大学里从事社会学的教学和科研，但无时不忘生我育我的乡村，总是或多或少地将目光和神思投向乡村，笔者的博士学位论文也是研究农村社区权力结构，乡村情结并未因离开而变淡，反而随着年岁的增长更加浓郁。我的故乡坐落在巍巍的大别山脚下，山清水秀，民风淳朴，虽然贫困(全国 592 个国家级贫困县之一)，但依然留给我美好的回忆，因而每年都回去一两次。三十多年来，家乡随着改革开放的大潮，发生了巨大的变化，原来的泥泞小路变成了宽敞的水泥路，过去的土砖瓦屋换成了两三层的小楼房，以往靠步行或自行车出行代之以摩托车、公共汽车甚至小轿车，童年时穿的靠手工织布机织成而加以染色的土布衣衫已经绝迹，农民穿的都是市镇买的成品衣裤，俗话说"留得青山在，不怕没柴烧"，大别山脚下群山绵绵，植被极好，传统农家做饭都是用取之不尽的柴火，现在很多农家也弃之不用改为天然气……变化真大！唯一不变的只有那听之亲切和熟悉的乡音，回到故乡，为乡村巨变而感到由衷欣喜，感叹中央政府决策的正确和市场经济力量的宏大。然而当我深入到乡村时，在欣喜之余，常常生发出挥之不去的忧愁，总感到村子里没有过去热闹了，不仅田野和乡路上少见人影，听不到细伢们的嬉戏之声，而且外观漂亮的小楼也多是"铁将军"把门，村中偶尔见到的也是上了年纪的老人，几乎见不到年轻人，整个村子缺乏一种生气，显得格外的没落和寂寞，村子的空心化现象令人沮丧。我的家乡离县城不到五公里，绿水清山，十分宜居，村民新建的小楼分散坐落在小山旁和溪流边，远远看去似别墅，这些小楼是怎样盖起来的？基本上是村民到外地打工挣钱盖起来的，似燕子衔泥筑巢一般，依靠数年甚至十几年的打工才能把房子建起来，有的建起了房子却背了一身债，只有继续外出打工还债，建好的房子只能空着或者老人和小孩留守，自己成为"漂族"在城市"蚁居"。因为故乡人多地少，人均 0.6 亩田，从事种植业的收入永远建不起小楼，也供不起小孩读书，这其中的无奈与痛苦选择，笔者常感扼腕，徒唤奈何！这决不是社会主义新农村建设的本意。同时更令笔者感到苦闷的是农村人际关系的变化，过去那种纯朴和不加算计的关系很少见到了，取而代之的是算计的、功利的关系，并常常发生纠纷，或为了宅基地，或为了修路占地，或为了用水，或为了赡养老人，或为了山林田地的边界等等，干群之间、邻里之间、兄弟之间、父子之间、婆媳之间、村与村之间、家族与家族之间发生争吵，甚至打架斗殴、对簿公堂，村庄(社区)秩序纷乱①，传统的维持社区秩序的礼俗(地方性知识或习惯法②)及其支持力量式微。人民公社体制瓦解后，"乡政村治"体制中的村(社区)治力量由于多种原因出现了消减，加上市场化的冲击和流出人口(主要是青壮年)的增加，农村的贫困③，村庄的分化和人口流动，各种维系村庄(社区)的力量未能得到有机整合，因而各种乱象濒出，不赡养老人甚至虐待老人、自杀人口(主要是老人④)增加、各种人际群体冲突濒现、上访专业户的出现、邪教的存在与影响，特别是人际信任和制度信任出现危机，不知道信任谁和依靠谁，因而个人或家庭遇到困境，自身无法解决，往往会上访、自杀，或铤而走险报复社会，或信仰宗教求助于神灵。上述伴随社会转型出现的乱象，为何出现，怎样治理才能从失序走向有

---

①　参见郭星华：《社会规范：多元、冲突与互动》，《中州学刊》2014年第3期；贺雪峰：《新乡土中国》，北京大学出版社2013年版。

②　参见格尔兹：《文化的解释》，上海人民出版社1999年版；苏力：《法治及其本土资源》，中国政法大学出版社2004年版；苏力：《送法下乡：中国基层司法制度研究》，中国政法大学2000年版；罗伯特·C.埃里克森著，苏力译：《无需法律的秩序》，中国政法大学出版社2003年版；赵旭东：《秩序、过程与文化——西方法律人类学的发展及其问题》，《环球法律评论》2005年第5期等。

③　参见李强：《"丁字型"社会结构与"结构紧张"》，《社会学研究》2005年第3期。

④　参见陈柏峰：《代际关系变动与老年人自杀》，《社会学研究》2009年第4期；刘燕舞：《中国农村的自杀问题(1980-2009)》，《青年研究》2011年第6期。

序，笔者作为知识分子又能做些什么以缓解这些矛盾、问题和冲突，这些问题一直吸引并困扰着我，每次回故乡都引起煎熬、辗转反侧，思索着问题的可能答案与解决方法。

　　直到2007年秋天，笔者的中学同学、县政协副主席兼县司法局局长王国强先生跟笔者聊天，谈到他做司法局局长推行司法行政改革、完善基层司法行政服务的一些构想，他谈到司法局有六大职能：法制宣传教育、人民调解、社区矫正、安置帮教、法律维权和法律服务。这些职能如能有效发挥作用，则对农民来说是莫大的福祉。但由于现有体制——县城设立的司法局，远离社区居民，鞭长莫及，农民则对其功能缺乏必要的了解，即使有事找来也因成本太高，往往放弃服务。同时乡（镇）设立的司法所也限于人员（一个司法所往往只配备两至三名工作人员）和经费，其服务难以辐射到全乡（镇）居民。鉴于此他想发挥社会力量将服务平台推至村（居）一级，有效发挥司法服务的职能。他的这一构想与笔者思考的问题及解决方法具有高度的契合性，所以我们聊得十分畅快，并作出决定将这项改革命名为"法务前沿工程"，他负责实际推动，笔者则给予理论支持。王国强先生是罗田县培养的本土干部，年轻时当过兵，回到家乡后在县志办公室工作，主编过1998年版《罗田县志》，当过县人大副主任，对本县社况人情有深入的了解，且富于理论思考，有较强的组织协调能力。当我们商定整个行动体系后，他说干就干，2008年2月先在全县选取了河铺镇和胜利镇等作为试点镇，探索一套比较规范的运行模式。在试点工作取得成功经验的基础上，2008年12月5日，县委、县政府、县人大以及县政协相关领导在河铺镇肖家垸村举行启动仪式，在全县启动法务前沿工程。2009年初，笔者和社会学系的5名研究生专程深入罗田县进行了为期一周的调研，对法务前沿工程实施一年多的情况写出了《新农村建设中司法行政部门的创新管理机制：基于罗田县法务前沿工程的调查报告》。该报告主要就法务前沿工程提出的背景、运行机制及创新性、主要做法和试点效应进行了客观描述，并在充分肯定法务前沿工程实施意义的基础上提出了建议，为法务前沿工程在全县的推广提供了理论支撑。县委、县政府采纳了这一报告，并将法务前沿工程写入政府工作报告，还在全县 412 个村（居）建立了法务前沿工作站，陆续聘用 6000 多名法律服务志愿者作为村湾、社区一支快速有效的维护乡村秩序的力量。为了建设这支队伍，法务前沿工程有计划地对志愿者进行法律知识和调解技能的培训，2011 年 6 月开始，武汉大学法学院组织专家教授 20 余人在罗田县和武汉大学对法务前沿工程的志愿者进行免费培训。培训班分 4 期进行，每期 3 天，共有 450 人受训。并且自法务前沿工程开展以来，成绩斐然，受到广大村（居）民的认同和欢迎。同时法务前沿工程作为一项创新的社会管理工程，受到各级部门的高度重视与肯定，司法部长吴爱英明确表示"罗田县法务前沿工程的经验很好，创新了基层司法服务的新模式，很值得学习、借鉴"，前省委书记罗清泉表示"应进一步总结罗田县的经验并加以推广"，当时担任司法部副部长的陈训秋等领导同志先后做出批示"罗田县法务前沿工程是基层治理工作的好模式，搭建了司法服务的新平台，值得学习推广"。在全省加强司法所工作机制建设深入推进三项重点工作现场会上，湖北省司法厅厅长汪道胜在大会上指出，罗田县实施的法务前沿工程符合湖北的实际，代表了司法行政工作的发展方向。2010 年 8 月，湖北省司法厅决定结合全省基层司法行政工作实际，在继续完善乡镇（街道）司法所"一所三中心"工作运行机制的基础上，深入推进村居、社区法务前沿工程建设，充分发挥司法行政机关在服务社会管理创新工作中的独特优势。这一决定也意味着法务前沿工程在全省的推广。

与此同时，罗田县前沿工程从先期试点到全面铺开，引起了许多专家学者的广泛关注。武汉大学资深教授李龙先生，华中师范大学政治学研究院院长、中国问题研究中心主任、湖北省政治学会会长徐勇教授，省社会科学院院长宋亚平先生，武汉大学社会学系系主任朱炳祥教授等专家都给予了高度肯定，认为法务前沿工程是对中国传统社会结构的深度洞察的创新。2011 年 5 月，武汉大学成立了笔者主持的"湖北研究专项"——"社会管理创新研究：法务前沿工程的理论与实践"课题组，研究法务前沿工程。课题组成立后，经多次讨论，制定了研究计划，并于 8 月到罗田县进行了 20

多天的调研，调查内容包含了工程的实施状况、志愿者的总体情况和反馈建议等。课题组调查结束之后，通过资料的整理以及反复研讨，于 2012 年 2 月完成了《社会管理创新的有益探索——罗田县法务前沿工程调研报告》。新闻媒体对罗田县实施法务前沿工程给予众多好评，到 2011 年底为止，共有包括《人民日报》、《光明日报》、新华社、中央电视台、《法制日报》、《湖北日报》、湖北电视台、《黄冈日报》等近 30 家媒体多次报道法务前沿工程，如新华社《国内动态清样》第 2985 期刊登了《湖北罗田法务前沿工程创新司法服务新模式》一文，介绍了罗田县开展法务前沿工程的做法和成效，得到当时担任湖北省委书记罗清泉同志的批示。

但到了 2012 年 5 月以后，由于人事变动，罗田县法务前沿工程开始偃旗息鼓，谁也没有否定，牌子还在挂着，处在一种后续发展乏力的瓶颈状态，面临着向何处去的迷离：向前走路在何方？如何完善使之嵌入到现代基层社会治理体系中？笔者四年多来曾以极大的热情投入到法务前沿工程的实践推动和研究中，从轰轰烈烈逐渐到后期发展乏力，经历太多。不过随着时光的流逝，"刀光剑影暗淡"之后，回过头来重新检视罗田县法务前沿工程的"前世今生"，站在更为宏观和客观的角度来审视它的一切，沉下心来认真琢磨法务前沿工程作为中国社会体制改革、社会管理创新、社会治理的一个个案所反映的我国社会治理实践探索中所获得的具有一般意义的成功经验、存在的问题与学术意义；特别是近读美国约翰霍普金斯大学历史学教授、东亚研究中心主任罗威廉（William T. Rowe）先生的《红雨：一个中国县域七个世纪的暴力史》，深受启迪，更有为研究法务前沿工程而写一本书的冲动。因为从社会治理的角度看，罗威廉先生描述了帝制晚期中国的"暴力经济"："非法的力量是社会秩序的重要组成部分，正如它也是对这种秩序的重要威胁"[①]，让读者看到七个世纪中"暴力不仅长期存在，事实上还全面嵌入了当地社会经济和国家行政机构。秩序的力量（地方强

---

① 罗威廉：《红雨：一个中国县域七个世纪的暴力史》，中国人民大学出版社 2014 年版，第 6 页。

人和军事首领这样的强势者）与反秩序的力量（经常被随意贴上土匪的标签）共存于一种妥协达成的粗略平衡中"①，可以说秩序与反秩序的力量共存状况决定了当地的"治"与"乱"的格局，也从另一种视角诠释了黄麻起义的历史起源和社会治理的重要性。而且罗威廉先生描述的麻城县就是罗田县的邻县，所使用的资料如《湖北通志》、《蕲黄四十八寨纪事》的作者就是罗田县的先贤、武汉大学教授王葆心先生，四十八寨中有近一半的山寨在罗田县，元末南方红巾军的首领、天完帝国皇帝徐寿辉也是罗田人②，因此作为罗田人不仅欣赏此书，也想探究本县之旧事今闻。基于此，笔者试图研究法务前沿工程，从而写作本书。

二、问题的提出

法务前沿工程是 2008 年初由罗田县司法局提出并实施的一项社会治（管）理创新实践探索活动，是指在当地党委、政府的领导下，在司法所指导下，以村（居）委会为依托，整合司法所干警、村干部、社会志愿者等各种力量，建设融法制宣传教育、人民调解、社区矫正、安置帮教、法律维权等多项工作为一体的将司法行政服务职能下移到村（居）级的综合服务体系。从上述研究缘起的叙说以及法务前沿工程的定义看，该工程的设计、提出和实施，应该说是契合罗田县这一欠发达的、受到市场经济和现代化大潮洗礼的中部地区的实际情况的；从宏观层面来看，它符合中央一贯提倡

---

① 罗威廉：《红雨：一个中国县域七个世纪的暴力史》，中国人民大学出版社 2014 年版，第 6 页。

② 王葆心（1869—1944）是湖北罗田人，民国时期历任湖北革命实录馆总纂、武昌师范大学教授、武汉大学教授；其间兼任湖北国学馆馆长、湖北通志馆筹备处主任、《湖北通志》总纂，遗著达 170 余种。1957 年，湖北省人民政府为"嘉其学行"，重修王葆心墓。国家副主席董必武借鉴其诗，亲笔题下了"楚国以为宝，今人失所师"二语，以表墓门。王葆心先生所著《天完志略》于 2014 年 1 月在国家图书馆发现藏本，而罗威廉先生认为不存在此书。并且在描述天完帝国的事实时将麻城人邹普胜排在徐寿辉之前，笔者以为不妥，有待商榷。

的改革开放、社会主义新农村建设、社会管理创新和社会治理现代化等一系列政策，或者说就是为了响应和贯彻中央的一系列政策；从微观层面来看，根据欠发达农村社区的社会发展需要，是因地制宜地将社会治理主体、场域和手段(方式)有机结合为一体的创新设计。为什么工程一开始能取得成功？成功的原因何在？成功的经验又有哪些？这些创新经验又能为现阶段中国社会治理现代化特别是农村社会治理现代化在理论和实践层面上贡献什么新的东西？而另一方面，罗田县法务前沿工程又为什么会遇到发展乏力的瓶颈问题？它的后续发展乏力的原因何在？与其成功原因有何种联系？教训有哪些？作为中国社会治理众多模式中的一个案例(个案)、一种模式与其他模式之间有何共性与个性？法务前沿工程的"成"与"败"放在世界，特别是中国历史和当前的环境下又能揭示我们在进行社会治理中应当注意哪些带有共性的问题？而要解决这些问题，出路又在何方？进而在解决这些问题的实践过程中能否找到(发现)和形成中国的、本土的社会治理理论和中国话语？或者说中国传统(旧的)社会治理是如何进行的？新创治理模式有何新的东西并能否冲破旧模式，以及如何打破？等等。要回答这一系列的问题，必须进行理论研究，并探讨西方社会治理理论的限度，进而构建本土的社会治理理论。这是本研究和本书试图通过对罗田县法务前沿工程这一个案的研究和剖析要回答和解决的问题。

上述谈了农村社会治理研究的现实原因及目的，但仅此确立研究选题是不够的。一个研究选题的确立必须有学术价值，而学术价值的体现则看这一选题在这一问题的描述与解释比前人的研究有什么不同、进步多少或补充了什么新的内容，也即是笔者的研究必须嵌入学术链条之中。下面试梳理前人在农村社区治理领域进行了哪些研究，以确立本研究的合法性和合理性。

第二节　文　献　回　顾

社会治理现代化是我国社会发展与国家建设的重要内容，是维持社会秩序、维护社会公平、保障中华民族长远发展的必由之路。

我国社会治理有着悠久的历史和实践探索，这些实践活动引起了学术界的关注，因而也产生了大量的研究成果，取得了很多阶段性的成绩，但在研究中也暴露出许多问题。在农村社会治理方面，理论界与具体的实践基层都发出了许多不同的声音，产生了许多不同的经验。我们首先对我国社会治理研究的总体情况进行综述，然后重点对农村社会治理特别是法务前沿工程的研究成果进行总结。

从人类社会产生伊始，对社会治理的实践活动就进行开来，对之进行总结和研究的思想也就层出不穷。中国是有着五千年文明的古国，这方面的实践和思想可谓汗牛充栋，司马光的《资治通鉴》可以说是这方面的经典之作，史学家胡三省说："为人君而不知《通鉴》，则欲治而不知自治之源，恶乱而不知防乱之术。为人臣而不知《通鉴》，则上无以事君，下无以治民……乃如用兵行师，创法立制，而不知迹古人之所以得，鉴古人之所以失，则求胜而败，图利而害，此必然者也。"①但真正从国家层面明确、系统提出社会治理的理念则是在20世纪末，1997年中国共产党第十五次全国代表大会通过的政治报告就郑重提出：在坚持四项基本原则的前提下，继续推进政治体制改革，进一步扩大社会主义民主，健全社会主义法制，依法治国，建设社会主义法治国家。这开始了我国以法律为原则来治理社会的篇章，为后来的社会治理设计奠定了基础。1998年1月，九届全国人大第二次会议上又通过了《宪法修正案》，在第五条中增加一款内容：中华人民共和国实行依法治国，建设社会主义法治国家。建设社会主义法治国家作为我国的根本政治制度，第一次写进了我国宪法，也成为全党、全国人民的奋斗目标。2004年6月，中国共产党十六届四中全会提出要加强社会建设和管理，推进社会管理体制创新，自此拉开了我国社会管理创新的序幕，社会管理创新开始引起各级党组织和政府部门的关注和响应。2007年党的十七大报告提出要建立健全"党委领导、政府负责、社会协同、公众参与"的社会管理格局，进一步明确指出了社会管理创新中各方主体的作用，为各方主体共同构建全新的社会管

---

① 司马光撰，胡三省音注：《资治通鉴》序，中华书局2011年版。

理格局指明了方向。建设社会主义新农村，需要积极贯彻依法治国基本方略，完善农村法治运行机制，加强农村法律宣传，而且，法制建设也是社会主义新农村建设必不可少的一部分。2013年11月12日，中国共产党第十八届中央委员会第三次全体会议通过的《中共中央关于全面深化改革若干重大问题的决定》提出了"创新社会治理"、"提高社会治理水平"、"改进社会治理方式"①，用"社会治理"的概念替代了"社会管理"的概念，并进而全面论述了我国的社会治理的原则，即系统治理、依法治理、综合治理和源头治理②。

社会治理（social governance）是来自于西方的概念，其要点在于政府、社会组织和公民也即是国家力量与社会力量共同、主要用法治的方式来治理社会。郑杭生先生从权威来源、运作过程、民主参与、权力行使四个方面阐述了统治、管理、治理的理想类型③，让人们了解和认识到社会治理概念全面替代社会管理概念的合理性，社会治理概念更能深刻反映现代中国社会的发展需要，也符合世界发展的潮流。当然作为一个在西方20世纪90年代提出、中国学者21世纪初舶来的并被中央采用的概念，如何深刻、全面地把握它的内涵，还有待于学术界的探讨与研究，本书也试图在这方面做出尝试，为中国的社会治理理论与实践的研究尽绵薄之力。

尽管今天我们使用社会治理的概念，但学术界在过去的几年对社会管理作了大量的研究，可以说成果累累，这些研究可以说为提出社会治理的理念奠定了基础，社会治理是对社会管理的提升与超越，因此我们可以借鉴这些研究成果。

在学术研究上，社会转型带来的社会问题以及如何解决这些问题一直是关注的焦点，有关解决社会问题之道的社会建设和社会管

---

① 参见《中国共产党第十八届中央委员会第三次全体会议公报》。

② 参见郑杭生：《"理想类型"与本土特质》，《社会学评论》2014年第3期。

③ 参见郑杭生：《"理想类型"与本土特质》，《社会学评论》2014年第3期。

理的理论探讨则是近年来的热门课题。早在 20 世纪 80 年代初期，社会管理已经开始受到学界重视，随着改革的深入和社会结构的深刻调整，社会管理问题日益引起社会科学各学科的关注，关于社会管理的基本内涵、主体、存在的问题、解决的对策及创新模式等许多论著被发表。例如陆学艺先生在《社会建设就是建设社会现代化》中，提出建设社会现代化是一个宏达复杂的系统工程，且应该经历三个主要阶段，并以民主法治、公平正义、安定有序的社会现代化为建设的终极目标。在这个建设的过程中，管理是必不可少的。①郑杭生先生在《社会建设和社会管理研究与中国社会学使命》一文中指出，立足于当代中国社会结构变迁的历史大背景，对社会建设和社会管理进行系统深入的调查研究，把分散的经验材料提升为较为系统的理论观点、形态，为社会建设和社会管理的伟大实践提供必要的学理支持，是社会学义不容辞的使命。作者并从四个方面提出了研究社会建设和社会管理的重要且正确的路径："一、立足现实，提炼现实；二、开发传统，超越传统；三、借鉴国外，跳出国外；四、总结'中国理念'"，科学总结"中国经验"②。李培林先生在《创新社会管理是我国改革的新任务》中指出，我国现有的社会管理体制难以适应经济社会快速而深刻的变化，当前我国需要创新社会管理体制，以适应社会结构、社会组织方式以及社会行为规范和价值理念的深刻变化，并提出了改革和创新社会管理体制需做到的三点要求③。孙立平先生在《走向积极的社会管理》中指出："与传统社会相比，我们身处其中的是一个更为复杂、更具风险、充满不确定性的世界，只有通过积极的社会管理，改善社会状况，才能建立一个充满幸福感的、更好的社会。"④

---

① 参见陆学艺：《社会建设就是建设社会现代化》，《社会学研究》2011 年第 4 期。

② 参见郑杭生：《社会建设和社会管理研究与中国社会学使命》，《社会学研究》2011 年第 4 期。

③ 参见李培林：《创新社会管理是我国改革的新任务》，《人民网》2011 年 2 月 18 日。

④ 孙立平：《走向积极的社会管理》，《社会学研究》2011 年第 4 期。

钟涨宝先生等在《社会转型与农村社会管理机制创新》中从农村社会管理机制的嬗变过程及当前农村社会管理实践的困境入手，提出了转型期农村社会管理机制改革和创新的路径①。

在中层理论上，产生了法治论与机关论这两个主要的研究重点。

（1）法治论：法治论是中层理论中最主要的社会管理创新理论，主要强调从立法、执法、贯彻法律精神等方面来实现社会管理创新。社会管理创新是在法治社会的视野内的社会创新。用宪政思维、创新精神去建设法治体制、更新法治观念、完善法律制度、确立法律规则，才能实现法治建设的历史使命。许多学者认为法治是社会管理创新的根基所在②。

（2）机关论：机关论主要来自于我国许多政府机关对社会管理创新的研究，是政府机关实践经验的总结。总的来说，机关论具有很强的实际操作性，如公安机关、检察机关、法院等社会管理创新实践③，但缺少理论基础。

我国社会管理创新的研究，可以归纳为三个方面：第一，社会管理创新"元理论"层次上的研究，包括对社会管理的内涵、标准、方法、合理性上所进行的理论探讨，详见本书第一章；第二，社会管理创新的中层理论，是元理论在社会层面的下降，主要解决如何实现社会管理创新，和谁来实现社会管理创新的问题，主要包括法治论与机关论两种主要的研究成果，如上述学者的研究；第三，针

---

① 参见钟涨宝等：《社会转型与农村社会管理机制创新》，《新华文摘》2011 年第 15 期。

② 参见蔡乐渭：《社会管理创新的法治之维——论法治视角下社会管理创新的重点》，《领导科学》2011 年第 12 期；陈用龙：《深化社会管理创新的法治思考》，《岭南学刊》2011 年第 1 期；王立民：《法治与社会管理创新》，《企业经济》2010 年第 7 期等。

③ 参见操世元、韦晓蓓：《探寻加强党的领导与创新社会管理之路——2011 年浙江省政治学会年会综述》，《浙江社会科学》2011 年第 9 期；陈棉权：《关于公安机关社会管理创新的初步思考》，《公安研究》2010 年第 10 期；冯明华：《检察机关与社会管理创新》，《法制与社会》2010 年第 26 期；倪寿明：《人民法院在推进社会管理创新中的职能定位》，《人民司法》2010 年第 3 期等。

对具体的社会问题所进行的社会管理创新研究与实证调查，包括对各地创新模式的研究，详见本书第二章。

中国的社会管理研究虽然是近年来的热门，取得了一些进展，但也存在问题，主要表现为研究城市社会管理的多，关注农村社会管理的少；研究国外社会管理理论的多，关注中国社会管理经验的少；整体性、抽象性把握的多，案例性、实证性探究的少；提出的问题多，可行性应对措施少。这些问题应引起研究者足够的重视，要对社会建设和社会管理进行系统深入的调查研究，把分散的经验材料提升为较为系统的理论观点、形态，为社会建设和社会治理的伟大实践提供必要的学理支持，从而进一步完善我国社会治理研究，实现我国社会治理研究的深入、长足发展，建构合理有效的社会治理体制，最终实现强化社会治理研究、构建和谐社会的宏伟目标。

法务前沿工程作为湖北地区出现的社会治理实践模式，也引起了许多学者的关注和研究。湖北省政协社会和法制委员会的"罗田县实施法务前沿工程纪实"，主要描述了法务前沿工程的措施和效果，并总结了其特点：思路新、方法新、队伍新和机制新①。陈荣卓、唐鸣先生则认为当前农村基层政府和广大农民群众遇到的法律问题与日俱增，农村基层司法行政机构的职能弱化问题日益凸显，给传统农村基层司法行政管理模式带来了许多新的问题和挑战。因此，应改变原有管理观念、管理体制及管理方式，促进传统农村基层司法行政向以主动介入、部门联动和社会参与为特色的新型农村基层司法行政服务模式转变。法务前沿工程是以村（居）自治组织为依托，通过搭建村（居）一级工作平台，吸纳、整合多方力量，促使农村基层司法行政机构将法制宣传教育、人民调解、社区矫正、帮教安置、法律维权等多项职能延伸到最基层的村、组和社区，形成多方参与、共同作用的农村基层司法行政综合服务体系，取得了较好的效果，形成较为成熟的模式。但也需要重点研究和解

---

① 参见湖北省政协社会和法制委员会：《罗田县实施法务前沿工程纪实》，《世纪行》2010年第1期。

决农村基层司法行政机构的职能延伸范围以及村(居)法务组织的
职能内容、自治性质、资金支持等问题,从而保障农村基层司法行
政服务模式创新的合法性,促进村(居)法务组织在承接农村基层
司法行政服务职能的轨道上实现自身的独特性、独立性、延续
性。① 许振奇先生从社区矫正的角度分析了法务前沿工程在社区矫
正方面的模式创新,他通过个案访谈的方法描述和解释了罗田县法
务前沿工程的社区矫正模式的主题、内容、运行、成效、功能、特
性等②。汪道胜先生作为省司法厅长则从强化四个意识——中心意
识、全局意识、资源意识和群众意识,论述了法务前沿工程的探索
与创新,并提出巩固深化、提升的措施③。杨智先生从人民调解的
角度对罗田县法务前沿工程中的人民调解的运行机制、功能的新变
化以及法务前沿工程下人民调解推广的可能性进行探讨④。王国强
先生作为法务前沿工程的倡导者和实际推动者也撰文研究,他从法
务前沿工程的理论表述、背景、功能、运作、实践效果及建议五个
方面,全面介绍和探讨了法务前沿工程⑤。笔者作为法务前沿工程
的经历者也一直在调查和研究法务前沿工程。2009 年 2 月,笔者
和研究生一行 8 人专程深入罗田进行了为期三周的调研,对法务前
沿工程实施一年多的情况写出了《新农村建设中司法行政部门的创
新管理机制:基于罗田县法务前沿工程的调查报告》。该报告主要
就法务前沿工程提出的背景、运行机制及创新性、主要做法和试点
效应进行了客观描述,并在充分肯定法务前沿工程实施意义的基础

---

① 参见陈荣卓、唐鸣:《城乡统筹中的农村基层司法行政服务模式创
新——湖北罗田法务前沿工程的经验与反思》,《江汉论坛》2012 年第 4 期。

② 参见许振奇:《一个山区农村社区矫正的模式——基于罗田县法务前
沿工程中的社区矫正调查》,《中国司法》2011 年第 11 期。

③ 参见汪道胜:《积极探索法务前沿工程努力创新基层社会管理与服务
路径》,《中国司法》2011 年第 10 期。

④ 参见杨智:《探讨法务前沿工程对人民调解功能的拓展与完善》,
《人民调解》2010 年第 11 期。

⑤ 参见王国强:《法务前沿工程理论与实践》,《中国司法》2009 年第 8
期。

上提出了建议，为法务前沿工程在全县的推广提供了理论支撑①。
2011 年 5 月，学校成立了"社会管理创新研究：法务前沿工程的理论与实践"课题组，笔者作为课题组负责人带领课题组成员进行实地调研并写出了 2.8 万字的《社会管理创新的有益探索——罗田县法务前沿工程调研报告》②，笔者也以历史社会学的角度探讨过法务前沿工程对中国农村社会秩序的重建的作用③。在这里还必须特别提到的是笔者所带的研究生从 2007 级开始，曾随我多次赴罗田县调研，不仅参与写作调研报告，还有五位同学以法务前沿工程为素材写出了硕士学位论文，吕文敏同学从农民维权的角度④、朱海艳同学从民间纠纷及其调解机制的角度⑤、徐朝光同学从基层司法共同体的角度⑥、陆雯琦同学从人民调解过程的角度⑦、关浩浩同学从农村社区志愿者参与的角度⑧研究了法务前沿工程。

前述的对法务前沿工程的研究有一个共同的特点，都是站在肯定其立场上分析其特点、机制、功能、经验等，或指出其完善措施以便推广，或分析其社会背景论述其合理性，都是在法务前沿工程

---

① 参见罗田县司法局内部资料汇编：《法务前沿工程理论与实践》，2010 年。

② 参见徐炜：《社会管理创新的有益探索——罗田县法务前沿工程调研报告》，未刊稿，武汉大学人文社会科学研究院保存，2011 年。

③ 参见徐炜等：《中国农村社会秩序的重建：法务前沿工程的历史社会学解析》，《アシァのれきしと文化》（亚洲历史与文化）（日本），アジァれき1.文化研究会编，平成 25 年（2013 年）3 月，第十七辑，第 91~98 页。

④ 参见吕文敏：《欠发达地区农民维权行为分析：以 L 县为例》，武汉大学硕士学位论文，2009 年。

⑤ 参见朱海艳：《民间纠纷及其调解机制的人观研究》，武汉大学硕士学位论文，2010 年。

⑥ 参见徐朝光：《职业共同体与中国经验：以基层司法职业共同体为例》，武汉大学硕士学位论文，2010 年。

⑦ 参见陆雯琦：《话语视角下的村人民调解过程分析：基于鄂东 L 县的调查》，武汉大学硕士学位论文，2012 年。

⑧ 参见关浩浩：《农村社区志愿者参与社会管理研究：以罗田县法务前沿工程为例》，武汉大学硕士学位论文，2012 年。

顺风顺水的情况下探讨的。那么，法务前沿工程在 2012 年遇到后续发展乏力的问题之后呢？似乎没有人关注和研究，这恐怕也是其他许多治理"模式"命运的共同写照，一哄而上，总结经验，然而经验的推广和模式的后续发展问题往往没有下文。因此笔者认为研究它的成功之处，有成功经验而不加以总结、提升，无论是对当前中国社会治理的实践还是对本土化理论建构都是一个不可弥补的损失，除此之外，也应当探讨其"消沉歇绝"（当然说"绝"言过其实，"消沉歇"则反映其客观状况）的原因，站在"价值中立"的立场，客观地描述和解释一个案例的完整过程和状况，才能通过这一个案了解和认识中国社会治理实践的真实状况，分析其原因，发现事物存在的逻辑，寻找"背后实际上隐藏着中国社会治理转型的历史逻辑、市场逻辑和平民主义取向的社会逻辑"①，构建本土的社会治理理论。

综上所述，我们分别从学术界对社会治理的中观层面的研究及对法务前沿工程的研究的文献回顾，肯定了前期研究的给人启示和值得借鉴的成果，但也发现前期研究的不足，主要是：（1）农村社会治理研究关注度不够，研究城市的多于农村。中国城市社会治理固然重要，但农村的社会治理可能更为关键，不仅农村人口占有中国人口的半壁江山，而且中国是一个有着五千年农业文明的古国，农村是中国文化之根，农村、农民的思维方式、价值取向、人际关系模式或多或少影响、渗透到城市社会的每一个人或群体身上，从这个意义上讲，只有把握住农村的社会治理，才能在真正意义上把握住城市社会管理；（2）对案例的实证研究多停留在肯定某种经验的立场上，而缺乏对这些案例的后续追踪研究，而恰恰是这些追踪研究才可能发现中国社会治理体制方面的问题，具有真正的研究价值；（3）许多研究都缺乏本土理论建构，只是根据西方的某些理论添上中国的材料加以解读。而中国的社会转型、社会治理而具备的

---

① 仇立平等：《当代中国社会治理转型及其逻辑》，中国社会学年会会议论文，2014 年。

"本土特质"①、"中国经验"、"中国体验"和中国模式正是构建本土理论的极好材料和大好机会，这也是每一个中国社会学学者的追求，"我们的社会学所具有的'移植'和'加工'性格，就令人难以忍受"②，郑杭生先生明确倡导"理论自觉"③，没有本土化的理论，我们的社会学研究的价值就会大打折扣④，所以"寻求中国学术的自主性，我们就必然肩负着为中国在理论上寻求一条独特道路或未来图景的基本责任"⑤。基于此，本研究试图以法务前沿工程为个案的分析在这三方面作一些尝试，以期就教于方家。

第三节　研究框架与研究方法

一、研究框架

本研究的分析框架见图 0.1：

从图 0.1 可见，本研究将以罗田县法务前沿工程为个案，围绕这一个案从其产生的背景、运作机制、特点、经验到后期发展乏力的原因分析，从这一个案的整个过程反映的中国社会治理实践的分析，揭示中国社会治理的一般逻辑，也即中国传统社会治理是如何进行、现有创新模式有何新的经验、如何冲破旧有体制，并以法团主义理论分析法务前沿工程这一创新模式所反映的上述的问题，试图建构本土的社会治理理论。

---

① 参见郑杭生：《"理想类型"与本土特质》，《社会学评论》2014 年第 3 期。

② 叶启政：《社会学理论的本土化建构》，北京大学出版社 2006 年版，第 21 页。

③ 参见郑杭生：《促进中国社会学的"理论自觉"——我们需要什么样的中国社会学?》，《江苏社会科学》2009 年第 5 期。

④ 参见郭星华：《从中国经验走向中国理论——法社会学理论本土化的探索》，《江苏社会科学》2011 年第 1 期。

⑤ 周晓虹：《中国研究的可能立场与范式重构》，《社会学研究》2010 年第 2 期。

国内外有关社会治理的理论回顾 → 回顾中西方社会治理理论演变和法团主义的中国适应性

农村社会治理的社会及政策背景 → 社会治理的历史变迁和社会转型期的社会治理政策和地方实践

农村社会治理的理论政策依据分析

个案研究：罗田县法务前沿工程的农村社会治理实践 → 工程历程、机制、特点和经验及对社会秩序的历史学解读

一项地方探索的理论和实践价值

农村社会治理的理论与实践

法务前沿工程的后期发展乏力及农村社会治理困境的分析 → 从后期发展乏力的原因探讨社会治理存在问题

农村社会治理的理论建构和实践探索 → 法团主义理论解释的局限及理论创新和实践出路

限制与突破：构建本土化的社会治理

思考转型时期农村社会治理本土理论和中国特色实践出路

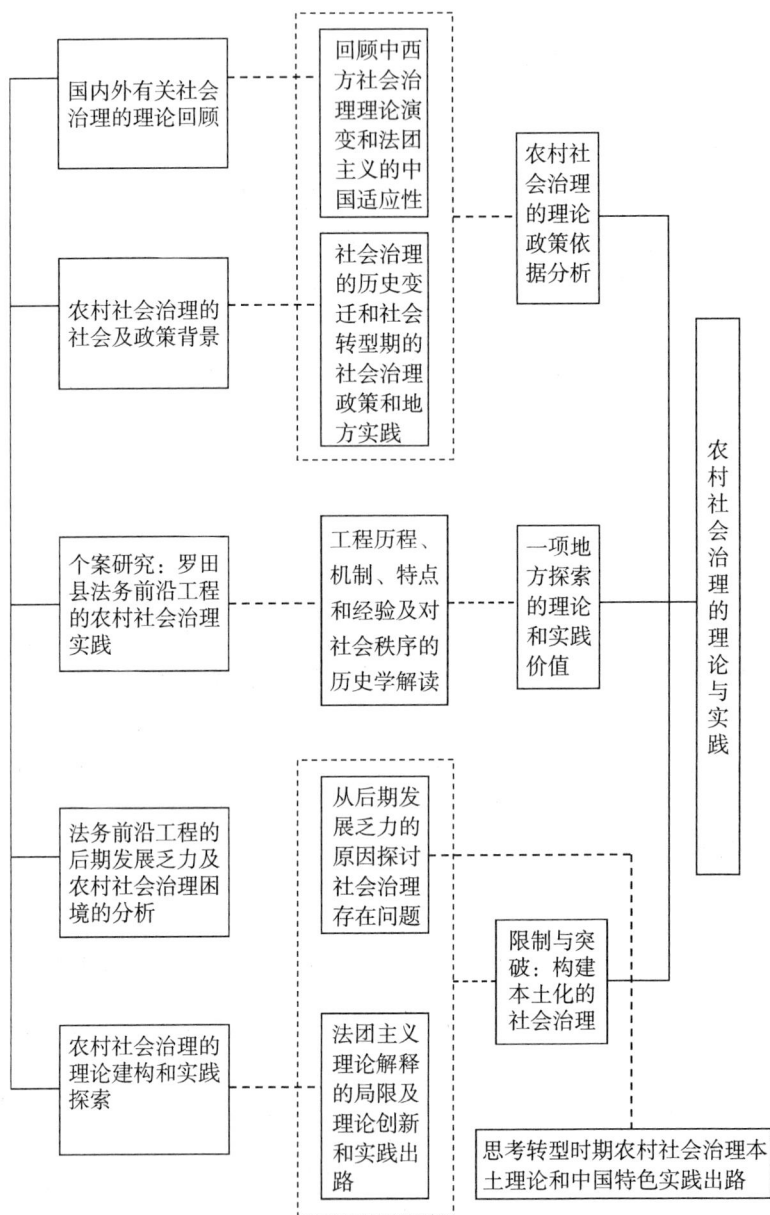

图 0.1　本研究的总体框架

18

二、研究方法

本研究的研究方法是质性研究方法。质性研究方法(qualitative research method)又称(翻译)为定性研究方法、质的研究方法、质化研究方法等,名称五花八门,定义也存在分歧,这里为方便起见,借用陈向明先生的定义:"质性研究是以研究者本人作为研究工具,在自然情境下采用多种资料收集方法对社会现象进行整体性研究,使用归纳法分析资料和形成理论,通过与被研究者的互动对其行为和意义建构获得解释性理解的一种活动。"①从这一定义中我们可以看出质性研究方法强调参与性、理解性、情境性和整体性,是一种与定量研究不同范式的方法体系。本研究以罗田县法务前沿工程为个案进行研究,采用扎根理论的方法,通过经验材料的收集、解读和分析,建构本土的社会治理理论。笔者于 2011 年 8 月带领研究生 12 人到罗田县进行了 20 多天的调研,调查方法主要是访谈法和观察法。调查人员共 13 名,分为 3 组,分别调查了河铺镇、凤山镇和骆驼坳镇的多个村庄,调查对象涉及 15 名村民、26 名志愿者、10 名村干部和 3 名司法所干部,调查内容包含了工程的实施状况、志愿者的总体情况和反馈建议等。资料分析使用社会网络分析法,以法务前沿工程的发起人为中心,以法务前沿工程的相关政策文件在各部门之间的递及为线索,绘制涵盖各级政策负责人的社会关系网络图谱。通过分析网络节点数目、汇集中心、强弱关系可以发掘基层行政机构的运作理路;并使用内容分析法,汇总所有关于法务前沿工程的新闻报道、研究论文等稿件,对其标题、关键词、常用语等作词频和类别分析,研究地方政策与社会对接的技术与手段;并运用事件史分析法,通过回溯与追踪法务前沿工程的发起、汇报、试点、推广、遇阻以及悬置的事件资料,归纳法务前沿工程作为基层政策创新的各个发展阶段,以此探讨一项社会治理方法在地方基层运作的生命历程;并运用法团主义理论分析法务

---

① 陈向明:《质的研究方法与社会科学研究》,教育科学出版社 2002 年版,第 12 页。

前沿工程，探讨建构本土的社会治理理论。

第四节　本研究的意义与基本概念

一、研究意义

本研究的基本观点或创新是：

第一，社会治理理论是伴随西方新公共管理思潮的兴起而衍生出的一套对过去国家统治与管理的参与者、参与结构和执行效果进行全面革新的理论与实践体系。这套体系在 21 世纪初被译介和引进到中国，对中国传统公共管理活动产生了重大的影响，也引发了学术界对其中国适用性问题的探讨。在这套体系中，以法团主义为代表的治理理论与中国研究有深厚的渊源，而法团主义作为西方社会治理的第三条道路在中国究竟会产生怎样的化学反应和有怎样的治理效果，则亟待学者们进行更加深入的实证研究。

第二，经过三十多年的改革开放，我国农村社会也正处于一个关键转型时期，面临诸多问题。相比于传统的农村治理结构，当前的农村治理政策随着中国农村社会从传统到现代的转型，也经历了一系列的变化，在政策的实际操作中，产生了许多著名的模式，如河北肃宁的"四大覆盖"、山东东营的"民警村官"制度、浙江诸暨的"枫桥经验"等。在众多的农村社会治理的实践模式中，笔者将选择罗田县的法务前沿工程模式作为个案研究，以管中窥豹的方式探讨农村社会治理的理论与实践。

第三，法务前沿工程作为一项实施六年多的农村社会治理创新模式，为解决转型时期农村社会问题和化解社会矛盾，根据中央社会治理的一系列政策而产生，经历了产生、发展和后续发展乏力的曲折过程。剖析这一个案的成功治理经验和问题所折射的中国社会治理的问题和逻辑，对构建本土的社会治理理论具有重要的学术价值与实践意义。

第四，法务前沿工程的成功经验的最大亮点是在六年多前就将社会治理的"依法治理"的原则提出并加以应用，在空间上将社会治理的平台移至村(居)一级,并构建了社会治理的有机体系:村(居)平台或社区是实现社会治理的最佳场所,社会治理的四个主体都能恰到好处地发挥其作用,农村社会精英在其中起着至关重要的作用,社会治理规范和手段以法治为主的多元化,保证其效果。场所、队伍、规范与手段三者的有机结合,实现农村社会治理机制的创新。

第五,法务前沿工程后续发展乏力的原因是多方面的。包括人事变动引发的政策转向、自上而下的行政治理与自下而上的村民自治不能有效对接互动、政府部门联动机制滞后等。法务前沿工程后续发展乏力反映出当前社会治理普遍存在着传统社会管理理念根深蒂固,行政化色彩浓厚和条块分割的困境。因此在农村转型时期,社会治理面临着传统礼治与现代法治之争,内生力与外推力之争,条块分割的碎片化治理与整体性治理之争,农村精英分化、流失及各自面临的困境造成社会治理的依靠力量困局。

第六,中国的国家与社会自古以来就是一种合作协调的关系,所以笔者认为许多学者致力于建立市民社会的实践是与中国社会的实际有所偏颇的。当前社会表面上呈现的法团主义现象,实则是悬浮在差序格局上的一种形式。中国社会的本土性特征依然根深蒂固。所以法团主义看似与中国的实际相似,实则不能完全用来解释本土的"国家与社会"的协调合作关系。应该以一种"主位"的视角构建当代农村社会本土的治理理论,既要考虑到"中西之别",也要注意"古今之变",进而在农村治理实践中,要实现国家与社会的合作沟通,就需要动员多元主体的参与,建立一种"自上而下"和"自下而上"的双向结合的治理机制。法务前沿工程以"法律实施"为核心,体现这种双向渠道保障作用,既有利于保证农村精英参与社会治理的合法性,提供向上传递信息的可能,又保障了民生与个体权利,是当前农村社会治理的一项创新实践。

实践需要理论的指导,并且中国的社会治理实践更迫切需要提升形成本土的理论,只有这样的理论才能更好地指导实践。我国的社会治理,对学术界和政府部门来说都是一项崭新的任务。本课题的研究具有非常重要的意义和价值,具体表现在以下几个方面。

首先，开展本课题研究，可以对罗田法务前沿工程的社会治理实践探索，进行系统的经验总结，为我国农村社会治理实践探索提供宝贵的借鉴。

现在全国各个地方的政府相关部门都在进行农村社会治理的实践探索，也取得了大小不一的成绩，但都处于各自为战的阶段，缺少相互交流和借鉴。其原因在于：全国各地的社会治理创新实践活动开展之后，通常都是通过领导人讲话介绍、媒体的宣传，有的能加上个别学者的零星研究，向社会传播信息。像湖北罗田县进行的这么大型、持续进行已达数年之久的法务前沿工程社会管理实践探索，也是如此。一项社会管理实践，如果不进行系统、深入、规范的研究，其经验便无法进行系统总结，不仅经验不能积累，而且各地的经验无法相互交流、学习和借鉴，这是一种巨大的浪费。通过本课题的研究和本书的出版，可以对罗田法务前沿工程的社会治理创新实践探索，进行系统的经验总结，为我国农村社会治理实践探索提供宝贵的借鉴。

其次，进行本课题研究，能够对法务前沿工程的运行机制、社会治理功能与绩效、法务前沿工程的特殊性与普遍适用性等问题，作出科学的解释与评价，从而为是否应该推广和怎样推广法务前沿工程作出论证，为政府制定社会治理政策提供科学依据。

各级政府开展社会治理创新活动，是一项重要的决策工作。如何进行科学而有效的决策，需要科学研究的成果作为依据。罗田县进行的法务前沿工程社会治理创新实践，尽管学术界和政府部门都认为其取得了很大成功，但如果细究，追问它到底成功在何处，值不值得向全国推广，如果推广，存不存在风险；如果要推广，应该怎样推广，如此等等。不进行深入的研究，这些问题实际上我们无法回答。本课题的研究的价值之一，就是要对这些问题做出科学和令人信服的回答，从而为政府的社会治理政策制定提供依据。

最后，完成本课题的研究，能够对我国社会治理的理论与实践创新作出贡献。

实践需要理论的指导，我国的社会治理，对学术界和政府部门来说都是一项崭新的工作。政府部门出于社会治理现实的需要，在理论指导缺位或相对薄弱的情况下，大胆地进行社会治理的实践探索，其精神难能可贵。当然，既然是探索，"摸着石头过河"，难免有成有败，成功的经验固然要总结，不成功的地方可能更加有意义，从另一方面反映探索的完整过程，给人们的启示更大，并且这一方面因为涉及方方面面，也成为某种"禁地"，我们从许多的社会治理模式的报道和介绍中可以看到这一点。学术界出于我国社会转型与发展过于迅速，社会中新生事物的出现始料未及，加上其他客观条件和主观因素的影响等诸多原因，在社会治理理论的研究与创新方面落后于社会发展的需求，造成社会治理理论创新落后于社会治理实践的局面，情有可原。但是，这种状况不能够持续下去，否则，那将意味着学术界的失职。好在现在丰富的社会治理实践探索，为社会治理理论的研究与创新提供了难得的素材和资料，只要我们抓住机遇，努力工作，一定能够扭转社会治理理论研究滞后的被动局面。

本课题的研究，通过对罗田法务前沿工程社会治理创新实践所积累的丰富个案资料的系统分析，使我们了解和认识到法务前沿工程在我国农村社会治理理论的创新方面，作出的成绩和贡献，以及其所反映的社会治理方面存在的问题和出路，并试图完成从实践到理论的飞跃，形成本土的社会治理理论。

二、基本概念

法务前沿工程：法务前沿工程是 2008 年初由罗田县司法局提出并实施的一项社会治(管)理创新实践探索活动，是指在当地党委、政府的领导下，在司法所指导下，以村(居)委会为依托，整合司法所干警、村干部、社会志愿者等各种力量，建设融法制宣传教育、人民调解、社区矫正、安置帮教、法律维权等多项工作为一体的将司法行政服务职能下移到村(居)级的综合服务体系。

社会治理：社会治理(social governance)是来自于西方的概念，其要点在于政府、社会组织和公民也即是国家力量与社会力量共同、主要用法治的方式来治理社会。我国的社会治理的原则，包括系统治理、依法治理、综合治理和源头治理四项原则。

社会管理：社会管理主要是政府和社会组织为促进社会系统协调运转，对社会系统的组成部分、社会生活的不同领域以及社会发展的各个环节进行组织、协调、指导、规范、监督和纠正社会失灵的过程。

法团主义：西方理论流派之一，试图提供关于社会结构的若干理想型，用来描述国家和社会不同部分的体制化关系，它的重心在功能单位和体制的合法化关系。法团主义关注的不是个人的或非制度性的关系。

社区：社区是指建立在地域基础上的，处于社会交往中的，具有共同利益和认同感的社会群体或生活共同体，社区有五个基本要素，分别为地域、人口、共同的文化和制度、归属感、公共服务设施，每一个具体社区都在这五个方面存在差异，但每个要素都不可缺少。

质性研究：质性研究是以研究者本人作为研究工具，在自然情境下采用多种资料收集方法对社会现象进行整体性研究，使用归纳法分析资料和形成理论，通过与被研究者的互动对其行为和意义建构获得解释性理解的一种活动。

扎根理论：扎根理论是一种定性研究的方法，主要是在经验资料的基础上建立理论。研究者在研究开始之前一般没有理论假设，直接从实际观察入手，从原始资料中归纳出经验，然后上升到系统的理论。这是一种从下往上建立实质理论的方法，即在系统性收集资料的基础上寻找反映事物现象本质的核心概念，然后通过这些概念之间的联系建构相关的社会理论。

第一章　社会治理的概念及理论辨析

第一节　治理的概念、类型与辨析

一、治理的基本概念

治理①，英文原词为 governance，源自拉丁文"gubenare"，一般用来指称有关指导（guiding）的活动或组织引导（steer）自身的过程②。参考主流辞书，在《牛津词典》（Oxford Dictionary）中，治理被解释作管理一个国家或控制一个公司和组织的活动与方式③；而《剑桥辞典》（Cambridge Dictionary）中将治理直接释义为一个组织或国家的最高管理方式，旨在推动和维持最高标准的管理职位和公司治理模式④。由此可见，治理的概念最早是从行政学和企业管理学中衍生而来的，在某种程度上属于问题导向（question-oriented）的理论视阈。然而当前国内外学者对治理理论的选择偏好和广泛运用，其背后传延着的深厚学理脉络和反映着的急切现实情境，要更为复

---

① 治理是舶来词汇，对应的英文原词是 governance，因而也有学者以"治道"一词替代之。治理（governance）在国内被首次引介，是一篇发刊于1995 年《市场逻辑与国家观念》中署名为知贤的论文《Governance：现代"治道"新概念》。更多讨论参见郁建兴、王诗宗：《治理理论的中国适用性》，《哲学研究》2010 年第 11 期。

② 陈振明主编：《公共管理学》，中国人民大学出版社 2005 年版，第77 页。

③ http：//www.oxfordlearnersdictionaries.com/definition/english/governance.

④ http：//dictionary.cambridge.org/dictionary/british/governance.

杂和紊淆。从学科发展脉络来看，治理理论本身是与公共管理实务与公共行政实践结合得最为密切的理论，体现了人们对建立永续、合理和高效的社会管理新秩序的美好夙愿①。在理论建立之时，它即融合了不同的社会科学的理论和方法取向，如制度经济学、国际关系学、政府过程学、组织理论、运筹理论和管理理论等分支派系②，成为多学科交叠创新的重要领域，因而一度是国际社会科学中广义理论和方法的代表。从现实情境来看，20世纪中后期，西方国家不断受制于福特主义的管理桎梏、福利国家的财政危机和全球化的社会风险③，执政智囊无法再倚赖社会科学的旧范式来应对层出不穷的社会问题和挑战。恰逢其时，治理由一个并非事先设计好的学说，逐渐经过研究者对现实情境的"冲击—回应"，孕育而生，发展成熟，成为近十年社会科学理论与方法的"新领主"。历史显示，自1989年世界银行发展报告首次使用治理一词来概括非洲国家出现的公共管理危机以后，各个世界性组织紧接着于1992年、1996年、1997年以及1998年相继在年度总结中使用和强调了治理的概念④。此后，治理的概念在政策报告中频频出现，也成为媒体社论中的热词。《大辞海：政治学、社会学卷》明确指出，治理是20世纪90年代以来出现的一种新兴的管理范式，它具备了不若以往的4个特征，包括：治理不是一整套规则，也不是一种活动，而是一个过程；治理过程的基础不是控制，而是协调；治理既涉及公共部门，也包括私人部门；治理不是一种正式的制度，而是

---

① 参见唐娟：《治理与善治研究综述》，见中国政治学年鉴编委会编：《中国政治学年鉴：2003-2005》，中国文联出版社2006年版。

② 参见张昕：《转型中国的治理与发展》，中国人民大学出版社2007年版，第38页。

③ 参见王诗宗：《治理理论与公共行政学范式进步》，《中国社会科学》2010年第4期。

④ 参见胡仙芝：《治理理论与公共管理变革》，《公共治理与制度创新：第一届中美公共管理学术研讨会论文集》，中国人民大学出版社2004年版。

持续的互动①。总而言之，治理的出现，意味着传统的统治思想和前现代的管理思维悄然发生了变化。社会科学家需要对动荡不定的国际局势和复杂多变的社会态势做出自己的回应。

为了充分理解治理理论的内在意涵，笔者将迄今为止国内外学者对治理给出的代表性定义引介如下：

（1）俞可平认为，治理是一个具有广泛使用性的概念，它是指各种公共的或私人的机构和个人管理其共同事务的诸多方式的总和。它使相互冲突的或不同的利益得以调和并且采取联合行动的持续的过程，其中包括有权迫使人民服从正式的制度和规则，也包括人们同意或认为符合其利益的各种非正式的制度安排。②

（2）曾勇明认为，治理是一种把管理的主体由政府扩充为政府和公民，重视实现社会公平和管理效率的新模式。他从治理的主体、过程和目的三个方面来探讨治理理论：首先，治理是公民参与公共管理并形成多中心的管理格局和自组织网络的过程；其次，治理是在政府与公民组织的合作和互动过程中实现的；最后，治理的目的是为了实现技术层面的效率和价值层面的公平、社会福利和社会发展。③

（3）毛寿龙认为，治理是对公共事务的一种治道变革④。在他看来，传统社会中常见的治道模式是无限政府、人治政府、专制政府和集权政府，现代社会中常见的治道模式则是有限政府、法治政府、民主政府和分权政府⑤。此外，他还认为治理理念对于发达国

①　参见夏征农、陈至立主编：《大辞海：政治学·社会学卷》，上海辞书出版社 2010 年版，第 299 页。

②　参见俞可平：《治理与善治引论》，《马克思主义与现实》1999 年第 5 期。

③　参见曾勇明：《两种治理理论》，见高航、杨松主编：《新世纪的公共管理》，中国商业出版社 2001 年版。

④　毛寿龙在早期研究中倾向于把 governance 翻译为治道。具体可参见《西方政府的治道变革》，中国人民大学出版社 1998 年版。

⑤　参见毛寿龙：《现代治道与治道变革》，见余逊达主编：《法治与行政现代化》，中国社会科学出版社 2005 年版。

家和发展中国家有不同的意义。对于前者，治理往往意味着进一步完善市场，放松对市场的管制，用新的方法处理好政府与市场、政府与社会、政府与公民之间的关系；但对于后者，治理意味着政府自身的改革，即推进政府职能转变和管理创新，建设法治政府、服务政府、责任政府和效能政府。①

（4）蔡允栋认为，治理和政府管理要区别开来，一般指称政府与人民（所组成的组织或团体）协同统治或管理的一种新的过程和形式。他进一步指出，虽然治理的形式包括政府、官僚和市场等比较传统的类型，但这个词汇被广受重视，乃在于其隐含的"网络"性质，即意指政府与市民社会能够统合成为一个具有管理功能的网络关系结构。透过这个结构的分工组合，能够有效促进法令计划的周全性与执行的顺遂；而此间非政府组织和公民的参与，则对于提升政府能力以及限制政治和行政的专断独行，有相当大的贡献。②

（5）尚晓援认为，治理的概念是对政府概念的发展和替代，指为了达到某种特定的公共目标，促进公共福利，通过政府或非政府的组织手段进行的集体形态和社会管理。一般而言，政府主要指一种自上而下的社会控制方式以及与权力集中的单一代表，而治理是网络形式的控制，主要是指控制的过程和相关的多种代表。③

（6）罗茨（R. A. W. Rhodes）认为，治理是对政府管辖意义的转变，意味着管理过程的全新路径，或者是一种改变了条件的秩序原则，或者是管理社会的崭新方法④。1996 年，罗茨对治理概念进行了探索性界定，给出了 6 种解释：①作为最小国家的管理活动的治理，它指的是国家削减公共开支，以最小的成本取得最大的效

---

① 参见毛寿龙：《中国政府治道变革的新进展》，见法国更新治理研究院编：《治理年鉴 2007》，新星出版社 2007 年版。

② 参见蔡允栋：《民主行政与网路治理："新治理"的理论探讨及类型分析》，《台湾政治学刊》2006 年第 1 期。

③ 参见尚晓援编著：《冲击与变革：对外开放中的中国公民社会组织》，中国社会科学出版社 2007 年版。

④ R. A. W. Rhodes（1996）. The New Governance: Governing Without Government, *Political Studies*.

益；②作为公司管理的治理，它指的是指导、控制和监督企业运行的组织体制；③作为新公共管理的治理，它指的是将市场的激励机制和私人部门的管理手段引入政府的公共服务；④作为善治的治理，它指的是强调效率、法治、责任的公共服务体系；⑤作为社会—控制体系的治理，它指的是政府与民间、公共部门与私人部门之间的合作与互动；⑥作为组织网络的管理，它指的是建立在信任和互利基础上的社会协调网络①。

2000 年，罗茨对此前的定义做出部分修正，并给出了 7 种新说法，其中包含：公司治理、新公共管理、善治、国际间的相互依赖的治理、社会控制论的治理、作为新政治经济学的治理和网络治理。这里，增补的"国际间相互依赖的治理"指的是国际政治关系和国际政治经济关系的变化趋势，它对政府空心化和多种水平的治理的强调与公共行政研究直接相关；而"新政治经济学"的治理是指一个协同各种经济行为主体行动的政治经济过程，它对以工具论的方式解决治理中的协调难题提供了批判的视角，重新检验了政府经济管理以及边界日益模糊的市民社会、国家、市场经济之间的关系。②

（7）斯托克（Gerry Stoker）提出理解治理的 5 个论点：治理意味着一系列来自于政府，但又不限于政府的社会公共机构和行动者；治理意味着在为社会和经济问题寻求解决方案的过程中，存在着边界和责任方面的模糊性；治理明确肯定在涉及集团行为的各个社会公共机构间存在着权力依赖；治理意味着参与者最终将形成一个自主的网络；治理意味着办好事情的能力并不仅仅局限于政府的权力，也不局限于政府的发号施令或运用权威③。

（8）罗西瑙（James N. Rosenau）认为，治理是一种规则体系，

---

① 参见俞可平：《治理与善治引论》，《马克思主义与现实》1999 年第 5 期。

② 参见王诗宗：《治理理论及其中国适用性》，浙江大学出版社 2009 年版，第 39~40 页。

③ Gerry Stoker (1998). The New Governance: Governing without Government, *Political Studies*.

它依赖于主体间重要性的程度不亚于对正式颁布的宪法和宪章的依赖，因而治理是只有被多数人接受才会生效的体系。同时罗西瑙还指出，没有政府的治理是可能的，在某种情况下没有政府统治的治理比起善于治理的政府更为可取①。

（9）法国治理研讨中心（Institute for Research and Debate on Governance，IRDG）在《治理年鉴 2007》（*Chroniques de la gouvernance 2007*）认为，治理实际上是指一个从地方到全球人类社会共存的组织和调节以及产生共同规则的方法②，学术界必须以开放的方式来看待。在随后的 2008 年、2009 年和 2010 年的《治理年鉴》中，该中心围绕世界性治理机制形成的语境展开一系列研讨，包括资本主义国家的金融危机、非洲国家社会溃败和全球性公共管理失败的问题。他们判定，当代世界治理问题的复杂性超出人们的想象，而迄今为止人类社会治理体系、参与治理的行动者的活动能力、治理框架的演变和挑战以及地域和历史遗留问题等都在不断加深治理的难度和已有方案的效度，治理的研究时效性必须受到更多国家关注和重视③。

（10）联合国开发署后系统任务小组（System Task Team，STT）在《治理与发展》（*Governance and Development*）中指出，治理是指政治与行政机关全方位管理一个国家事务的行动，它由贯穿于公民和团体在综合他们的利益、践行他们的法律权利、实现他们的目标以及协调他们差异过程中的机制、流程和体系所组成。特别需要说明的是，开发署 STT 小组把民主治理（democratic governance）作为国家治理能力的重要指标，用以指称创建和维持具有包容性和社会共

---

① 参见詹姆斯·N. 罗西瑙主编，张胜军、刘小林等译：《没有政府的治理：世界政治中的秩序与变革》，江西人民出版社 2001 年版，第 5 页。

② 参见法国更新治理研究院编，金俊华译：《治理年鉴 2007》，新星出版社 2008 年版。

③ 参见法国更新治理研究院编，金俊华、林晓轩、王忠菊译：《治理年鉴 2008》，新星出版社 2009 年版；金俊华译：《治理年鉴：2009-2010》，吉林出版集团有限责任公司 2011 年版。

鸣的政治程序及设置的环境的过程①。

（11）联合国全球治理委员会（Commission on Global Governance，CGG）认为，治理是各种公共与私人机构管理共同事务诸多方式的总称，是调和各种利益冲突并持续采取集体行动的过程；它包括正式机构与规章制度，也包括经由成员同意并符合个人利益的非正式制度性安排②。

不难看出，由上述学者和组织对治理的解读，是通过参与主体、组成结构和执行效果三个方面进行的。从参与主体来看，治理倾向把个人、社会和国家视为合作伙伴关系（social partnership），彼此之间并没有权力与利益的高低阶序；从组成结构来看，治理着重把个人、社会与国家置于联合和笼络的位置，三者在利益分配以及矛盾化解过程中共同表决，协同执行，勾连互构形成"多中心"和"网络状"结构体系；在执行效果上，治理既突出体现了各主体的风险共担，又着重地表现成果共享的利益机制。综合这三个方面，本书认为，治理是一种个人、社会和国家多方参与，为增进共同利益，化解彼此矛盾，进而以合作、协商和互惠等达成共识的方式进行的新型管理活动。

二、治理的类型

当学者对治理基本定义莫衷一是、喋喋不休之时，关于治理类型的划分和界定却进一步加剧了他们的争议和讨论。诚然在概念的问题上，学者们依托于世界各国所面临不同社会问题的情境建构，进行相互迥异的本土化治理实践，自然得到有针对性的学术话语表达，因而也呈现为关于治理意涵的不同解释。当他们进入类型学范畴，意图对治理问题进行划界和厘定时，治理行动的主体、范围和交互关系却成为了治理分类体系紊杂的根源。至此为止，人们关于

---

① http：//www.un.org/en/development/desa/policy/untaskteam_undf/thinkpieces/7_governance.pdf.

② 孙同文：《从威权政府到民主治理：台湾公共行政理论与实务之变迁》，元照出版有限公司 2003 年版。

治理类型的判定包含以下 4 种主要形式：

1. 全球治理（global governance）

全球治理是 20 世纪以来国际学术界为应对全球化问题所进行的一系列革新且具有挑战性的研究，它包括了全球市民社会、气候变化、区域化和全球安全等领域。伦敦政治经济学院的全球治理中心（LSE Global Governance）把全球治理定义为一项由处理全球问题所必要的原理、规则和法律所组成的最小架构，它有着不同的组织设置，包括国际组织和国家政府①。

追本溯源，全球治理的概念最早的倡议者是美国政治学家罗西瑙。在《没有政府的治理：世界政治中的秩序与变革》一书中，他指出全球政治、经济乃至文化正在经历前所未有的一体化和碎片化同时进行的发展，这样的世界政治、经济和文化大背景下，政治权威的位置发生重大的迁移，对人类社会生活的治理也因此从以国家为主体的政府治理转向多层次的治理。这里的一项重要的治理层级就是全球层面的治理。政治学家赫尔德和麦克格鲁进一步佐证："作为一种分析方法，全球治理拒绝有关世界政治和世界秩序的以国家为中心的传统概念。（全球治理的）主要分析单元，则是制定和执行权威性的、全球的、区域的或跨国的体系。"②当前绝大多数国家已经步入了全球化政治体系中并成为其中一员，这种处理国际事务和重构国际资源分配的全球治理层级毫无疑问是必要的，它将对民族国家的政治参与发起尖锐的挑战，并要求其顺应国际潮流，走出地方主义的牢笼。

2. 国家治理（state governance）

国家治理，是指通过配置和运行国家权力，对国家和社会事务进行控制、管理和提供服务，确保国家安全、捍卫国家权益、维护

---

① http：//www.lse.ac.uk/globalGovernance/research/research% 20themes. aspx.

② 戴维·赫尔德、安东尼·麦克格鲁，曹荣湘、龙虎等译：《治理全球化：权力、权威与全球治理》，社会科学文献出版社 2004 年版，第 13 页。

人民利益、保持社会稳定、推动科学发展①。在国际社会，最早确立完整的国家治理测量指标，并对主权国家进行评估的是国家间的官方合作组织，如联合国开发计划署（United Nations Development Programme，UNDP）、经济合作与发展组织（Organization for Economic Co-operation and Development，OECD）、世界银行（World Bank，WB）以及亚洲开发银行（Asian Development Bank，ADB）等。此外，还有一些国际人权组织，如大赦国际（Amnesty International）、透明国际（Transparency International）和自由之家（Freedom House）对国家治理也有配套的评测体系②。从这些组织对国家治理的理解中，我们可以看到三种研究取向③。

（1）结构取向。这种取向主要聚焦于国家治理中的结构性因素，如政府间关系、政府内部的科层制结构、市民社会氛围、法治程序以及新闻自由开放体系等。

（2）过程取向。这种取向主要聚焦于国家治理的政策过程，如公民参与情况、基层自治组织能力和国家的腐败治理等。

（3）结果取向。这种取向主要聚焦于国家治理的实际效果，如政府效能感、政绩合意度、居民生活满意度和幸福感等。

综合上述三种取向，我们可以把国家治理理解为国家政权运作的缩影，它是从国家统治者的角度出发，以国家职能的正常运行与否为向度，对国家整体利益进行结算，以此评价国家治理的效果。

3. 社会治理（social governance）

社会治理是在社会管理概念的基础上衍生和阐发的一种强调服务至上和公正至上的公共管理理念和公共责任机制。目前学术界对

①　参见刘家义：《论国家治理与国家审计》，《中国社会科学》2012年第6期。

②　参见俞可平：《中国治理评估框架》，《经济社会体制比较》2008年第6期。

③　参见肖唐镖、肖龙：《国家治理的公民之维：治理能力与治理绩效评价——基于2002年和2011年两次全国性调查数据》，吉林大学中国国家治理研究工作坊，2004年。

它的具体概念仍然争论不休。有学者认为社会治理是指"通过制定社会政策和法规，依法管理社会事务、规范社会组织行为、合理分配社会财富、维护社会公正、化解社会矛盾、保证社会秩序和社会稳定"①。也有学者认为社会治理是"在国家现存政治制度的基本框架内，在政府与市场、政府与社会、政府与公民基本关系明确定位的前提下所建立的涵盖服务精神和服务原则的、法制与德治相统一的治理体系"②。无论如何，社会治理都是在三个层面上对原有的社会管理体系进行了扬弃③：在治理的主体层面上，它将把政府从包揽一切的财政重负中解脱出来，谋求社会多个主体、多种力量协商合作；在治理的功能与责任层面上，它强调与社会组织加强联系，增强私营部门与市民社会的活力和自主性，要求其对公众负责；在治理的效果层面上，它追求效率与公平的齐头并进，不废此偏彼，力求促进社会最大多数人的福利。

4. 协同治理(collaborative government)

协同治理是随着新公共管理(new public management)的浪潮而兴起的一种治理方式。在这一概念的界定上，学者们也有不同的看法。江大树认为协同治理是指"政府社群成员之间透过彼此互赖与互补的优势，建构互利与共存的关系，同时强调高度信任与承诺行动的特质有助于实现互惠与合作的目标"④。郁建兴、任泽涛则认为协同治理是指"政府出于治理的需要，通过发挥主导作用，构建制度化的沟通渠道和参与平台，加强对社会的支持培育，并与社

---

① 参见卢汉龙：《社会建设与社会治理》，社会科学文献出版社 2006 年版。

② 参见朱久伟、王安主编：《社会治理视野下的社区矫正》，法律出版社 2012 年版。

③ 参见孙晓莉：《西方国家政府社会治理的理念及其启示》，《社会学研究》2005 年第 2 期。

④ 江大树：《构建地方文官培训蓝海策略：网络治理的观点》，《研习论坛月刊》2006 年第 72 期。

会一起，发挥社会在自主治理、参与服务、协同管理等方面的作用"①。然而在现实治理实践中，一些民主国家结合官僚体制、市场机制、民间组织以及社区自治等各种治理途径，证实了在公共行政的过程中有同时实现民主与效率的可能，这为协同治理提供了坚实的实践基础。由于协同治理是以网络治理为核心，同时结合市场与官僚等治理工具，希望反映分歧社会的多元价值的治理体系，也被许多学者称为新治理(neo-government)②。在某些市民社会发育不全、公民的主体意识薄弱的强权国家，或是国家行政机关精简、管理体系薄弱的民主福利国家，协同治理把国家机关、社会组织与公民个体联系在一起，为治理行动的有效执行提供了新的方向。

三、治理与管理、统治的概念辨析

自 20 世纪 90 年代新公共管理思潮的兴盛以后，人们在管理行动中的所思、所想、所需、所求更多是治理而非统治③。但无论统治还是治理，两者在理论发展与实践探索上都拥有相当漫长的历史，足以展现出两者明显的可以比较的差异。一般而言，我们论及统治，指涉的主体往往是政府权力机关，即我们把统治寓意为国家的政治制度和其所拥有的强制权力的合法性；而我们论及治理时，其主体可以是政府组织，也可以是非政府组织或政府与民间的联合组织，换句话说治理体现的是政府因素与非政府因素的相互依赖关系。既然统治的着眼点是政府自身，它必然是以政府有能力制定决策和执行决策为特征，并在正式制度的赋权下动用权威性资源进行价值分配；而治理的着眼点则是面向整个社会，它无可避免地以正式制度或非正式规范来进行指向所有主体的管理

---

① 郁建兴、任泽涛：《当代中国社会建设中的协同治理》，《学术月刊》2012 年第 8 期。

② 参见蔡允栋：《民主行政与网路治理："新治理"的理论探讨及类型分析》，《台湾政治学刊》2006 年第 1 期。

③ 参见李长晏：《全球化趋势下地方治理的困境与发展》，《中国地方自治》2007 年第 9 期。

活动。

　　至于治理与管理之间的比较研究，如果从学术与政治关联的背景来考察，一定程度上则是得缘于治理作为一种体制性话语本身的流行。因而得见，两者关系的探讨在近年来已然是学术界的恒常主题。也许有学者认为治理概念的兴起之所以伴随管理话语的式微，其背后的社会结构逻辑是第三部门的崛起、信息技术的发展以及第三产业在经济体系中旷日持久的主导作用①，这些新组织、新技术以及新经济对于权力与制度的要求将是治理与管理更替的一个重要动力。但我们也要看到，治理由始至终都是作为一种社会自我规范的微妙形式，全然发挥着与管理非同一般的作用。这才是治理话语占据学术与政治主导地位的根源。②

　　本书认为统治、管理与治理之间的关系，大体应该从制度背景、权力主体、权力构成以及权力运作四个方面加以详析。从制度背景来看，治理面对的是后资本主义时代的经济体制以及第三次工业革命的社会环境，这与威权政治体制和农业生产下的统治，以及资本主义经济体制和早期工业革命下的管理截然不同。受制于制度背景，当今时代的权力主体不仅是政府，还有市场经济中的企业主和社会领域中的公民。后者对权责的追究瓦解了前资本主义时代臃肿的官僚式决策机制和缺乏人道的企业内部泰勒式管理，更促使权力分散化与碎片化。当政府、企业和社会组织处于同等权力的地位时，它们之间相互抱合与勾连的关系，会给中国经济制度改革与社会体制转型带来怎样的变化，这是本书主要回答的问题。

---

　　①　参见竺乾威：《从新公共管理到整体性治理》，《中国行政管理》2008年第10期。
　　②　社会学家郑杭生曾经从权威来源、运作过程、民主参与、权利行使等四个维度，对统治、管理和治理进行比较。他认为治理观念中西方早已有之，而现代西方体制治理理论是对时代变化和现实情况加以提炼形成的。而在治理、统治与管理三者中间，治理更能发挥三个主体的互补优势，使社会维持常态运行，增进社会进步，缩减社会代价。具体参见郑杭生：《"理想类型"与本土特质——对社会治理的一种社会学分析》，《社会学评论》2014年第3期。

表 1.1   统治、管理与治理之间的比较

	统治	管理	治理
制度背景	威权政治体制（前资本主义）与农业生产	资本主义经济体制与工业革命	后资本主义经济体制与第三产业革命
权力主体	国家领袖及其继任者	体制官僚、企业管理者	政府、企业和公民
权力构成	全部权力只能来源于政府，权力自上而下分布，呈现单极化	权力分布呈条块分割，在中央政府权力与地方政府权力呈垂直归属关系，地方政府部门间、政府与非政府部门间呈现纵向制衡关系	权力分布呈分散化与碎片化，政府部门享有政治权力、市场企业享有经济权力以及社会组织享有公民权利
权力运作	以指令性政治为主，依靠政府发号施令，政府是权力的唯一代表	每一级政府部门的最高领导人具有权力行使的裁量能力，但权力的合法性来源于政绩与效率	政府、企业与社会组织的权力功能不同，但他们地位是平等的，通过民主协商的方式行使权力

四、社会治理理论的中国适用性

1. 中国社会发展的机遇与挑战

改革开放以来，中国的经济如同一匹脱缰的野马，进入到飞速增长的阶段。从增长速度来看，中国经济增长率在近 20 多年间均维持在 10% 左右①，远远超过了 19 世纪末期美国与"二战"后日

───────────

① 由国家统计局关于国内生产总值公开数据计算，参见 http：//data. stats. gov. cn/easyquery. htm？cn=C01。

本、韩国的国民经济发展速度。后者的发展曾经为世界所瞩目，但中国的跨越式发展更为世界所震惊。从经济总量来看，据世界货币基金组织（International Monetary Fund，IMF）统计，1982年中国的GDP总量为2810.28亿美元，在世界各国中排名第8，然而30年后，2012年中国的GDP总量已经跃升至8万亿美元以上，远超日本、德国、法国和英国等老牌资本主义国家，仅居美国之后，排名世界第二①，不得不可谓世界经济发展史上的奇迹。

中国改革开放的宏伟成绩，已经给全体中国人民带来福祉，这是一个不争的事实。伴随着中国经济的改革，中国社会也正经历着一场史无前例的大变动和大转型。实际上从20世纪80年代算起，中国所经历的社会变迁，其划时代意义足以堪比世界历史上其他重大的社会变迁，如早期欧洲的文艺复兴和英国的工业革命。正如美国国家科学院院士谢宇教授的评价，中国的这场变迁涉及范围之广、规模之大、人口之众、速度之快、影响之深，是根本不可逆转的，需要更多的当代科学工作者去观察、记录、研究和理解其中的变化和意义②。然而当我们对中国经济增长相牵连的社会发展事实作评估和判断时，不难发现经济与社会两者之间出现了令人诧异的矛盾。这主要体现在三个方面：

第一，中国经济增长的高速度与社会发展的高度不平衡同时并存。中国社会发展的高度不平衡，体现在区域与区域之间、城市与农村之间以及国有部门与私有部门之间。区域之间作比较，东部地区因较早实施改革开放政策和本身交通地理的优势，成为了经济发展的领头羊。西部地区依托自然资源储备和边境贸易隘口，在西部大开发政策的带动下也呈现出较好的发展势头。相比于东部和西部，中部地区的发展显得先天不足、后继乏力。而以户籍作为身份地位来查看城市人与农村人的生命历程可以发现，人们日常生活无

---

① 参见 https：//zh. wikipedia. org/zh-cn/历年世界十大经济体国内生产总值列表。

② 参见谢宇：《认识中国的不平等》，《社会》2010年第3期。

不受到户籍等级差别的制约，如生老病死、入学就业和社会福利等①。因而城乡二元割裂是中国社会不平等的主要表现。再者，国有部门与私有部门间也存在着一定程度的地位区隔，国有部门职工不仅在革命建设期间占据着领导阶级的话语高阶，而且以单位为核心的国有部门更是从根本上控制着资源配置权和利益分配权，也借助于市场转型的机遇来谋取体制内的利益②。从某种意义来讲，经济增长的高速度与社会发展的高度不平衡，是当前中国社会最为主要的矛盾。

第二，中国经济制度改革与政治体制改革在时序上不同属一致，后者日渐成为前者实现的桎梏③。自亨廷顿提出"第三波民主化浪潮"与亨氏门徒福山教授提出"民主终结论"之后，亚非拉国家的经济发展与民主化过程的关系成为政治学、社会学与经济学的重要议题。一个国家的政治精英在进行战略决策时，是否将政治制度的"顶层设计"作为经济目标相并列的发展主线，很大程度上决定了国家政权的合法性构成。在巴灵顿·摩尔的研究中，民主活跃分子唯有在商品活动中首先接受私有产权与平等议价意识的洗礼，才能完成政治素质的培育，进而成为民主制度建设的中坚分子④。与之相反，中国的改革发展历程显示，中国执政者首先进行了经济体制变革，尔后才开始政治制度改革，中国经济的商品化进程与政治的民主化进程时序上并不一致。从当前社会发展态势来看，中国政治体制的弊病日渐成为教育、医疗、居住和社会保障等公共服务改革和发展的阻碍。制度为经济与社会发展创造条件的同时，产生了

---

① 参见陆益龙：《户口还起作用吗——户籍制度与社会分层和流动》，《中国社会科学》2008 年第 1 期。

② Yu Xie, Qing Lai, Xiaogang Wu(2009). Danwei and Social Inequality in Contemporary Urban China. *Research in Sociology of Work*, p. 19.

③ 参见周黎安：《官员激励、政府治理与中国经济增长：60 年回顾与展望》，见史正富主编：《30 年与 60 年：中国的改革与发展》，格致出版社2009 年版。

④ 参见巴灵顿·摩尔：《民主和专制的社会起源》，华夏出版社 1988 年版。

严重的负外部性。怎样评估与消散这种负外部性，不仅应是学术研究议题的题中之义，也应该提上中国执政者深化改革进程、维持政局稳定的议事日程。

第三，中国社会治理内部的高风险与高代价长期困扰着中国执政党，成为中国经济改革与社会转型的达摩克利斯之剑。要理解这一点，首先要回到中国经济增长的根源上。中国的经济增长很大程度上得益于地方政府官员进行的区域竞争。① 中央政府通过高度集中人事任命、异地调任以及干部培训的权力，就可以通过弱刺激换取地方政府官员的强激励。于是这些官员的经济增长偏好代替了辖区内公众多元化发展的偏好，他们常常局限于经济发展指标，忽视了长期发展的利益。同时，由于政治竞争的零和博弈，平级的地方政府间实际处于高度恶性竞争状态，阻碍了经济发展所必需的跨区域资源调度与合作共赢。于是，我们看到中国社会发展模式典型地表现为一种"倾斜式"的发展模式，既牺牲了国家可持续发展的利益，也牺牲了公众生存环境与生活质量，是一种"违规"与"默许"并存、"显性利益"与"潜在危机"无法分割的高风险、高代价的模式。

上述所总结的中国社会发展的机遇与挑战，事实上只是认识中国的一个过程。中国经济发展与社会变化背后所牵连的复杂性社会事实，需要当代中国学者通过严谨扎实的实证研究来揭示和解密。建立在社会治理理论之上的中国改革实践，恰恰是认识、理解和改变中国当前社会事实的一个途径。这样一种认识与实践，究竟能不能让中国机制抓住发展的机遇与有力回应发展的挑战，正是涉及治理理论本身的中国适用性判定。

2. 治理理论的中国适用性问题

社会治理理论发源于国外社会科学。尽管中国在当前社会转型期面临许多亟待解决的社会问题、亟待化解的社会矛盾以及亟待改革的管理措施，国家管理者及其管理机构均呼吁构建一套与时代精

① 参见张五常：《中国的经济制度》，中信出版社 2009 年版，第 158~166 页。

神相呼应、与社会现实相匹配的理论体系，以更好地服务于社会主义现代化建设。但发源于国外社会科学的社会治理理论对于中国社会现实有多大的解释力，建立在社会治理理论下的国家政策对当代中国而言到底适不适用，运行的成本有多大，受惠的群体有多广，依靠力量有哪些，在现有体制里要"破"什么"立"什么，这构成了有关社会治理理论的中国适用性的问题。如果没有回答好这些问题，都直接质询西方理论"舶来品"在中国学术日渐西化趋势下的效度与信度。

早在治理理论译介之初，有学者敏锐地察觉到这一理论在中国的实现问题要格外重视，他们认为治理的前提是成熟的多元管理主体、相互之间的伙伴关系以及民主、协作和妥协的精神①；认为中国现代政治没有完全成型之前对国家权力回归社会的过分强调，会使中国政治误入歧途②；认为治理理论的重要预设是发育完整的非盈利组织，在引入我国之前也必须对这一社会条件加以考察③。

所有对西方理论，包括社会治理理论在内，在中国适用性问题上的争论，笔者认为不必过分纠结。首先，社会治理理论在中国能否找到实现条件和环境，可以通过观察该理论所描述的基本治理方式能否在中国广泛应用，能否为中国的公共事业建设带来有价值的成果④来考察。其次，尽管当前中国仍缺乏独立的社会组织，但中国在市场化进程中仍存置着广大的民众参与空间，其在国家体系之外存在着无可置疑的社会力量，这些力量也是国家可以在社会治理

---

① 参见臧志军：《"治理"：乌托邦还是现实?》，《理论文萃》2003 年第4 期。

② 参见刘建军：《治理缓行：跳出国家权力回归社会陷阱》，《理论文萃》2003 年第 4 期。

③ 参见沈承诚、左兵团：《西方治理理论引入的社会条件分析》，《行政论坛》2005 年第 5 期。

④ 参见王诗宗：《治理理论及其中国适用性》，浙江大学出版社 2009 年版，第 191~193 页。

过程中加以依靠的力量①。更重要的是，一种理论建构之初不可能构想到所有的运行情境，也不可能对所有的现实问题给出现成的答案。理论的理想型抽象和复杂现实之间构成的张力，正是促进理论创新和实践进步最为重要的推动力量。社会治理理论在中国的迭代演进，将为中国本土理论的自觉和治理实践的改进带来不可替代的冲击力。

3. 迈向善治的中国社会治理

善治，是治理所追求的理想状态，是使公共利益最大化的社会治理过程。善治的本质特征就在于它是政府与公民对公共生活的合作管理，是政治国家与市民社会的一种新颖关系，是两者合作的最佳状态②。俞可平认为，善治有 6 项基本要素③：(1) 合法性(legitimacy)，即指社会秩序和权威被自觉认可和服从的性质和状态，它可以通过协调公民与政府以及公民与公民之间的利益矛盾，使国家管理机构和管理者的管理活动取得最大程度的同意和认可来实现；(2) 透明性(transparency)，即指政治信息的公开性，它要求国家的立法活动、政策制定、法律条款、政策实施、行政预算、公共开支以及其他有关的政治信息要为公民所知，以便公民能够有效地参与公共决策的过程；(3) 责任性(accountability)，即指人们应当对自己的行为负责，尤其是管理者和管理机构必须履行与其职务相称的职责和义务；(4) 法治(rule of law)，即指国家在规范公民的行为、管理社会事务和维持社会生活正常秩序要有法可依，依法行事，最终目的在于保护公民的自由、平等以及其他基本政治权利；(5) 回应(responsiveness)，即指公共管理人员和管理机构必须对公民的要求做出及时的和负责的反映，在必要时还要定期地、主动地向公民征询意见、解释政策和回答问题；(6) 有效(effectiveness)，即指管

---

① 参见王诗宗：《治理理论及其中国适用性》，浙江大学出版社 2009 年版，第 191~193 页。

② 参见俞可平：《〈中国治理评论〉发刊词》，见俞可平编：《中国治理评论》，中央编译出版社 2012 年版。

③ 参见俞可平：《治理与善治》，社会科学文献出版社 2000 年版。

理机构设置合理，管理程序科学，管理活动灵活，以及最大程度地降低管理成本。

善治概念的提出，意味着中国社会治理的理论与实践迈向了一个全新的局面。在当代中国社会治理的总体框架中，管理者必须自觉地反思原有的社会管理取向，并与时俱进地进行理论创新，不断应对社会转型出现的新问题和回应人们的现实需求。随着改革开放政策的持续推进，人们的主体意识不断增强，他们更有意愿成为共和国在新时代的共治者而不是被治者，更有意愿从制度设计上通过法律、宪章、政策和程序去表达诉求，更有意愿分享社会共同财富以及设定利益分配的公平效率原则。以善治为中心的中国社会治理体系不会是治理理论的最后形态。在迈向治理转型的过程中，人们在履行公民义务、追求公民权利的实现形态上将朝着更为成熟和精致的境界发展。而中国社会治理经验也将持续地向经典社会学家的充满理想主义信念的共同体理论发出挑战，为推进人类社会共同善治于最优状态添加一道道智慧的砖石。

第二节　西方社会治理理论的演变

一、以国家—社会为视角的治理理论

1. 集权主义(totalitarianism)的治理理论

集权主义认为，国家有干预个人生活、指引社会选择的责任，而每一个人也有积极参与集体生活，执行政治事务的义务。集权主义突出的特征在于国家的强制角色，其强调国家优先于个人而存在，每一个个体在社会中形成命运共同体；在没有强权国家实现公共利益统一分配的前提下，一个放任自由的社会是无法实现公平和公正的；只有当每一个人把自己的权利让渡出来，凝聚成以国家为代表的公共利益，才能够促进社会的整体进步。

集权主义的治理思想源远流长。早在 2000 多年前，古希腊哲学家亚里士多德在《政治学》中就已指出，社会是由组织而非个人所组成的，因而作为总体性结构的社会是凌驾于个人之上的利益共同体。此后马基雅维利、霍布斯与黑格尔在不同程度上对亚里士多德的集体主义思想进行了阐发和演绎。马基雅维利强调国家集权的功能性，他认为国家是具有自己的道德和活动方式的联合体，它有理由压倒一切权力维护自己的地位，以促使人与人之间关系的井然有序。霍布斯非常重视对君主权力的维护，他认为人所生存的环境是不确定的，处在自由放纵下的人会自然产生"孤独、贫困、肮脏、残酷和短暂"。为了破除这种生活的混沌状态，人可以将其权力授予一个代理人，由这个集所有权力于一身的代理人来统一执行判决。而这个代理人就是霍布斯所称只享有保卫他者、去除自然状态的"利维坦"。而在黑格尔那里，国家首先被认作是一种政治共同体，它不仅仅是由人类实践理性创造出来的用以推进个人目标的工具性实体，还是一个网罗和超越任何个人欲望的道德实体。国家的存在是有必要的，履行主观意志的市民社会将会出现类似法国大革命无休止的自我毁灭，只有制定和执行普遍律例的国家可以实现普遍的利他主义。①

19 世纪末期，列宁在革命实践中衍生出治理思想，成为集权主义思潮的代表。他继承了马克思的国家观念，把国家视为统治阶级进行阶级统治的工具，认为"只要社会经济关系中存在统治阶级，这个阶级就会按照它自己的阶级路线利用这种需求来塑造和控制国家"②，而国家被用于执行对被统治阶级的干预和改造。在绝大多数社会主义国家的建国探索中，列宁主义的影响随处可见，这些国家常常以代表社会整体利益的形式对私人领域进行管控，以保证统一的意识形态与政治忠诚。这种治理结果存在明显的两面性，一方面国家取代了社会，实现了至少表面上彻底的公平分配；另一方面社会丧失了活力，人民的主体权利意识被消除，存在个人权利

---

① 参见邓正来主编：《布莱克维尔政治学百科全书》，中国政法大学出版社 1992 年版，第 436、326~327、316~319 页。

② 转引自杜丽燕、李少军：《国家与政治理论》，桂冠图书股份有限公司 2002 年版，第 64 页。

被国家侵犯的可能性。

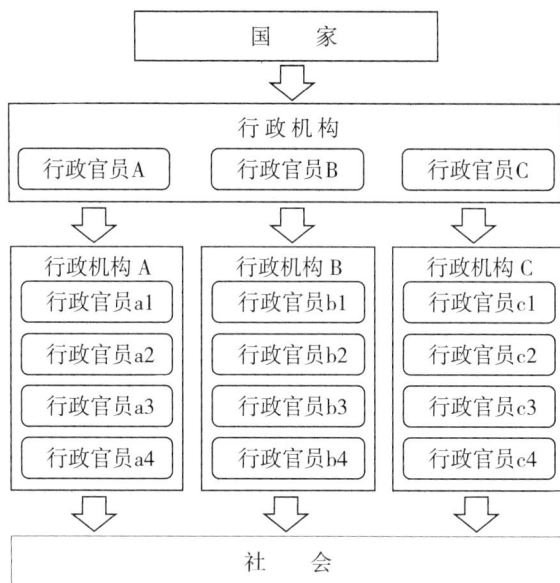

```
                    ┌──────────────────────┐
                    │        国  家          │
                    └──────────┬───────────┘
                               ▼
        ┌──────────────────────────────────────────────┐
        │                  行 政 机 构                     │
        │ ┌──────────┐  ┌──────────┐  ┌──────────┐      │
        │ │ 行政官员A │  │ 行政官员B │  │ 行政官员C │      │
        │ └────┬─────┘  └────┬─────┘  └────┬─────┘      │
        └──────┼─────────────┼─────────────┼───────────┘
               ▼             ▼             ▼
        ┌──────────┐  ┌──────────┐  ┌──────────┐
        │ 行政机构A │  │ 行政机构B │  │ 行政机构C │
        │┌────────┐│  │┌────────┐│  │┌────────┐│
        ││行政官员a1││  ││行政官员b1││  ││行政官员c1││
        │└────────┘│  │└────────┘│  │└────────┘│
        │┌────────┐│  │┌────────┐│  │┌────────┐│
        ││行政官员a2││  ││行政官员b2││  ││行政官员c2││
        │└────────┘│  │└────────┘│  │└────────┘│
        │┌────────┐│  │┌────────┐│  │┌────────┐│
        ││行政官员a3││  ││行政官员b3││  ││行政官员c3││
        │└────────┘│  │└────────┘│  │└────────┘│
        │┌────────┐│  │┌────────┐│  │┌────────┐│
        ││行政官员a4││  ││行政官员b4││  ││行政官员c4││
        │└────────┘│  │└────────┘│  │└────────┘│
        └────┬─────┘  └────┬─────┘  └────┬─────┘
             ▼             ▼             ▼
        ┌──────────────────────────────────────────────┐
        │                  社    会                       │
        └──────────────────────────────────────────────┘
```

图 1.1　集权主义下的国家与社会关系

2. 法团主义(corporatism)的治理理论

如果说集权主义在治理理论中对国家的角色过分权重，那么法团主义对于国家与社会关系的界定与表述则是一种折中。20世纪中后期，西方学术界在进行比较政治学与比较经济学的研究中发现，一些拉丁美洲和东南亚国家在社会制度设置与经济发展模式上表现出与传统西方民主国家截然不同的形态。在世界资本主义经济陷入滞涨，急于寻求出路的时候，这些后发展国家在强大的国家动员能力和法团组织的帮助下，不仅没有出现大规模的经济危机，反而取得比较好的经济发展成效和社会治理效果。因而在学者们的引介下，注重社会对话(social dialogue)与社会伙伴关系(social partners)的法团主义理论进入了一些发达国家的学界视野中，形成了独具特色的法团主义治理模式。

尽管法团主义理论的基本思想有着长远的历史①，但其理论的基本框架则来自政治学理论家斯密特(Philippe C. Schmitter)。斯密特认为，法团主义是一种利益表达的体系(a system of interest representation)，社会组织被国家组建成数目有限的、具有单一强制性的、非竞争性的、阶级秩序化的(hierarchically ordered)并且功能分化的(functional differentiated)的形态②。在国家与社会关系上，法团主义则主张"国家—组织"交换关系，即国家通过任命法团组织领导者，分配组织资源，从而获得关于某一组织代表的"授予独占权"(granting a monopoly)；而法团组织汇集社会意见，可以通过推举领导者和调配资源的方式，向国家表达意愿，形成"团体支配的国家(group-dominated states)"的形态③。由此，国家与社会的双向互动，通过法团组织得以实现。

3. 多元主义(pluralism)的治理理论

多元主义的治理思想在 20 世纪西方国家的民主实践中占据有最长的时间。要准确理解多元主义，可以通过三个方面来切入：(1)多元主义认为社会中的所有个体均拥有自由表达不同价值观念的权利，人们因相同的利益而自主结合成为利益团体(interest group)或压力团体(pressure group)；(2)多元主义支持发展以利益集团游说活动为核心的公共行政体系，认为各个利益集团可以通过公开和平等的方式向国家机关提出利益诉求；(3)在国家机关分配公共资源时，各利益集团则是以彼此竞争的方式来争取所得④。

---

① 参见 Paul S. Adams：《统合主义与比较政治》，见 Howard J. Wiarda 主编，李培元等译：《比较政治研究的新方向》，韦伯文化出版有限公司 2005 年版。

② Philippe C. Schmitter (1974). Still the Century of Corporatism. *The Review of Politics*, p. 1.

③ Douglas A. Chalmers (1991). Corporatism and Comparative Politics. In Howard J. Wiarda (eds.), *New Direction in Comparative Politics*. Boulder：Westview Press.

④ 参见许立一：《从形式参与迈向实质参与的公共治理：哲学与理论的分析》，《公共暨行政策学报》2011 年总第 52 期。

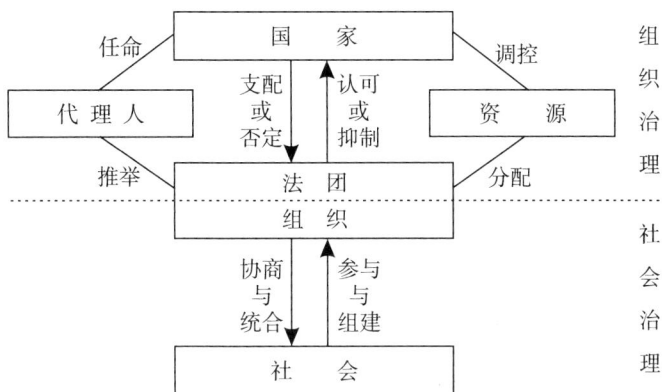

图 1.2　法团主义下的国家与社会关系

多元主义的代表人物是美国政治社会学家达尔(Robert Alan Dahl)。他通过对纽黑文市社区权力结构的研究，发现现代社会存在着阻碍社会资源和权力公平分配的藩篱，因而主张学者把对民主信念的过分关注转移到如何把这些信念应用到实际情况中以及如何以常规的方式来履行①。以多元利益集团来代表不同的利益主体，对国家机关进行游说和施压，以此施展对公共政策的影响，是解决社区民主治理的路径。

此外，多元主义还对集体主义和个人主义进行批判。它认为纯粹的集体主义和个人主义都有缺陷：集体主义的弊病在于团结人们的手段会被许多人理解为强制性要求从而损害个人的权利；个人主义的弊病在于个人权利、利益和尊严的制度与实施保障的制度安排之间本身就相互违背，难以调和②。

---

①　参见安东尼·M.奥勒姆，董云虎、李云龙译：《政治社会学导论：对政治实体的社会剖析》，浙江人民出版社1989年版，第243~247页。

②　参见邓正来主编：《布莱克维尔政治学百科全书》，中国政法大学出版社1992年版，第535~536页。

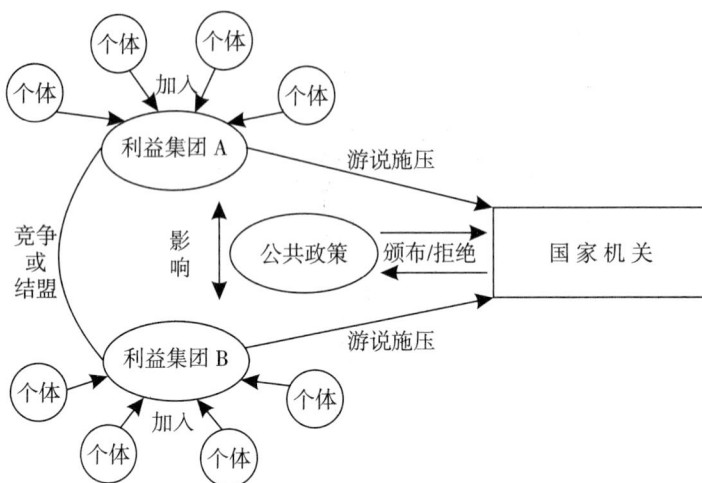

图 1.3 多元主义下的国家与社会关系图

二、以国家—市场为视角的治理理论

1. 自由主义治理理论

自由主义治理理论最核心的观点是将人视为追逐利益的个体，人的每一步行动都是以实现自我利益最大化为目标。这也是自由主义治理理论的最基础的假设。在国家与市场的关系上，经济学的探索和研究最为成熟和丰富，并把这基本人性假设称为经济人假设（homo economicus），并演化出自由放任主义（laissez-faire）的市场治理传统。

自由放任主义认为自由市场自行其道是一种最佳的资源分配途径，能够避免政府运作所导致的效率低下。它主张政府对于价格、生产、消费、产品输送和服务提供等干预得越少越好。政府干预得越少，市场便运作得更有效率。在经济学鼻祖亚当·斯密的著作《国富论》中，市场被形容为一双"看不见的手"，能够指引人们通过竞争实现利益交换，并最终促成整个社会的公共利益。换言之，自由放任主义是蕴含着以竞争概念为基础的市场经济理论，它相信市场可以对资源做最有效率的分配，政府的干预将破坏市场的自平衡能力，将导致不可挽回的经济灾难。20世纪以后，以米塞斯、哈耶克、弗里德曼为代表的奥地利经济学派理论家进一步发展和演绎了亚当·斯密的思想。其中米塞斯认为市场可以自动走向均衡，这种自然的力量能够让波动的经济恢复秩序。哈耶克则彻底否定国家干预市场，认为在缺乏私人投资、储蓄和投资跟不上的时候，国家出资进行公共项目建设即使能维持高水平的需求，保住就业岗位，但也是一种短暂的繁荣。因为这种治理政策是"强迫储蓄，误导生产，最终可能导致无可挽回的社会危机"①。

不过在现实市场运行中，绝对的自由放任主义是不存在的，绝大多数的现代工业国家并未采取彻底的自由放任政策，政府对市场仍保有一定程度的政策干预。这些干预措施包括设立最低工资标准、推行社会福利政策、建立反垄断的法律制度、兴办国有企业和国有银行以及对破产的私营企业进行市场出清等。此外，部分国家还针对某些自然资源或是特殊重要民生与建设产业（如电信、交通等）采取特许、管制甚至国家垄断的作为，而关税和进口限额诸种贸易壁垒的设计也都与自由放任主义的要旨相违背。

2. 国家干预的治理理论

国家干预的治理理论起始于16世纪重商主义。这一时期欧洲许多国家注重海上贸易，建立海洋大国，因而提倡政府在经济活动中应该要发挥强有力管制力量，以此扶持本国的工业，保卫本国贸易份额。然而在18世纪开始，以亚当·斯密、约翰·穆勒和边沁为首的古典经济学派兴起，对政府干预市场经济的行为进行猛烈抨击，并大力主张限制国家权力，将其约束在国防和司法等私人无法举办的公共事业领域。但是到了19世纪，德国历史学派基于德国发展的历史现实，对自由放任的市场理论进行了全方位的反驳。他们认为以国家的力量来发展经济，可以改善资源供给不足、交易规则混乱和社会财富分配不均等市场经济弊病。马克思对国家与市场

---

① 参见尼古拉斯·韦普肖特著，闫佳译：《凯恩斯大战哈耶克》，机械工业出版社2013年版。

的关系进行了比较深刻和抽象的分析，他认为市场是一个历史的范畴，是在社会分工和交换的基础上产生的；如果消灭了有差别的分工，消灭了商品经济，市场也会随之消灭。国家对市场进行干预的治理思潮，自此演变成具有一定影响力的社会理论。

然而国家干预的理论到了第一次世界大战之后才开始成为主流。彼时的资本主义国家接连爆发周期性的经济危机，使许多理论家对自由市场的表现感到失望。在这些国家中，政府在社会中的管制领域极为薄弱，不仅没有权力通过公共政策对高度两极化的财产流动进行重新分配，就连对社会慈善、社会福利与公共设施等公共事业的支持也逐渐在与市场经济的角逐中所蚕食。更为重要的是市场经济的溃败带来了高居不下的失业率，引发了大规模的社会动乱和危机。为了解决这种社会局面，英国经济学家凯恩斯提出了"市场与政府的结合(the combination of market and government)"，认为市场经济是有缺陷的，不完善的，需要政府进行适当干预，其中最主要的原因在于资本主义不可能通过市场机制调节达到充分就业，国家对经济进行干预可以增加公共支出，降低利率，刺激投资和消费，以弥补市场的缺陷①。此后西方大多数国家采用了国家干预市场的"凯恩斯主义"政策，继而经历了二战之后25年之久的经济繁荣。时至今日，当一些国家出现经济治理问题，都或多或少采纳"凯恩斯主义"的经济政策，国家干预市场的治理思想在西方经济世界里成为了根深蒂固的理论②。

三、以市场—社会为视角的治理理论

1. 新马克思主义

新马克思主义是借用马克思著作中的异化理论和卢卡奇著作中

---

① 参见凯恩斯著，崔雲、邢文增译：《就业、利息与货币通论》，广东经济出版社2005年版。

② 参见韦森：《哈耶克与凯恩斯的论战：来龙去脉与理论遗产(上)——读韦普肖特的〈凯恩斯大战哈耶克〉及其补证》，《学术月刊》2014年第2期。

的物化思想，从市场—社会视角，对资本主义现代工业社会出现过渡信息化、商业化和产业化进行批判的理论学派。由于这个理论学派的代表理论家是以聚集在德国法兰克福"社会研究中心"的社会学、政治学、哲学以及文化评论等领域的"法兰克福学派"学者为主体，因而被后来者指称为新马克思主义，一般而言是以法兰克福学派思想为代表。从 20 世纪 30 年代起，这个学术群体在理论学界开始崭露头角，对世界资本主义总体趋势展开了事无巨细的研究，取得了一系列显著的成果。他们认为资本主义国家无一不高度强调消费、享乐和物欲，但他们在生产过程、生产关系和意识形态方面对人和自然本身施加束缚，使得人在追求自由和人性解放过程中陷入了深深的泥潭。我们从这些研究可以看出，进入高度文明的现代资本主义国家依然存在着非常严峻的社会治理问题，以法兰克福学派为主的新马克思主义在经济发展与社会运行中阐发了诸多有力的社会治理思想。

具体而言，法兰克福学派的马尔库塞就认为，现代资本主义改变了工人的心智结构，使得他们反抗不公与控制的思想逐渐消弭，变成顺从、改良和丧失自主意识的单向度的人。本雅明认为当今发达时代的技术理性思潮把整个社会变成了机械复制的社会，这个时代下的商业化艺术品尽管可以被轻而易举地推广至世界的各个角落，但是这些复制艺术品被剥离了原创艺术的"灵光"，从而蚕食了原创艺术家的生存空间，使整个社会的文化氛围和艺术事业走向衰亡。哈贝马斯则提出"生活世界殖民化"问题，认为现代资本主义社会最典型的特征是过度追求效率和效益，这种基于算计的理性社会把人改造成冷酷无情的机器，使人与人的沟通变得不再可能，反而在金钱与利益导向下的每一个人在生活中疲于奔命，远离了生活的初衷。

尽管新马克思主义者并没有给出摆脱资本主义发展困局的详细药方，但是他们所着力刻画的发达市场经济下资本主义社会的意识形态、技术理性和文化工业现状，所极力反映的人在参与社会生产过程中、在消费生活的过程中和在互动交往过程中所产生的困惑与矛盾，以及所创造性探索的西方精神文化观念扭曲和奴役状态，把当代发达国家社会治理问题置于一个全新的反思性的层面。从这个角度来看，法兰克福学派对治理理论的发展是巨大的，也是值得深思的。

2. 风险社会理论

风险社会理论是由德国社会学家乌尔里希·贝克（Ulrich Beck）提出并逐渐为学术界所传承和发扬的一套反思现代文明，质疑现代理性，以及追问人类现代化带来的不确定性危机的理论体系。在贝克看来，所谓风险，是指预测和控制人类活动的未来结果，即激进现代化的各种各样、不可预料的后果的现代手段，是一种拓殖未来（制度化）的企图，一种认知图谱①。具体而言，风险包括完全逃离了人类感知能力的放射物、空气、水和食物中的毒素和污染物，以及相伴随的短期和长期的对植物、动物和人的影响，它们导致了系统性的，常常是不可逆、不可见的伤害。正由于风险具备的这些特性，风险社会的制度特征是全球性的，而不是仅仅在某一国家内发生，它以人类社会的发展过程中的计算和度量的决策为引发的先决条件。

风险社会虽然兴起于 20 世纪 80 年代，而人类认识风险与规避风险却是有着更为漫长和悠久的历史②。在前现代社会，人们在认识和规避风险上作出了巨大的贡献，也作出了巨大的牺牲。跟随前人的脚步，现代人追求以最小成本去治理风险和控制风险，以构建一个安全和谐、稳定有序的社会。然而，在现代市场经济和工业发展的刺激下，人类已然进入了一个崭新的现代性的世界，即"意味着组织和工作中的技术理性化和变化狂潮，同时它还包含了更多的东西，包括社会特征和标准生涯的变化、生活方式和爱的模式的变

① 参见乌尔里希·贝克著，吴英姿、孙淑敏译：《世界风险社会》，南京大学出版社 2004 年版。

② 参见乌尔里希·贝克著，王武龙编译：《从工业社会到风险社会——关于人类生存、社会结构和生态启蒙等问题的思考》，《马克思主义与现实》2003 年第 3 期。

化，权势结构的变化，政治压制和参与形式的变化，对现实的看法以及知识模式的变化"①。这种超前现代性所包含的社会风险，即现代化社会随时可能招致不可预期和不可规避的风险，并且这些风险在全球经济一体化进程中有扩大化和扩散化的潜在威胁。正因如此，有关风险社会的治理问题，需要人们反思现代文明和技术理性，以求在知识和行动层面上对风险作出防范，对人类的破坏性的发展模式作出调整。

西方国家的社会治理理论的演变与创新是建立在其漫长民主实践探索基础上的。传统西方民主观点认为，管的少的政府才是最好的政府，"小政府、大社会"乃是最好的制度安置。从 20 世纪中后期开始，复杂多变的国内环境和竞争激烈的国际挑战，引发了西方社会一轮又一轮的社会危机，并形成了民主政治下的不可治理性现象(ungovernability)。深究这种不可治理危机，其实是由两种因素作用产生的：(1)人们对政治的职能有过高的要求和预期；(2)政府承担着超载负荷(overload)的任务，难以响应人们的要求。这两种因素可称之为"民主的犬瘟热(the democratic distemper)"②。因此，我们在研习西方社会的治理理论时，要能准确判别这种治理设计背后的结构性社会背景，以分清这种治理体系的适用范围和条件。当前市场经济下的中国社会在某种程度上正步入西方国家曾经经历的发展道路。但从发展模式而言，中国不可能也没有必要完全照搬西方国家的治理实践方式，而是应该立足本土资源和经验，摸索出具有中国特色的社会治理模式。下一节所研究的内容，正是要回顾中国社会治理理论与实践的演变历程，从中剥离出中西治理理论背后隐含的结构性差异。

---

①　王小钢：《贝克的风险社会理论及其启示》，《河北法学》2007 年第 1 期。

②　Samuel P. Huntington(1997). The Democratic Distemper. *The Public Interest*, p. 41.

第三节 中国社会治理理论的演变

一、中国传统治理思想与实践

中国古代统治者历来对社会治理给予高度的重视。中国土地幅员辽阔，中华民族崇尚大一统，其总体治理观念可以从"普天之下，莫非王土；率土之滨，莫非王臣"概约之。中国上下五千年的漫长发展历史，孕育出形形色色富有洞见的社会治理思想，同时也经历了纷繁复杂的社会治理模式，践行和检验了各式各样的官僚结构和制度设置。但总体而言，这些传统治理模式扎根于比较稳定和宏观的社会现实背景，一方面是建立在"看天吃饭"和"安土重迁"的农耕制度之上的，以究天人之关系为主要思想的儒家文明①，另一方面是注重"粘着在土地上"、"离土不离乡"的乡土性与"人际关系"、"人情面子"的差序格局相结合的乡土文明②。要归纳中国传统社会的治理思想和实践，基本的任务就是归纳关于中国农村社会的治理思想和治理实践。

按历史时序对社会治理模式的演化进行划分，大致可以得到三个阶段③。第一阶段是乡官制模式或乡里制，跨越时间是从夏商周到隋文帝十五年（595 年），主要特征是"官有序、名有掌、重教化"。第二阶段是由乡里制到保甲制、乡官制到职役制的模式转折，跨越时间是从隋文帝十六年（596 年）到宋神宗熙宁三年（1070年），主要特征是乡里自治功能逐步弱化，官方控制和统治逐步增强，乡村权力越来越多地被上调到更便于中央直接控制的州县官吏手中。第三阶段是职役制度模式，跨越时间是从王安石变法到清朝

---

① 参见翟学伟：《中国人的关系原理：时空秩序、生活欲念及其流变》，北京大学出版社 2011 年版，第 140~141 页。

② 参见费孝通：《乡土中国》，人民出版社 2012 年版，第 1~8 页。

③ 参见唐鸣、赵鲲鹏、刘志鹏：《中国古代乡村治理的基本模式及其历史变迁》，《江汉论坛》2011 年第 3 期。

末年，主要特征是加强中央集权，削弱基层权力，把权力收拢到国家能够直接干预的县、州、府一级，封建专制更加强化，地方乡里自治色彩日趋淡化。

古典社会学家马克斯·韦伯习惯从古代乡村的整体特征出发来考察中国社会治理能力。他认为中国乡村是具有相当完善的自治能力的，尽管中国的法律和农民的思维决定了当时的村落无法蜕变出"社团"的概念，但村民依托庙宇和祠堂，以神祇的旨意把大众汇集在一起，去执行道路管制、运河防卫与乡间治安等治理工作，成为唯一能保卫村民自身利益的共同体①。

王宇翔等认为，中国古代农村治理模式有三个影响因素，即乡村行政建制、官员选拔制度以及土地赋税制度②。所谓乡村行政建制是指不同时期的统治者为了加强对乡村社会的管理和控制而对乡村的管理者地位进行界定，对行政机构进行设置，其主要做法是在农业生产、赋税徭役征收、维护治安、组织选举、教化乡里和赈灾等行政事务上，充分发挥"乡官"的作用，而这些乡官正是乡村推举产生、国家给予品级的地方官吏；所谓的官员选拔制度是通过选举制和科举制使地方精英得以入朝理政，成为连接乡里和国家的枢纽；而所谓的土地赋税制度则是调用各种土地分配和税收征集方法来实现对农村人力和土地资源的管理。唐鸣等认为，中央集权的皇权专制制度在中国延续数千年，以乡里制度和保甲制度为主要类型的乡村制度发挥了不可磨灭的作用③。韦伯的研究也强调农村自治模式与国家建制结合的可行性与特殊功能。他认为中央集权古代中国不可能对农村自发产生的各种非官方自治权放任自由，反之，统治者会通过任命村落长老担任官职和设立保甲制度等方式，把地方

---

① 参见马克斯·韦伯著，洪天富译：《儒教与道教》，江苏人民出版社2008年版，第98~103页。

② 参见王宇翔、陈建华：《中国古代乡村治理模式的影响因素、特点及其变迁》，《西北农林科技大学学报》（社会科学版）2011年第6期。

③ 参见唐鸣、赵鲲鹏、刘志鹏：《中国古代乡村治理的基本模式及其历史变迁》，《江汉论坛》2011年第3期。

自治的负责人收归进入国家治理体系之中①。

然而也有学者在研究中国治理形态变迁时，按阶级（经济差异）与地位（文化差异）来划分。不同的阶级和地位实际上形成了"治理者"与"被治理者"两类群体。如此而言中国古代治理形态可以被归纳为 4 种类型②（如表 1.2 所示）：

表 1.2 古代中国的 4 种治理形态

	"三"字型	"主"字型	"二"字型	"工"字型
时间	奴隶制和早期封建制	春秋战国时期和魏晋时期	秦朝到魏晋南北朝之间	魏晋南北朝之后到清朝
社会形态	原始部落解体之后的等级社会	社会动荡、战争频发	实行高度中央集权制，社会僵化	实行中央集权，形成"超稳定"结构
社会流动	靠血缘和姻缘传承，具有封闭性	各阶层之间流动性高，底层通过能力可进入治理层	阶层之间缺乏流动性，底层难以晋升至治理层	阶层之间的上升渠道被打通，按照规定程序流动
治理特征	治理层级间存在大小不等的治理者，身份按照传统和法律沿袭；各治理者之间相对独立、存在竞争	最高治理者为天子/皇帝；自上往下分别为诸侯及家臣等大小治理者；阶层之间关系错综复杂	治理阶层一元化，低层治理者要么被消灭，要么被吸纳成最高治理阶层；社会只存在单一的治理者阶级	治理形态变得涣散松懈；按照一定的程序，被治理者可以成为治理者羽翼，参与到国家与社会治理进程

资料来源：冯维江（2009），经笔者整理制表。

---

① 参见唐鸣、赵鲲鹏、刘志鹏：《中国古代乡村治理的基本模式及其历史变迁》，《江汉论坛》2011 年第 3 期。

② 参见冯维江：《侠以武犯禁——中国古代治理形态变迁背后的经济逻辑》，见林毅夫、姚洋主编：《经济学季刊》第 8 卷，北京大学出版社 2009 年版。

西方学者对古代中国治理问题的大范围关注，是明朝以后的治理模式。彼时的中国既萌发了本土商业经济形态，又不断受到西方近代文明的渗透和辐射，尤其在清末民初被卷入与西方社会同期的现代化浪潮，被迫地进行跨越式社会转型①。当中所涉及的社会问题之广、影响之深远、情形之独特，为史学家和社会科学学者比较分析中西方为什么走向完全不同的社会形态和发展路径，尤其是韦伯命题所警示的"资本主义文明为什么没有在中国发生"的诸多疑问，提供了解疑的线索②。尽管当时的中国没有像西方社会一样，先进行文化启蒙运动和工业革命，而后进行民主宪政的改造，从而在法理和经济实力上奠定社会治理的殷实基础。但明朝之后大量涌现了乡帮、商会和讼师等颇具现代文明特色的民间团体，这些团体在商业利益刺激之下，自发维护市场经济秩序、组织行业协会、制定行业标准和依法处理经济纠纷，为传统中国社会创造了一条生于民间、长于民间的本土自治出路。同时我们也看到，中国近代政府官僚体制也在行政领域同步发生着结构性转变，不再完全依赖上下垂直的指令式管治方式，转而采用了一种"简约集权"的治理策略，即世袭的皇权通过依赖准官员、乡绅和宗族等组织，可以执行一些诸如化解矛盾、执行村庄司法、保护村民私有财产和生命乃至为国家征税等政府功能，以免除中央权力在处理地方事务上采用过于刚性的手段。这样的好处在于，这些治理实践中的准官员都不是带薪的正式官员，除非发生纠纷和控诉，迭代接替扮演清帝国在广大领土疆域内治理政策的执行者，保证了治理文化的连续性和治理权力的平稳运行③。这些地方团体组成的"地方精英（local elites）"通过咨政、教育、防卫和慈善等公共事务，相互之间还分享地方社会的管理权。当然，这一系列的治理举措使得中国封建社会的稳健保持

① 参见邱澎生：《当法律遇上经济：明清中国的商业法律》，五南图书出版公司 2008 年版。

② 参见彭慕兰著，史建云译：《大分流：欧洲、中国及现代世界经济的发展》，江苏人民出版社 2008 年版。

③ 参见黄宗智：《经验与理论：中国社会、经济与法律的实践历史研究》，中国人民大学出版社 2007 年版，第 428 页。

到 19 世纪中叶，最终才逐渐走向瓦解的末路。

二、计划经济时期的强国家治理格局

要总结新中国成立后至改革开放前这一时期中国的社会治理情况，首先必须从中国的整体政治经济环境去理解。这一时期的中国由于实行计划经济，在制度设计上，以党代政的情形相当严重，国家具有对各地区、各部门施展全盘掌控的能力，常常以计划式、指令式和宗教魅力式的手段推行政策命令；在行政过程中，国家自上而下对社会进行严密控制，政府权力无限地膨胀和延伸，社会则处于意识形态话语的全面笼罩之下，社会的自治传统遭到强制瓦解，个人的自治组织意愿和结社能力被肢解和断层，个人的自主发展空间也受到空前的挤压。总体而言，这一时期的中国，国家权力空前凌驾于社会，社会的机能呈不断萎缩状态。许多学者惯常以"全能主义（totalitarian）"、"强国家—弱社会"、"国进民退"、"总体性社会"等概念来解读当时社会形态①。与这种社会形态相匹配的，是国家主义的治理手段。从新中国成立后的一系列政治措施，我们也不难体会这种从传统封建社会向社会主义社会转变的国家铁腕改造运动。那么这种强国家的治理格局究竟是怎样的呢？

首先，新中国成立以后国家政治权力系统，决定了从此以后的所有社会制度安排。在成立中央人民政府之前，中国共产党的军事接管确立了法律形式之外的政权组织程序。从历史的连续性来看，

---

① Nina P. Halpern（1993）. The Study of Chinese Society. In David Shambaugh（ed.），*American Studies of Contemporary China*，Washington D. C.：Woodrow Wilson Center Press；赵穗生：《"国强民弱"现象论——当代中国大陆国家与社会关系变动分析》，见周雪光主编：《当代中国的国家与社会关系》，桂冠图书股份有限公司 1992 年版；邹谠：《二十世纪中国政治：从宏观历史与微观行动的角度看》，牛津大学出版社 1994 年版，第 225 页；刘雅灵：《国家-社会关系研究途径：理论与实例》，见李英明、光向光编：《中国研究的多元思考》，巨流图书股份有限公司 2007 年版；孙立平、晋军、何江穗等：《动员与参与——第三部门募捐机制的个案研究》，浙江人民出版社 1999 年版，第 2~7、62~69 页。

这个权力系统的形成表现为共产党根据地的政权系统向全国范围的扩展；从组织形式来看，它是在共产党军队向全国进军过程中从党及其军队的组织系统中直接派生出来的；支配这个行政权力系统的是党的政策，这是后来任何立法形式都难以改变的事实。① 换言之，党的革命队伍在新中国成立以后完成了向新国家官员主体的转化。

其次，新中国的社会主义改造是对传统社会进行大规模重新组织，建立了一套为发展现代工业而实行的举国的单位制体制。而单位制对经济组织和个人活动的控制，经历了生产资料公有化、经济组织行政化以及个人生活就业的基础资料掌管和文化心理统治的过程②。在生产资料公有化方面，怀默霆（Martin King Whyte）认为自20 世纪50 年代开始，由中国最高领导人通过发动的土地改革运动、集体主义的农村政策、社会主义的工商业改造等一系列政治活动，试图要把解放前的中国社会经济不平等状态抹平；对于当时占据有较高经济地位的阶级，领导者采取群众斗争的方式对他们进行思想改造，同时铲除他们赖以存在的经济基础③。在政治组织行政化上则是采取计划管理的措施。计划管理的基本特点是：（1）最初的决策是政治性的；（2）计划的制定、下达和执行完全按照行政的程序进行④。而在个人生活与就业方面，单位制调动并生成了一种"控制的辩证法"，它在社会资源的再分配、社会的德治、仪式、派系与行动策略上都形成有意无意的各种影响，构成了孟德斯鸠和托克维尔所说的民情意涵，把制度的作用扩散到人们的意识形态、

---

① 参见路风：《中国单位体制的起源和形成》，见中国社会科学院社会学研究所编：《中国社会学》第2 卷，上海人民出版社2003 年版。

② 参见路风：《中国单位体制的起源和形成》，见中国社会科学院社会学研究所编：《中国社会学》第2 卷，上海人民出版社2003 年版。

③ Martin King Whyte（1975）. Inequality and Stratification in China. *China Quarterly*，p. 64.

④ 参见路风：《中国单位体制的起源和形成》，见中国社会科学院社会学研究所编：《中国社会学》第2 卷，上海人民出版社2003 年版。

思维图示和生活方式中，刻画了一代人集体主义的价值观念和精神世界①。

最后，为了建立一个统一化的集体社会，防止由于贫富差距、分配不均以及特权阶级引发的社会矛盾，实现中国社会的彻底平均化，国家对人民的生活消费资料实行严格的管制。我们可以看到，这一时期的居民生活消费不是通过市场流通获得，而是通过国家行政渠道获得。以居民住房为例，中国城市居民的居住用房是以该居民所在单位自筹自建，以工作福利的形式分发到户。工人阶级以不同的专业技术职称，可以分配到使用面积大小不一的居民用房。尽管不同行政职务享受到的住房待遇有所差异，从社会整体来看，所有居民的住房面积还是相对比较狭小和均等的，这就解决了社会平均化的问题②。怀默霆也认为，尽管毛泽东时期的中国社会仍存在着一定数量的上层阶级或特层阶级，他们有独立管理的住宅、有专供的商店、其子女被送往特设的学校并且享有独立社会福利和津贴，但这些特层阶级的人数还是相对要小，毛泽东主义下的中国社会整体要比旧中国社会要平等得多③。

但也有学者研究发现，计划经济时期，中国许多疾风暴雨式的社会改造和治理策略并没有完全渗透到农村层级，许多农民基于祖神崇拜、乡规民约、人情关系和一己私利等，通过各种各样"弱者武器"般的行动策略与国家权力抗衡，还保留着一定程度的传统治

---

① 参见李猛、周飞舟、李康：《单位：制度化组织的内部机制》，见中国社会科学院社会学研究所编：《中国社会学》第 2 卷，上海人民出版社 2003 年版；李汉林、李路路：《资源与交换——中国单位组织中的依赖性》，转引自中国社会科学院社会学研究所编：《中国社会学》第 2 卷，上海人民出版社 2003 年版。

② William L. Parish(1975). Egalitarianism in Chinese Society. *Problems of Communism*, p. 29.

③ Martin King Whyte(1975). Inequality and Stratification in China. *China Quarterly*, p. 64.

理风俗①。尤其在文化大革命期间，在国家最高领导人的默许下，赤脚医生等土法医疗制度重新进入乡间邻里，解决了有限的卫生所配置下村民看病难的问题；革命样板戏以民间曲调的形式改编，在村落中大范围演出，丰富了农村贫瘠的精神文化生活②。同时文化大革命期间，城市知识青年在国家的号召下走南闯北、上山下乡，把潜在剩余劳动力转移到了农村，在一定程度上防止了城市中劳动力密集型的职业安置可能出于工人数量"过密化"和经济发展"内卷化"引发的社会冲突③。

三、改革开放以来的多元治理态势

改革开放 30 多年以来，中国治理变革的最主要特征是，从一元治理到多元治理、从集权到分权、从人治到法治、从管制政府到服务政府以及从党内民主到社会民主④。在治理变革的后面，中国的政治经济环境俨然已经发生波兰尼所指称的"大转型（the great transformation）"中最为重要的社会生产方式变化，即再分配经济向市场经济的转型。

从计划经济到市场经济的转变，中国社会治理的总体目标、治理队形、实施环境和依赖力量均已产生了不若以往的特征。经济改革带动了全社会自主意识的增强，我们常常可以看到在城市职工与务工群体在要求工资与经济发展水平同步增长，城市居民与乡镇村

---

① Vivienne Shue（1988）. *The Reach of the State：Sketches of the Chinese Body Politics*，Stanford：Stanford University Press；景军著，吴飞译，《神堂记忆：一个中国乡村的历史、权力与道德》，福建教育出版社 2013 年版；彭玉生：《当正式制度与非正式规范发生冲突：计划生育与宗族网络》，《社会》2009 年第 1 期。

② 参见高默波：《高家村——共和国农村生活素描》，香港中文大学出版社 2013 年版。

③ 参见潘鸣啸著，欧阳因译：《失落的一代：中国的上山下乡运动（1968~1980）》，中国大百科全书出版社 2010 年版，第 48~62 页。

④ 参见俞可平：《中国治理变迁 30 年：1978-2008》，《吉林大学社会科学学报》2008 年第 3 期。

民强烈反对各种特权和腐败现象，以及农民要求享有更多的自由经营权方面，对政府的执政合法性和治理能力提出了极为严峻的挑战①。倪志伟(Victor Nee)发现这种问题的产生其实是由于局部改革引起的，因为在中国市场经济改革彻底完成之前，由于再分配经济体制仍旧发挥作用，地方政府的政治权力仍然可以通过各种违法乱纪的手段取得经济回报，为腐败现象和特层现象的产生预存了空间②。这是转型期中国社会不平等的主要体现。

然而并不是所有的学者都同意这样一种看法，尤其倪志伟关于官僚权力被市场权力继替的看法在许多社会学家关于社会转型的忧思顾虑中显得格外乐观，因而招致了学术界不约而同的批评。倪志伟认为，改革开放对中国社会形态带来最根本的变化，是使得以权力精英为主体的再分配机制向以经济精英为主体的市场机制演化，在此过程中，市场经济的生产者和消费者可以在市场中直接碰面，免去了再分配机制中官僚权力的寻租和腐败③。这种理想的治理前景尔后在1991年中被倪氏基于福建农村调查的数据进一步修正，也即是上述"局部改革"的论纲。但这些修正只是在其市场转型论的主体框架下徒增一些局限条件和适用范围，并未对再分配权力在社会变迁过程中的地位进行重新估定，也就没有从根本上解决市场经济与再分配经济的角色权重问题。如加州大学圣地亚哥分校的罗纳塔司(Akos Rona-Tas)就以匈牙利的市场转型资料质询倪志伟的观点。他发现匈牙利虽然在1989年东欧剧变事件中成为最早瓦解的共产党政权的国家之一，但对比1989年前后的党组织干部权力，罗氏认为共产党的影响力并没有随着组织结构的转变而衰退，那些原先占据阶层优势的群体倚靠着社会网络资源，重新建立起私有化

---

① 参见赵穗生：《"国强民弱"现象论——当代中国大陆国家与社会关系变动分析》，见周雪光主编：《当代中国的国家与社会关系》，桂冠图书股份有限公司1992年版。

② Victor Nee(1996). The Emergence of a Market Society：Changing Mechanisms of Stratification in China. *American Journal of Sociology*，p. 101.

③ Victor Nee(1989). A Theory of Market Transition：From Redistribution to Markets in State Socialism. *American Sociological Review*，p. 54.

体制中的权力地位，同时也把国有资产转化为个人私有资产，使得匈牙利社会的不平等由恶劣划向深渊①。边燕杰和罗根（John Logan）紧接着也通过 1978 年、1983 年、1988 年和 1993 年中国天津的改革进程和居民收入的跟踪数据，证明了社会制度的转变并不一定意味着原有政治权力的后期发展乏力，因为它有可能通过市场机制的作用，延续其在国家机关、部门、单位以及企业里的生命力，更有甚者，市场还刺激了持有政治权力者寻求更多的经济回报②。以边燕杰和罗根的协作研究为标志，权力维续成为了社会治理必须应对的一个重大挑战。

　　若要从社会组织与国家科层体制的设置方面来评价改革开放对中国政治、经济和社会带来的影响，李侃如（Kenneth Lieberthal）的研究给予我们一个开阔的视野。他认为中国社会治理面临着两个显著的现象，一方面是社会组织逐渐兴起，形成代表特定群体的利益集团，社会阶层开始出现分化；另一方面是国家科层机构在功能上相互分割，决策的分散性，即政府部门内部和府际关系之间存在着张力，通常是以讨价还价的方式解决纷争。如此，国家对于社会不再具有像计划经济时期的全局掌控能力，而是表现为所谓的"分裂式威权主义（fragmented authoritarianism）"③。此时中国的许多新兴非政府组织（NGO）的发展清楚地意识到组织生存的策略，拒绝采取与政府对抗的意识形态，而且为了扩展组织、增加成员，采取用政府的口号与策略与政府合作，共同学习与参与，甚至进入政治灰色地带以谋求有利于自身发展途径。政府为了增强对地方的监视控

---

①　Akos Rona-tas（1994）. The First Shall Be Last? Entrepreneurship and Communists Cadres in the Transition from Socialism. *American Journal of Sociology*, p. 100.

②　Bian, yanjie, John Logan（1996）. Market Transition and the Persistence of Power：The Changing Stratification. *American Sociological Review*, p. 61.

③　Kenneth G. Lieberthal（1992）. Introduction：The "Fragmented Authoritarianism" Model and its Implications. In Kenneth G. Lieberthal & David M. Lampton（eds.）, *Bureaucracy, Politics, and Decision-Making in Post-Mao China*, Berkeley：California University Press.

制能力，一方面沿袭计划经济时期的干部区域轮调和兼职的制度，即时掌控下级政府与不同行政部门的信息，并防止地方山头主义的发展①。如干部在担任县级政府地方行政职务的同时，也兼任下属乡镇党委机关的领导，使信息能够在上下流通，并使乡镇领导认同上属的县级领导，以达到免除乡镇级干部形成地方主义的情形②。另一方面则是中国政府在目标设定权、检查验收权和激励分配权方面对控制权进行改革，施展与各级地方政府相匹配的灵活多变的治理手段③。

20世纪90年代以来，尽管国内学界在社会治理的总体框架上惯常对西方知识体系亦步亦趋，近年来许多青年学者基于学术主体性的忧虑与经验本土化的思考，对社会治理理论的微观面向做出了卓识的推进，如渠敬东的研究显示，中国近十年来社会治理体制机制最为独特的一个现象，便是通过项目制来进行治理。这里所谓项目制，是指20世纪90年代中期以后，在财政制度由包干制改为分税制，财政资金管理出现过度集中的情况下，国家通过项目招标的方式把资金专项转移至基层政权，实现资源的开源节流④。尽管当项目制在各级行政机关之间大范围地实施时，一些地方政府比另一些更能获得转移支付财政收入，并以此配置资源、创造规模投资和拉动经济增长。但就总体趋势来看，项目制建立起了较高覆盖率的国家公共事业体系，各级基层政权为此利用专项基金弥补财政缺口，企业、科研单位和文化团体以此来获得资金资助维续运转。此外，项目制的治理模式也形成了如同单位制一样的思维模

---

① 参见刘雅灵：《国家-社会关系研究途径：理论与实例》，见李英明、光向光编：《中国研究的多元思考》，巨流图书股份有限公司2007年版。

② Maria Edin（2003）. State Capacity and Local Agent Control in China：CCP Cadre Management from a Township Perspective. *China Quarterly*, p. 173.

③ 参见周雪光：《中国政府的治理模式：一个"控制权"理论》，《社会学研究》2012年第5期。

④ 参见折晓叶、陈婴婴：《项目制的分级运作机制和治理逻辑》，《社会学研究》2011年第4期。

式，成为了国家、社会团体和具体个人建构策略和行动的战略和策略①。

　　还有一种富有中国特色的治理理论——"运动型治理"，为研究者考察基层政权组织与治理现象提供了极好视角。所谓运动型治理是"以政治动员来打断、叫停官僚体制各就其位、按部就班的常规机制，通过自上而下的各类运动方式协调资源和注意力来追求某一目标或完成某一特定任务"。这种治理运动的行为常常是由自上而下的指令或上级领导的主观意志来启动的，它是建立在特有的稳定的组织基础和资源之上，并不是政府任意的行为②。冯仕政认为，新中国成立后之所以出现一系列大型运动式的治理，是出于革命胜利后继承革命遗产的需要，也是为了推进赶超型现代化的需要，在两种需求下，新政权建立了对社会改造具有强烈使命感的"革命教化整体"③。他还进一步指出了这种治理运动发生的三个条件："一是国家对社会改造有强烈包袱或面临强大的绩效合法性压力，因而对社会改造的态度比较积极甚至激进；二是国家的基础权力严重滞后，致使国家无法通过制度化、常规化和专业化途径实现社会改造目标，不得不采用运动这样的激进手段；三是国家的专断权很大，在采用激进手段时无需经过社会同意，社会也无法制约"④。除了计划经济时期，改革开放以后的中国社会仍然出现许多"通过运动进行治理"的组织行动，如中部地区基层政权的"植树造林"运动⑤、官位

---

①　参见渠敬东：《项目制：一种新的国家治理体制》，《中国社会科学》2012 年第 5 期。

②　参见周雪光：《运动型治理机制：中国国家治理的制度逻辑再思考》，《开放时代》2012 年第 9 期。

③　冯仕政：《中国国家运动的形成与变异：基于政体的整体性解释》，《开放时代》2011 年第 1 期。

④　参见冯仕政：《中国国家运动的形成与变异：基于政体的整体性解释》，《开放时代》2011 年第 1 期。

⑤　参见狄金华：《通过运动进行治理：乡镇基层政权的治理策略——对中国中部地区麦乡"植树造林"中心工作的个案研究》，《社会》2010 年第 3 期。

晋升与政绩刺激下的"竞标赛式"经济发展运动①以及都市转型过程中轰轰烈烈的"城中村"改造运动②。这些治理运动时至今日还以各种形式持续进行，足以看到单向度的国家权力对社会运行逻辑的形塑，有相当深刻的烙印。

如果说西方国家的治理文化沿袭自古希腊城邦民主的传统，从而播种下重视人权与个体自由的治理特色，那么中国政治制度长期以来是以家长制支配为主要特征的。中国政府官僚制度中最高领导拥有相当大的专断权力与卡里斯玛权威，这也导致了中国与西方国家有着截然不同的社会治理逻辑。这种治理进而演进出基层组织时刻对上级负责的组织结构。蔡禾从治理的有效性与合法性角度对中国治理形式进行了评析③。他认为中国国土幅员辽阔，从古至今高度集权的中央政府自上而下推行政策时，极有可能存在指令消解、政策不灵、传达偏误以及地方政府的选择性执行等治理的有效性问题。同时中国政府不断设置一些非常规化的治理目标去追求标志性的"办大事"方式以维护"（威权）体系象征合法性"，以及针对特大社会问题进行超常规化治理以维护"（威权）体系作为合法性"。但是这两种治理若出现负面效果，反过来则会侵蚀中央政府打造的合法性形象。

总而言之，古今中国社会治理的取舍，无一不是在国家—社会两端之间左右斡旋和权重。中国悠久的社会历史、多民族的种族结构和地广人稠的人口分布为考察各式治理理论提供了无限差异性的案例，换言之，迄今为止我们仍不可能断言哪一种治理模式可以一劳永逸、确切适配中国复杂多变的社会环境。在如今社会转型的大背景下，全盘控制经济生产与资源再分配的中国国家官僚机制已经

①　参见周黎安：《转型中的地方政府：官员激励与治理》，上海人民出版社 2008 年版；刘建雄：《中国政治锦标赛竞争研究》，《公共管理学报》2008年第 3 期。

②　You-tien Hsing（2010）. *The Great Urban Transformation：Politics of Land and Property in China*. Oxford University Press.

③　参见蔡禾：《国家治理的有效性与合法性——对周雪光、冯仕政二文的再思考》，《开放时代》2012 年第 2 期。

逐步为市场中的自由贸易所取代，国家对社会控制的松绑、对公民权利的重视以及对多元声音的接纳已渐成大势①。无论中国今后选择哪一种治理模式，参照哪一种体系，创造一种有利于国民经济发展、国家竞争力提升以及国民生活水平不断提高的社会环境，都将会是判别治理效果优越与否的唯一标准。

第四节　法团主义：社会治理的第三条道路

一、法团主义的概念与类型

法团主义（corporatism），又称作社团主义、统合主义及组合主义。它源自拉丁语 corpus（躯体），与西方古典哲学中的社会有机体论述密切相关。在亚当斯（Paul S. Adams）的研究中，法团主义的渊源最早可追溯自《圣经》中圣保罗（St. Paul）的人体论、亚里士多德《政治学》中的国家整合论和罗马帝国的军事政权运作传统②。这些理论的共同特点是把国家视为一个有机统一体，不同团体单位和功能性的社会组织都归属于国家的管制之下。这样的制度安排随后被演绎成一种国家与社会的合作共生关系，即法团主义模式。在《布莱克维尔政治学百科全书》中，法团主义被认为具有介乎国家与市民社会之间的利益组织的作用。它以一种无阶级的社会结构为假设前提，该社会结构根据在社会分工中履行的不同职能而被划分为各种社会团体，国家创设各种组织并特许其代表各种利益，但同时又对所有的人执行严密控制，因而常常与法西斯主义和独裁统治联系在一起。

---

① Victor Nee(1996). The Emergence of a Market Society：Changing Mechanisms of Stratification in China. *American Journal of Sociology*, p. 101；刘雅灵：《国家-社会关系研究途径：理论与实例》，见李英明、光向光编：《中国研究的多元思考》，巨流图书股份有限公司 2007 年版。

② 参见 Paul S. Adams：《统合主义与比较政治》，见 Howard J. Wiarda 主编，李培元等译：《比较政治研究的新方向》，韦伯文化出版有限公司 2005 年版。

　　要给法团主义下一个明确的定义可能非常困难，因为法团主义本来就是一个多面向意义的概念①，不同学者则持有不同的观点。对法团主义的界定最有影响力的当属斯密特（Philippe C. Schmitter）的研究成果。斯密特认为，法团主义是一种利益表达的体系（a system of interest representation），社会组织被国家组建成数目有限的、具有单一强制性的、非竞争性的、阶级秩序化的（hierarchically ordered）并且功能分化的（functional differentiated）的形态。在国家的许可之下，这些社会组织可以在特定领域中获得国家授予的垄断代表权，与之相对应的是国家拥有对其进行整合、监督与控制的绝对权力。可以说，社会组织付出关于服从和忠诚的承诺，以求得到更多国家赋予的权力空间②。国家通过执行其代理权的社会组织，形塑该组织中参与者的意识形态与行为趋势，进而强化对相关政策介入的有效性③，最终达到国家统合与组织利益双赢的局面。总体来说，斯密特对法团主义的讨论过于宏观，难以移植到经验层面进行分析，而后许多理论家对法团主义进行了阐释，丰富了法团主义的内在意涵。

　　鲁斯·科尔勒和大卫·科尔勒（Ruth B. Collier & David Collier）从政治交换角度来理解法团主义。他们认为法团主义的基本逻辑，便是执政者主动地、自上而下地给予一些利益团体好处，将其改造成特定的组织形态，进而将其引导进政治体制中加以管辖。而利益团体通过支持政府和服从法律，可以争取其立足的正当性，获得与其他组织进行竞争的活力④。

------

① Gerhard Lehmbruch(1982). Introduction: Neo-Corporatism in Comparative Perspective. In G. Lehmbruch & P. Schmitter (eds.), *Patterns of Corporatist Policy Making*. Sage Publication.

② Philippe C. Schmitter (1974). Still the Century of Corporatism. *The Review of Politics*, p. 1.

③ Peter J. Williamson(1989). *Corporatism in Perspective: An Introductory Guide to Corporatist Theory*. Sage Publication, p. 68.

④ Ruth B. Collier & David Collier(1979). Inducements versus Constraints: Disaggregating "corporatism". *American Political Science Review*, p. 73.

　　威亚尔达(Howard J. Wiarda)认为法团主义是一种社会和政治组织的体系(a system of social and political organization)①。在这个体系中，社会组织(包括劳动、企业、农民、军队、民族、氏族和宗教组织等)全部被整合成为行政体系的一部分，并在国家的指导、定向、保护和操控之下，以达到国家的协调性发展。威亚尔达还指出，法团主义意含 3 项重要特征：(1)强大的国家领导力量；(2)对利益团体自由与活动的限制；(3)将利益团体结合为国家体系的一部分，使之不仅向国家机构表达其成员的利益，并且帮助国家机构管理与执行政策。在国家职能方面，法团主义意味着国家要扮演更为积极的角色②，要求国家不仅负责协调各种社会组织的利益冲突，也负责指导社会组织进行决策；在国家与社会的关系方面，法团主义意味着国家和社会是高度合一的，社会组织是国家治理权力的派生，国家是社会组织的政治归属。

　　这里特别要指出，法团主义与前面所讲的多元主义有着深刻的理论分野。多元主义坚持社会与国家进行抗衡，维护社会的独立性与自主性，而法团主义主张社会与国家是融合为一体的③。后者这种认同国家对社会统合的观点，实际上是一种微妙的治理策略。因为通过国家来化解社会组织原本具有的抗衡力量，和经由这些已经收编的社会组织来共建国家治理的环节，可以消解社会内部的异见声音，以替代政府执行政策并削减可能的政治危机。

　　由于法团主义指涉广泛，研究者们对法团主义内部也进行了更为细致的分类。斯密特注意到，法国理论家麦诺伊雷思科(Mihail Manoilesco)早在 20 世纪初就对法团主义进行了分类，分为纯粹型法团主义(corporatisme pur)和从属型法团主义(corporatisme subor-

---

　　①　Howard J. Wiarda (1997). *Corporatism and Comparative Politics: The Other Great "Ism"*. M. E. Sharp.

　　②　参见张静：《法团主义——及其与多元主义的主要分歧》，中国社会科学出版社 1998 年版，第 8 页。

　　③　参见陈剩勇、李立东：《20 世纪 50 年代以来的西方比较政治学发展述评》，《政治学研究》2008 年第 6 期；陈家建：《法团主义与当代中国社会》，《社会学研究》2010 年第 2 期。

donne）。对于前者而言，国家的合法性和功能依赖于单一性的、非竞争性的和层级秩序化的社会组织，对于后者而言，社会组织则由国家机构依据合法性和功能创建产生①。斯密特根据国家与社会组织之间的合作与控制关系、社会组织之间的合作与控制关系以及社会组织内部上层精英对基层的合作与控制关系，重新对法团主义进行了划分，认为其可以分为国家法团主义（state corporatism）与社会法团主义（societal corporatism），或称威权法团主义（authoritarian corporatism）与自由法团主义（liberal corporatism）。

表 1.3　　　　　**国家法团主义与社会法团主义的比较**

社会组织的特性	国家法团主义 （state corporatism）	社会法团主义 （societal corporatism）
组织的数量	由国家设定，是政府干预下的政治清单（political carte）	社团之间协商安排，是相互确立下的政治清单
组织的单一性	多元化的社会组织受到国家的强制排斥，不是竞争的选举结果	社会组织在自发的联盟间竞争产生
成员参与的强制性	听由法官和官方的命令，以特权的方式执行	通过社会压力、契约制定，是一种非官方的许可
组织间竞争关系	由国家仲裁或压制	由组织内部的寡头通过协商、偏好、自发联盟达成
阶层秩序	是国家中央集权化的行政从属	社会组织出现行政官僚化
组织的决策功能	由国家建立标准	各组织代表自愿协商形成
国家的认可形式	自上而下的国家认可，以维持一体系统的运作为条件	自下而上的国家认可，以获得官方的合法性和功能性认同

①　Philippe C. Schmitter（1974）. Still the Century of Corporatism. *The Review of Politics*，p. 1.

社会组织的特性	国家法团主义 （state corporatism）	社会法团主义 （societal corporatism）
组织的垄断代表性	依赖于国家的决策，为其让步	对国家决策保持独立，克服依赖性
组织领导的选择和利益关系	由国家垄断决定，拥有国家指派的利益	经由组织达成共识的程序产生，具有互惠利益

资料来源：Schmitter(1974：103-104)，经过笔者译介并整理制表

对于上述提出的国家法团主义领域，徐正光、萧新煌持有坚决的批判态度。他们认为国家法团主义是威权国家用来操纵社会团体的主要机制，它设定了某一社团来代表全部群体的利益，然后利用经费辅助、干预人事和组织运作，使其失去自主性，最终沦为国家机器伸向社会的手臂。

除此之外，斯泰潘（Alfred Stepan）以国家法团主义框架研究秘鲁的发展历程时发现，根据国家精英与社会组织的不同关系，可以分包容性法团主义与排斥性法团主义两种形式①：

表1.4　　　包容性法团主义和排斥性法团主义的比较

	包容性法团主义 （inclusionary corporatism）	排斥性法团主义 （exclusionary corporatism）
国家精英对实际或潜在重要工农团体的最初反映	尝试将其纳入新的政经体系的联盟，并借由国家精英的要求与互助合作的方式达成	尝试排除自主性的组织和有害于政经体制的需求；并透过国家精英要求，以强制高压的手段整合至联盟内

---

① 参见汪可威：《国家、资本与层峰组织：工会总会如何代表与实践资本家的利益？》，台湾"中山大学"政治学研究所硕士论文，1997年。

续表

	包容性法团主义 （inclusionary corporatism）	排斥性法团主义 （exclusionary corporatism）
主要工农团体纳入国家法团主义架构的主要政策	主要的：分配性、象征性和团体分类的福利政策 次要的：强制手段	主要的：强制手段 次要的：团体的福利政策，但最初阶段并无分配性政策
国家精英对国家机器功能的政策	企图扩大分配性、管制性、调节性与计划管制的能力	企图扩大扩大强制性、假话管制的广度与深度
国家精英的联盟伙伴	民族资产阶级与纳入体制的工农团体	跨国资本家与技术官僚
国家精英的主要敌人	寡头政体与传统非工业的外国资本	民粹主义者、激进政治领袖和具有自主性组织的劳工阶级
国家精英对结构改革的主要立场	正常情况下，将有关政体的宪改方案作为民族主义或国内改革的主要内容	很少或根本没有民族主义或国内改革强调后民粹或后两极化的团结
国家精英队工农团体动员的态度	尝试支持有限控制的动员以对抗联盟敌人并尝试着将其纳入联盟	尝试排除工农团体对抗联盟政策的动员组织能力
国家精英队联盟伙伴关系的合法性	政治上：民粹主义 经济上：民族主义	政治上：政治秩序 经济上：经济效能
极大化霸权的可能性与主要劳动阶级的关系	支持以低度的强制力增进新政治结构霸权	霸权事实上不可能存在，相当依赖强制的机制

图表来源：汪可威（1997：25）

　　法团主义并不是某一历史阶段的产物，而是一种遍及人类历史的国家与社会关系类型。因而从不同的演变阶段来看，法团主义可以还分为 4 种类型①：

（1）自然的法团主义（natural corporatism）。在强调集体认同的社会，自然的法团主义非常普遍，如非洲的种族部落、中国的儒家团体、南亚的阶级社会以及欧洲中世纪的封建家族、教区和军事制度等。法团主义此时是社会结合的水泥（cement），起到巩固社会秩序的作用。

（2）意识形态的法团主义（ideological corporatism）。在 19 世纪的欧洲，工人抗争运动频繁发生。许多思想家基于历史经验提出一种有机国家论，主张建立法团主义组织，缓和阶级矛盾。这便是意识形态的法团主义。

（3）明显的法团主义（manifest corporatism）。这是历史上首次将法团主义的特征落实到国家制度层面。这些包括纳粹德国、墨索里尼政权下的意大利、弗朗哥政权下的西班牙、萨拉查（Salazar）政权下的葡萄牙以及梅塔克萨斯（Metaxas）政权下的希腊等。它们集所有权力于一身进行专制统治，反而没能长久地维持下去。

（4）现代的新法团主义（modern neo-corporatism）。这种法团主义的类型出现在一些福利国家中。这些国家高度参与企业产销决策、劳工组织行动以及社会福利分配的过程中，国家、企业主与雇佣工人达成三方协议，在保证较高社会生产力的同时也实现了社会的公平分配。

卡岑施泰因（Peter J. Katzenstein）认为最后一种法团主义模式具有前所未有的特色，是一种社会合作关系的意识形态类型（an ideology of social partnership），是一种包含着集权和集约的利益团体体系，拥有经由利益团体、国家官僚以及政党间不断协商协调冲突的共同目标②。荷兰、丹麦、瑞士、瑞典和挪威等北欧国家与

---

① Howard J. Wiarda（1997）. *Corporatism and Comparative Politics：The Other Great "Ism".* M. E. Sharp, pp. 16-22.

② Peter J. Katzenstein（1985）. *Small State in the World Market：Industrial Policy in Europe.* Cornell University Press，p. 32.

某一时期的英国、新西兰、澳大利亚和加拿大等英属国家也曾出现过这种模式，但只有前者能比较平稳地维持这种法团主义制度结构。

二、法团主义的制度背景

纵观历史，人类社会没有一个是完全按照法团主义的原则组建起来的。迄今为止，人类文明中唯有二战时期意大利的墨索里尼政权几近其制度架构①。法团主义理论的全面兴盛，是在社会结构急剧变化、传统理论面临挑战背景下自然发生的。进入 20 世纪，世界各地的国家—社会关系出现区域化，不同国家附着多元的社会形态。一方面，在发达国家内部，阶级、族群、宗教以及企业团体逐渐演化成割据一方的利益团体，并极力寻求着自己的生存空间。这些团体要在竞争中实现自己的利益最大化，必须遵循共同的游戏规则，由此才能维持社会的整体稳定，避免社会的割裂与混乱。但这些团体拥有各自不同资源、能力以及成员，相互之间实则划分成不同的势力范围。政府尽管被期许从中扮演公正裁判的角色，既不能卷入利益团体的纠纷，也要在必要时具备中立调停的能力。而实际上这种"旁观者"身份是难以做到的。到了 20 世纪中后期，已迈入后工业社会行列的西方国家出现了接连不断的社会冲突，以社会内生性力量为根基的自由主义、民主主义与多元主义理论在实践检验中被部分否证了。一些国家试图强行介入社会组织，参与利益分配，破解社会矛盾困局。这些国家的行政机构与社会组织之间不再泾渭分明，反而达成共识，相互让渡出部分权力，建立社会伙伴关系，以便能有效推行公共政策②。在这种双边合作中，社会组织参

---

① 参见邓正来主编：《布莱克维尔政治学百科全书》，中国政法大学出版社 2002 年版，第 172 页。

② Philippe C. Schmitter（1971）. *Interest Conflict and Change in Brazil.* Stanford University Press；Howard J. Wiarda（1981）. *Corporatism and National Development in Latin America.* Westview Press.

与到政府的统治过程，协助制定政策，执行政策①。有学者则称此为所谓的"国家社会化"与"社会国家化"双向互动②。

另一方面，一些新兴工业国家和地区，如日本、韩国以及中国等，在没有照搬西方民主制度的情况下，凭借着国家主义的治理传统，形成强而有力的国家法团制度，成功地推进了本国/地区的现代化进程，取得了惊人的经济发展速度③。民主制度尽管具有优势，在东亚国家中却往往要以放慢发展进程为代价④。一些后发展国家的国民对"充满欺诈、愚弄、无序、低效的"民主制度感到厌倦，呼吁"告别民主"，转而接受夹杂着威权色彩的法团制度⑤。学者洛伊（Theodore J. Lowi）为此感叹，20 世纪将迎来民主理论四面楚歌的时代，并最终走向自由主义理论的终结（the end of liberalism）⑥。许多研究者进行多国发展模式的比较研究，寻求解释经济境况低迷、政治运动却过度兴盛的发展问题，以总结出一条崭新的最优发展路径（developmentalist approach）。在适切理论的探索中，他们在 19 世纪拉丁美洲的政企关系中寻找到了极具解释力的法团

---

①　参见威尔逊著，王铁生译：《利益集团》，五南图书出版有限公司1993 年版，第 179 页。

②　参见张小劲、景跃进：《比较政治学导论》，中国人民大学出版社2008 年版，第 261 页。

③　参见金标：《地方国家统合主义：中国经济奇迹的制度经济学分析》，中国制度经济学年会，2006 年。

④　参见霍华德·威亚尔达著，刘青、牛可译：《新兴国家的政治发展：第三世界还存在吗》，北京大学出版社 2005 年版，第 94 页。

⑤　参见孙兴杰：《金砖四国之路：巴西》，长春出版社 2010 年版，第 53页。

⑥　学者洛伊（Theodore J. Lowi）是康奈尔大学政府系约翰 L. 资深教授（John L. Senior Professor）。他于 1969 年出版的《自由主义的终结：美利坚第二共和国》（*The End of Liberalism：The Second Republic of the United States*），被认为是经典自由主义的社会科学研究巨著。洛伊认为，作为公共哲学的经典自由主义与资本主义实际上已经名存实亡，取而代之的是利益集团自由主义，而当代美国便是在各式各样的利益集团统领下运作的，成为了所谓的"第二共和国（the second republic）"。因此洛伊警示，这种利益集团自由主义必须施以司法和民主的框架，以此恢复美国的法律权威。

主义模式①。法团主义一词逐渐在政治学、社会学和经济学等学科崭露头角，接管发展理论模型（development model）的阵地②。

在拉美国家中，政治控制高度渗透社会组织的情形并不陌生。自葡萄牙、西班牙以及荷兰等西欧国家推行殖民统治以来，欧洲封建制与罗马天主教层级制所塑造的家族式和父权式特性在封闭桎梏的拉美土地上扎根，孕育出了不民主的社会—文化质性③。在殖民统治退却以后，瓦加斯政权下的巴西、贝隆政权下的阿根廷以及卡登纳斯政权下墨西哥出现了以天主教会、军方和寡头政体结合成的"层级制的法团主义体系"④。然而从20世纪70年代开始，不仅后发展国家在经济探索中自发迈进法团主义的门槛，许多遭遇经济滞涨的老牌资本主义国家也开始寻求法团主义的援助，如葡萄牙、西班牙、希腊、德国以及奥地利等⑤。尽管法团主义极其强调国家与社会的合作关系，许多国家的社会组织则出现了官僚化的倾向，引起了保守的民主党派与多元主义学者的非议，但是法团体制下的对国民经济复苏、社会矛盾化解以及在多边外交关系对一体化国家形象的展示，都表明了政治制度法团化转型的优越之处。总之，法团主义理论的勃兴，印证了孟鲁莱斯库（Mihail Manoilesco）那句著名的预言，"如果19世纪是自由主义的世纪，20世纪便是法团主义

---

① 拉美国家的民主政体长期成为比较政治研究的重要案例。这些国家历史上的政治控制与政治参与形式与西方民主国家本质的不同，他们的社会—文化传统带有鲜明的威权主义特色，形成独特的"监护式民主"或"授权式民主"制度。

② 参见 Paul S. Adams：《统合主义与比较政治》，见 Howard J. Wiarda 主编，李培元译：《比较政治研究的新方向》，韦伯文化出版有限公司 2005 年版。

③ 参见郑秉文：《社会凝聚：拉丁美洲的启示》，当代世界出版社 2009 年版，第 175~176 页。

④ 参见 Paul S. Adams：《统合主义与比较政治》，见 Howard J. Wiarda 主编，李培元译：《比较政治研究的新方向》，韦伯文化出版有限公司 2005 年版。

⑤ 参见张小劲、景跃进：《比较政治学导论》，中国人民大学出版社 2008 年版，第 258~259 页。

的世纪"①。

三、法团主义理论与当代中国研究

近代开始，中国这一文明古国成为西方学术界区域研究的重要素材②。而从 20 世纪 80 年代开始，由中国传统、中国经验、中国问题以及中国现象构成的中国学（China Studies）或汉学（Sinology）一度进入西方社会科学研究的主流领域，成为西方学者聚焦瞩目亚洲的主要平台③。尽管西方的"外来者"身份对其认识中国现实有一定的鸿沟，以中国为客体的西方学术著述常常被认为是一面窥视东方异域文明的西洋镜，是夹杂着巨大的理解间性的"跨语际实践"④。但不少学者通过学习汉语、驻中调查和跨国通婚等方式，力求藉由中国实地资料来呈现中国面貌⑤。他们对中国经历的宏大改革与变迁、对中国殊异于西方的政治制度与文化制度、对中国国民独特的性格特征与行为倾向，乃至对中国错综复杂的国家与社会关系，积累了厚实的经验素材，给出了丰富的解释体系。这些成果可谓展示了以中国场域所蕴藏的广阔学术空间，而这些记录中国迈向现代化历程的实证材料，也为西方各式各样的理论提供了充分检

---

① Philippe C. Schmitter. Still the Century of Corporatism. *The Review of Politics*, p. 1.

② 参见周晓红：《中国研究的可能立场与范式重构》，《社会学研究》2010 年第 2 期；《"中国经验"与"中国体验"》，《学习与探索》2012 年第 3 期；杨瑞松：《病夫、黄祸与睡狮："西方"视野的中国形象与近代中国国族论述想像》，台湾政治大学出版社 2012 年版。

③ 参见边燕杰：《市场转型与社会分层》，见涂肇庆、林益民主编：《改革开放与中国社会：西方社会学文献述评》，牛津大学出版社 1999 年版。

④ 参见周宁：《异想天开：西洋镜里看中国》，南京大学出版社 2007 年版，第 5~9 页；刘禾著，宋伟杰等译：《跨语际实践：文学、民族文化与被译介的现代性》，三联书店 2002 年版，第 76~79 页。

⑤ 参见郭佳佳、石之瑜：《郑永年的中国新民族主义叙事——华裔作家的一种身份策略》，《中国大陆研究》2008 年第 3 期。

视其外在效度的绝佳试验场①。

从新中国成立至 20 世纪 70 年代末期，西方学者惯常以全能主义（totalitarian）来解释中国社会形态②。他们认为这一时期的中国以党代政的情形相当严重，国家具有对民众施展全盘掌控的能力，常常以计划式、指令式和宗教魅力式的手段推行政策命令③。而 1978 年的十一届三中全会开启了改革开放的进程，引发了中国经济、社会和文化等领域全方位变革。在这 30 多年来，国家对生产资料和生活资料的垄断以及对社会的渗透、控制和动员能力不断放宽，每一个个体被许以极大的自由空间追逐利益，实现人生目标。这使得中国的社会生产力被空前激发出来，在全球经济竞赛中赢得了举世瞩目的成绩。与此同时，中国的政治与社会文化的深远变化也吸引了西方学者的目光，他们注意到了中国复杂的社会现象，包括经济发展中的腐败问题、社会组织的孕育、科层制的变化以及社会分层与流动等④。在这些研究中，法团主义的理论视角成为极为重要的研究面向。

如果要追溯法团主义理论在当代中国研究议题上的先河，戴慕珍（Jean Oi）在中国乡镇企业发展问题上的研究当属其一。戴慕珍认为，中国各地方政府掌握着垄断性资源，把握着市场经济发展的命脉，形成一种独特的地方法团主义形式（local state corporatism）。地方政府通过财产承包制度，抵押公共资产、募集资金、牵引企

---

① 参见周雪光：《西方社会学关于中国组织与制度变迁研究状况述评》，转引自涂肇庆、林益民主编：《改革开放与中国社会：西方社会学文献述评》，牛津大学出版社 1999 年版。

② Nina P. Halpern（1993）. The Study of Chinese Society. In David Shambaugh（ed.）. *American Studies of Contemporary China*. Woodrow Wilson Center Press；刘雅灵：《国家-社会关系研究途径：理论与实例》，见李英明、光向光编：《中国研究的多元思考》，巨流图书股份有限公司 2007 年版。

③ 参见邹谠：《二十世纪中国政治：从宏观历史与微观行动的角度看》，牛津大学出版社 1994 年版。

④ Andrew Walder（1989）. Social Change in Post-Revolution China. *Annual Review of Sociology*, p. 15.

业、提供优惠税率、调配原材料供应和圈地建厂等，可以大举建设有利于企业扎根发展的环境。换言之，企业必须接受政府的控制和资源分配才能生存，企业家必须与地方官员广泛接触，无法形成一个独立的阶层①。而地方政府所拥有的把企业利润作为预算外收入的权利，便是地方经济发展的动力。一些乡镇级政府为此成立农工商总公司，管辖集体企业的生产计划、生产目标和销售渠道，而村级自治委员会和"村干部"等则成为乡镇企业的"捐客"，负责提供社会资源，打通市场脉络和协助招募人力资源。地方政府的管理层级越高，所享有的社会资源越多，就越具备协助企业发展的能力②。魏昂德(Andrew Walder)强化了戴慕珍的论证，提出"作为工业企业的地方政府(local government as industrial firm)"概念。他认为，20世纪90年代中国地方政府采用企业化的方式经营地方经济，许多企业由此得以在低风险的条件下获得超规模发展③。

吕尔浩④认为戴慕珍的地方法团主义概念在解释不同经济产权乡镇企业发展模式时，可能出现化约偏误。他在以苏州开发区作为个案研究农村政府与乡镇企业关系时，把企业是否进行私有化改革和地方政府的行政管理能力进行联立，推演出三种地方发展路径，包括竞争性非地方法团主义(competitive non-local state corporatism)、非竞争性地方法团主义(non-competitive local state corporatism)和竞争性地方法团主义(competitive local state corporatism)。如果某地私营企业偏重过高，地方政府将失去从国有资产中获得的重要财源，

① Jean Oi(1998). Evolution of Local State Corporatism. In Andrew Walder (eds.). *Zouping in Transition：The Process of Reform in Rural North China*. Cambridge：Harvard University Press.

② Jean Oi(1999). *Rural China Takes off：Institutional Foundations of Economic Reform*. Berkeley：University of California Press，pp. 103-115.

③ Andrew Walder(1995). Local Government as Industrial Firms：An Organizational Analysis of China's Transitional Economy. *American Journal of Sociology*，p. 101.

④ 参见吕尔浩：《市场化地方统合主义——苏州开发区个案研究》，台湾政治大学东亚研究所硕士论文，2002年，第28~29页。

难以推行基础设施建设①；如果公有企业压迫私营企业，地方政府将难以对外招商引资，本地区也将陷入低效非竞争力的"贫穷回路"②。要走出这种经济发展困局，必须建立具有竞争力的法团主义发展模式。地方官员必须有力推动国有企业改组，划清政企关系，以高效率的企业管理模式接替原有的行政化企业管理，同时在土地政策上对外驻企业给予优惠，主动培育竞争性市场环境③。

对戴慕珍研究进行的系统整理来自方孝谦（Shiaw-Chian Fong）。他认为戴慕珍的地方法团主义概念在其著述中有前后两种不同的指涉：在1992年的研究④中指的是地方政府直接管理企业，而在1998年的研究⑤中指的是地方政府以行政资源协助私营企业获得营业执照、生产资金和销售渠道。由于两种概念中政府与企业在产权上有所区别，方孝谦把前一种定义为地方法团主义 I 型（LSC-I），后一种定义为地方法团主义 II 型（LSC-II）。但无论是哪一种形式，企业要想在市场经济中存活，都必须倚藉政府机构作为保护伞，以此避免经济环境的剧烈变动⑥。

安戈（Jonathan Unger）与陈佩华（Anita Chan）依托法团主义理论

---

① Jean Oi(1999). *Rural China Takes off*: *Institutional Foundations of Economic Reform*. Berkeley：University of California Press，pp. 78-79.

② 参见胡鞍钢、王绍光、康晓光：《中国地区差异报告》，致良出版社1996年版，第483~493页。

③ 参见吕尔浩：《市场化地方统合主义——苏州开发区个案研究》，台湾政治大学东亚研究所硕士论文，2002年，第135~143页。

④ Jean Oi(1992). Fiscal Reform and Economic Foundations of Local State Corporatism in China. *World Politic*，p. 8.

⑤ Jean Oi(1998). Evolution of Local State Corporatism. In Andrew Walder(eds.), *Zouping in Transition*：*The Process of Reform in Rural North China*. Cambridge：Harvard University Press.

⑥ Shiaw-Chian Fong(2000). *Corporatization or Privatization? Exploration of Consequences of Property Rights Reform in Chinese Rural Enterprise*. Paper in 29th Sino American Conference on Contemporary China. Institute of International Relations.

研究当代中国制度的社会基础与演变路径①。他们发现，中国的儒家文化传统是中国国家法团主义得以立足的社会根基，而中国的党—国政体则为这种法团主义的实施提供了具体可行的制度框架。在毛泽东时代，国家法团主义主要是服务于革命动员；而在市场化改革时代，国家法团主义则成为国家在不放松政治威权的前提下逐渐放松社会控制的手段，以促进市场经济的发育②。

表 1.5　　　　　　　　　**中国式法团主义的制度演进**

	计划经济时期	改革时期
主要组织形式	官办"群众组织"	官办"群众组织"以及挂靠党政机关和群众组织的官办或民间社会组织
主要功能	国家规定的政治人物，包括革命动员、社会控制等	国家规定的社会—经济任务和政府许可范围内向社会提供的服务，包括激发社会经济活力，公共产品供给，行业监管，社会利益代表与协调，社会控制，统战
利益统合机制	以行业、职业群体为边界的全国性的群众组织网络体系	以行业、职业群体或特定公共产品和服务的需求群体为边界的官办或民间社会组织

图表来源：张汉（2014）

　　在中国城市化过程中出现的城中村现象研究上，邢幼田（You-tien Hsing）发现广州和深圳等城市出现了反抗"去地域化"的逆城市

---

① Jonathan Unger & Anita Chan(1995). China, Corporatism and East Asian Model. *The Australian Journal of Chinese Affairs* (33); (2008). Associations in a Bind: The Emergence of Political Corporatism. In J. Unger(eds.), *Associations and the Chinese State: Contested Spaces.* New York & London: M. E. Sharp, pp. 48-68.

② 参见张汉：《统合主义与中国国家-社会关系研究——理论视野、经验观察与政治选择》，《人文杂志》2014 年第 1 期。

化运动。一些基于传统宗族血缘关系的乡村在都市迅猛扩张之下反倒保留了原有地域的完整性，并且组建合资企业投资本村土地开发，使得全体村民在获得巨大经济收入的同时，进一步加强了村庄的集体认同感①。这种带有浓厚宗族特色的乡村发展模式被邢幼田称为乡村法团主义（village corporatism）。它不同于斯密特所说的国家法团主义，也不同于戴慕珍的地方法团主义，强调的是社会因素在都市化过程中扮演的积极角色，并以自下而上的方式组建社团形态的集体，随之参与到与地方政府进行利益磋商的过程中，有力地保护了村民的集体利益②。

金明植（Kim Min-Sik）以中国法团主义制度和市场化进程为切入点，研究中国的工会角色变化。他发现在毛泽东的计划经济体制时代，单一的法团主义体制在控制工人方面非常有效，工人无论在经济上还是在社会生活上都高度依赖于工作单位。随着市场化改革的深入，社会主义法团体制的效力被大大削弱了。因为市场化改革带来了许多制度变革，如所有制多样化、劳动力市场竞争等。在新的经济制度下，中国政府不得不改变社会主义法团控制方式，导致其控制的法律地位加强了，却仅有有限的控制力③。

威廉森（Peter J. Williamson）认为，法团主义之所以被广泛应用于分析20世纪的发展中国家，是因为这些国家具备6种条件：（1）威权政体的存在；（2）政治系统是由少数精英掌控；（3）国家经济尚未达到高度的工业化；（4）产业结构呈现两极化，一端是不具备竞争力且弱小的产业，另一端是拥有高度技术竞争力的产业；（5）民间大型资本尚未成熟，依赖于国家的扶持；（6）一个大规模

---

① You-tien Hsing(2010). *The Great Urban Transformation：Politics of Land and Property in China.* New York：Oxford University Press，pp. 122-154.

② 参见卢超：《地方政府都市化 V.S 市民地域?》，《二十一世纪》2011年第12期。

③ 参见金明植：《法团主义努力与市场化——关于中国工会角色的实证研究》，见苏阳、冯仕政编：《中国社会转型中的阶级》，社会科学文献出版社2010年版。

的工业资本主义经济正在萌芽之中①。

而关于法团主义与中国研究契合性的问题，陈家建认为主要来自于4个方面②：(1)中国长期的传统社会形成了自治性很强的地方法团组织；(2)新中国的政治体制下，国家政治系统吸纳了社会，形成了强国家模式的法团组织；(3)中国的渐进性改革延续了社会精英对政治密切参与的传统；(4)当前中国社会转型期中，国家仍牢牢把握着关键资源。因而采用法团主义理论解读中国社会的独特性，是具有相当大的理论解释力的。但是他继而指出，由于中国的法团主义实践模式并非建基于西方的多元主义传统，其社会组织的结构与西方组织也有巨大差别，尤其在当前社会转型情况下，社会变迁与组织重组在不断地发生，很难简单地照搬西方法团主义理论来对中国问题对症下药。正是如此，我们在借用西方法团主义模式解构当前中国治理局面，要关注到更为细致的经验素材，同时也要对理论范式作出实际调整，立足现实，把抽象宏大的规范性研究转化为富于实证材料的经验性研究。

四、法团主义的预言：治理的第三条道路

20世纪中后期，法团主义的意识形态在全球范围内传播开来，一度成为了可以与自由主义及马克思主义分庭抗礼的意识形态。尽管在欧洲某些老牌资本主义国家避免谈及法团主义，以此捍卫其自由民主的纯洁性，但实际上他们所施行的公共政策、所组建的社会组织和所倡议的国民关系，其实就是一种经过包装和转换了形式的法团主义。与此同时，正如我们在第一节所论述到的那样，社会治理理论在社会科学领域已经引发了一场范式革命，也成了国家管理者和管理机构在公共管理领域不可或缺的理论工具③。而这种理论

---

① Peter J. Williamson(1989). *Corporatism in Perspective*：*An Introductory Guide to Corporatist Theory*. Sage Publication，pp. 203-224.

② 参见陈家建：《法团主义与当代中国社会》，《社会学研究》2010年第2期。

③ 参见王诗宗：《治理理论与公共行政学范式进步》，《中国社会科学》2010年第4期。

与实践层面同步推进的治道变革在社会组织层面可以呈现一种极富创造力的理论组合。换句话说，当社会治理与法团主义结合在一起时，我们可以看到另一条不同于集权主义与多元主义的治理出路。至于这种治理理论有怎样的效果，我们将在接下来的章节进行分析。

第二章 转型背景下的农村社会治理政策、体制及地方实践

第一节 大转型背景下的农村治理政策

一、大转型期的当代中国社会

"社会转型"成为国内学术界普遍接受的概念，或者"转型社会"成为国内学界乃至公共政策中对中国社会的常见概括，其实不过只有短短三十多年的时间。但是，在社会学理论的谱系中，我们却可以发现这一经典表述的漫长脉络。有学者（李培林[①]；刘祖云[②]）认为社会转型范畴来自西方社会学的现代化理论。对社会转型作知识社会学的考察，至少可以追溯至斯宾塞、涂尔干、韦伯等西方早期社会学家。斯宾塞曾将社会划分为军事社会与工业社会，涂尔干将社会划分为"机械团结社会"和"有机团结社会"，滕尼斯将社会划分为礼俗社会与法理社会等。诸如此类有关社会类型的学说最终得到一个经典的概括，即把社会归结为"传统"与"现代"这两种类型。而社会转型就是社会在这种社会分类基础上从传统型向现代型转变的过渡过程[③]。在明确使用"社会转型"这一概念的理

---

① 李培林：《"另一只看不见的手"：社会结构转型》，《中国社会科学》1992 年第 5 期。

② 刘祖云：《从传统到现代——当代中国社会转型研究》，湖北人民出版社 1997 年版，第 41~44 页。

③ 刘祖云：《从传统到现代——当代中国社会转型研究》，湖北人民出版社 1997 年版，第 41~44 页。

论家中，最为经典的同时产生影响最大的当属波兰尼（K. Polany）"大转型"（the Great Transformation）之说与布洛维（M. Buraowy）的"第二次大转型"（the Second Great Transformation）理论。

波兰尼所说的"大转型"，核心是市场逻辑的无限蔓延：人类的互惠原则、再分配原则和家计原则被市场的交换原则所吞没，劳动力、土地和货币成为了虚拟商品，商品原则全面渗透于西方社会，并且激发了社会的抵抗、发育和自我保护①。而布洛维所说的"第二次大转型"，指的乃是 20 世纪 80 年代末期以来的东欧和前苏联的转轨。从共产主义向后共产主义的转型中，权力、资本和社会等所有领域都在发生深刻的变化②。

从广义上来看，中国社会转型和社会现代化是重合的，甚至几乎是同义的。总体而言，中国社会转型始于 1840 年的鸦片战争。不过对于"社会转型"更常见的用法乃是专指中国改革开放之后所发生的社会变化。

中国社会学界对于社会转型问题的研究，始于 20 世纪 90 年代初。中国社会学者根据中国社会自 1978 年以来因改革开放而发生翻天覆地变化的实际情况，即中国正处于快速或加速发展阶段，面对中国社会深刻全面的社会转型，学者们从不同角度对社会转型的主要标志或主要内容进行了分析和探讨。在社会转型期，我国社会正在逐步实现由传统农业社会向现代工业社会的转变，由计划经济社会向市场经济社会过渡的巨大转型。社会转型期也是新旧体制磨合、利益分配不均、文化冲突碰撞、价值取向多元化等各种矛盾的凸显期，是我国整个社会结构深刻变迁的时代。那么，具体来看，中国社会转型期有什么样的表现呢？

1. 经济形态转型

改革开放前，中国实行苏联式的计划经济体制，这一体制虽然

---

①　波兰尼著，冯钢、刘阳译：《大转型：我们时代的政治与经济起源》，浙江人民出版社 2007 年版，第 49~66 页。

②　M. Buraowy（2000）. A Sociology for the Second Great Transformation? *Annual Review of Sociology*. Vol. 26, pp. 693-695.

有利于整合资源，集中财力、物力、人力办大事，但由于产权不清、信息不对称、权力高度集中等内在的缺陷，使其结果并不理想，没有实现赶超发展的目标，反而严重阻碍了中国经济的发展，使生产者和消费者的积极性与动力受到很大程度的挫伤，并在一定程度上扭曲了资源配置和国民经济结构。

为经济发展考虑，邓小平同志提出对中国的经济模式进行改革，实行了改革开放的政策，并坚持以经济建设为中心不动摇的基本国策。在此背景下，我国的经济体制随着改革开放的深化发生了重大的变革，即由计划经济体制转变为市场经济体制。这是一场自上而下的由政府主导的改革，此后的三十年中，我国经历着以工业化为目标的经济转型和以市场机制为导向的经济体制转型，经济形态的转型正是当前中国经济发展的主题。

市场经济体制的提出正是基于这一背景，并伴随改革而不断深化。中国经济保持连续多年高速增长，国内市场不断得到健全，中国的经济也在经济全球化的大潮中不断融入，并产生巨大影响。

但在中国经济保持高增长的同时，也积累了一系列的问题，面临着很多的挑战，例如能源、资源和环境的压力，生产供应能力强与价值创造能力弱，处于全球产业价值链的低端，通货膨胀与通货紧缩的反复交替，劳动力的收入分配不合理以及城乡收入差距日益增大等。

2. 价值观念转型

伴随着经济的转型，传统的价值观也逐渐向现代的价值观转变，这是我国社会结构转型所引起的社会整体价值观的转型。

现代价值观是伴随市场经济的冲击而对传统价值观的更新，商品经济是推动传统价值观转型的强大动力。正是伴随着改革开放的不断深入，经济体制发生了变化，由社会主义市场经济代替了高度集中的计划经济模式。市场经济的形成，必然要求有新的价值观与之相适应，催生出社会主义市场经济条件下一套新的价值体系。在社会转型期，传统价值观的转型表现在经济、政治和文化等方面。

经济价值观方面。第一，对利益的追求。"重义轻利"是中国人所信奉的传统价值观，千百年来，中国百姓普遍的社会心理就是避免谈"利"。而社会主义市场经济则冲破了传统的轻"利"的价值规范，人们之间的关系变得越来越理性化，人们之间的交往也以利益为导向，人们开始追求个人的利益，这种市场经济下的价值观也得到了认可。第二，价值取向更多元。市场经济也带来了价值取向的多元化，人们的平等、独立意识也得到了加强，市场经济也给人们提供了创造财富的机会，提高了生活水平和质量的人们也以新的价值尺度去衡量人际交往。

政治价值观方面。1949年后，封建社会的等级制被打破，人们人身和思想都得到了很大的解放，但是由于新中国成立后种种的政治运动和口号宣传使得人们的价值观念政治化，思想被政治所引导，崇尚权力的心理并没有发生根本的变化，人们并没有形成真正独立的、自由的价值观念。改革开放以后，人们的价值观受到了猛烈的冲击，民主、自由、独立的价值观开始受到认可和重视，唯政治化的价值观也随之慢慢消失。

文化价值观方面。第一，由单一的传统价值观转向多元的现代价值观。中国传统文化博大精深，民族中心主义曾占据中华民族重要的心理位置，但是，伴随国门开放，中国人开始看到并接受世界文化价值的多样化，改变了过去狭隘的政治化的单一文化价值观，中国人从此开始放眼全球，并积极吸收和借鉴其他国家和民族的先进文明成果。第二，传统的群体至上的价值取向转向个体的新型价值取向。传统观念中群体利益至上，要求个体绝对服从集体，个人的主动性和创造性受到压抑，完全丧失了个性化和自我价值。而现代的价值观念则强调个人的发展，实现自我价值，个人的需求得到了重视，最终实现了自我价值与社会价值的统一。

3. 人口由定居性向流动性转变

自20世纪80年代中期起，以建立社会主义市场经济为目标的改革开放推动了人口流动的速度和规模，20世纪90年代以来人口流动逐渐形成时代的大潮。我国人口由定居性向流动性的转变成为社会转型期又一表现和特征。

（1）人口定居性的背景。

"盲流"的出现使国家开始对城乡进行严格的户口管理。1949

年新中国成立初，国家对人口的流动并没有设置政策性的壁垒，在1951 年和 1955 年国家先后公布的《城市户口管理暂行条例》和《关于建立经常户口登记制度的指示》，并没有对公民的迁出与迁入提出任何限制。

然而，伴随大规模经济建设的上马与城市建设的加速，农村劳动力大量涌入城市寻求就业，全国范围内出现了比较严重的"盲流"问题。所以，1958 年国家就颁布了《户口登记条例》，对由乡村到城市的人口流动做出了明确的限制性规定，阻止农村人口大量外流。从 1958 年到 20 世纪 80 年代初，我国的人口呈现出定居性的特征，人口流动就很少了。这一阶段的人口定居性特征除了受经济发展水平所限外，它正是在国家实行对城乡户籍的限制的控制之下形成的。在此期间，除了国家统筹布局的计划性人口流动外，基本上没有出现前一阶段的自发性人口流动。

（2）人口的流动性。

自 20 世纪 80 年代后，我国流动人口开始逐渐增多，根据2010 年第六次人口普查资料统计，中国的流动人口已经超过 2.6 亿人①，而根据第五次人口普查数据显示，2000 年我国流动人口数量已经达到 1.4 亿②，在十年中流动人口数量增加了近一倍，我国人口由定居性逐渐向流动性的特征转变。

我国的城乡经济在近三十年来获得了迅猛发展。在农村，乡镇企业在改革开放初期也正处在规模扩张和高速发展的繁荣时期，农村劳动力在当地比较容易就业，人口流动空间主要是局限于县市或地市范围内的近距离小范围流动。随着市场经济体制的深化，乡镇企业发展速度受阻并开始放缓，农村的剩余劳动力日益增多，严重阻碍了农村的发展和稳定。城乡之间经济发展的巨大差距促使农村的剩余劳动力进城务工的愿望越来越迫切。

----

① 数据来源：国家统计局，中国 2010 年人口普查资料，http：//www.stats. gov. cn/tjsj/pcsj/rkpc/6rp/indexch. htm。

② 数据来源：国家统计局，中国 2000 年人口普查资料，http：//www.stats. gov. cn/tjsj/pcsj/rkpc/5rp/index. htm。

随着经济体制改革步伐的加快，经济环境变得越来越宽松，政府长时间设置的城乡二元户籍制度也逐渐放松，人们开始走出自己的家门谋求发展，于是便出现了浩浩荡荡的"民工潮"与"进城热"，可以说人口流动是经济发展的必然结果。

人口流动对社会产生了很大的影响。人口流动有效打破了地域限制对人力资源的束缚与浪费，由此带来了劳动力的自由、高效流动。流动人口通过异地就业获得了经济利益，而劳动力的相对集中也使许多地区的经济得到了快速发展。人口流动满足了市场经济对劳动力的需求，对于消化我国剩余劳动力，促进经济高速发展起着十分重要的作用。

大规模人口流动同时也对社会产生了诸多负面影响：人口大规模流动对我国现有的户籍管理制度、劳动就业制度以及社会保障体系造成了一定程度的冲击；大量流动人口的涌入对输入地的基础设施产生了沉重的压力；流动人口的医疗、食宿、子女教育等给输入地带来了沉重的社会负担；流动人口在流动过程中诸多合法权益得不到保障；客观存在着"盲流"现象和部分流动人员的违法犯罪行为严重地影响社会治安等等。除此之外，人口流动还会影响到流出地的人口结构与规模，大量年轻劳动力流入城市加速了农村的老龄化现象，留守老人、妇女与儿童问题出现，大量农田荒置，严重影响了村庄建设与农村的发展。而这也将成为农村治理的原因之一。

二、新时期农村社会深层次的问题与矛盾

经济持续发展与社会矛盾冲突高发并存，这是我国社会转型时期的一大显著特征。当前农村社会矛盾增加且错综复杂，各种矛盾相互叠加，对社会造成冲击的同时也推动着社会的不断进步。

处于转型中的农村社会面临许多问题：市场经济发展对我国以小农经济为特点的农村和农业的冲击，农业的低效和农民的相对收入下降，农村社会保障体系建设的严重滞后，大量剩余劳动力面临出路难题；村落"空心化"的出现，城市化的加速发展，征地拆迁中农民权益的受损及其利益诉求渠道的不畅，城乡居民收入差距的

扩大等等，都导致了我国农村社会矛盾进入了一个历史性的高发时期①。

（1）农村治理模式不完善带来的问题。

首先，农村现有的治理方式存在不足。当前在我国农村，一些已有的治理方式已经不适应快速发展的农村新形势。农村社会在改革开放前的主要管理形式是由政府主导乡村各方面的"行政性整合"，这是由原来的体制所造成的。但这种管理形式在大多数农村地区并没有随着社会发展而作出相应的改变，这就使得"行政性整合"在集体经济逐渐解组、乡村社会多元化发展的局面下面临诸多困难，因而存在政府体制上的瓶颈。与此同时，随着中国农村由传统走向现代的社会转型，风险与危机并存，但目前农村的政府管理依然按照原来的危险管理，侧重于事后应急抢救，而不是事前预防，这种治理方式使得农村社会变得更加不稳定。除此之外，我国农村"乡政村治"的治理模式也存在"断层"，乡镇党政组织的治理方式往往不能有效应对农村出现的新情况、新问题②。同时，部分农村基层组织软弱涣散，村支书和村委会主任的权力分工不明确，缺乏职能区分，不仅严重影响农村基层组织的运转效率，还会使地方宗族势力或黑势力乘虚而入，干扰基层政权，危害农村稳定。这些问题的出现只会使农村的治理方式以"维稳"为主要目标，不利于农村基层建设与农业经济发展，也会影响到农民经济收入与生活水平的提高。

其次，政府基层管理人员工作态度与能力上的问题。农村社会治理除方式存在很大的不足之外，执行治理方式的基层管理人员也难辞其咎。部分基层干部思想散漫、觉悟性不高、组织能力不足，对村组织的管理采取治标不治本的方式，缺乏对农村社会管理人才的能力与素质培养，这造成基层组织公共管理与服务意识匮乏、财

① 吴锦良著：《基层社会治理》，中国人民大学出版社 2013 年版，第 7 页。

② 任宗哲：《序》，见杨沛英主编：《创新农村社会管理》，社会科学文献出版社 2012 年版，第 3 页。

力薄弱以及无法及时处理新生的农村社会问题。更有甚者，一些基层管理人员会利用职务之便进行一些犯罪活动，比如私吞并隐瞒上级拨款、贪污征地补偿、以权谋私或收受贿赂等，不仅违反法律、扰乱社会秩序，而且直接导致农村社会无法正常发展。

最后，农村在吸纳先进人群参与管理上存在的不足。这主要表现在农民工返乡创业与大学生村官参与农村社会治理两个方面。农村社会的发展离不开其自身农民的推动与新鲜力量的注入。近年来，不少农民工返乡创业，试图在自己富裕的同时带动周围农民的富裕。但是，在现实生活中，返乡创业面临很多困境：创业缺乏健全长效的政策机制和良好的创业环境；创业中政府很少提供便利的手续办理渠道与资金支持，创业夭折与资金短缺时有发生；创业行为缺乏培训与指导，受自身素质的限制，创业缺乏长远的发展目标。与此相同的是，大学生村官作为一股新鲜的血液，在参与农村社会治理的过程中也遭遇许多困难：由于村官政策的不稳定性，许多大学生村官仅将村官生涯当作一个过渡期，并未准备长期任职，缺乏长期发展的动力，难以扎根农村；大学生村官的身份较为尴尬，既不是村中的农民也不是村中的干部，既没有熟人社会的宗亲支持也缺乏真正的职权，在村中事务面前很难发挥真正的作用；部分大学生短时间内没有适应从学生到村官的角色转变，加之缺乏经验，亲和力不够，没有融入群众中去，就难以发动群众，缺乏参与农村治理的能力。

（2）人口流动带来的问题。

一方面，农村空心化与留守人口问题。随着城镇化的飞速发展，农村剩余劳动力向城市转移的速度越来越快、数量越来越多，人口流动成为转型社会又一特征。这一人口流动过程，同时伴随的是城市"新市民"的急剧增加和"空巢村"的大量涌现。大量农村青壮年劳动力为寻求较好的谋生方式，不断向城市转移，这群人在城市被称为农民工或是某种意义上的"新市民"。也正是因为这部分人的暂时离乡，导致村落常住人口数量减少，留下来固定居住与生活的村民大部分为老弱妇孺，即我们上文所提到的"空巢村"。其中"空巢老人"和"留守儿童"的问题尤其值得引起我们的关注。"空巢老人"是城镇化步伐加快、农村经济社会转型过程中出现的现象，其主要原因是作为劳动力的子女离乡外出留下老人独居村中，这容易带来老人劳力重荷、家庭养老缺失、老人情感找不到寄托等问题。与"空巢老人"并存的"留守儿童"现象则是由于打工父母无法承担子女在城市中的生活、教育费用，不得不将子女留在农村造成的。农村剩余劳动力与青壮年劳动力的转移，不仅带来空巢村现象，同时带走了大量的农村精英。农村精英的大量流出已经持续了超过二十年的时间，这种单向的精英流动虽然对于城市发展和沟通城乡关系有一定好处，但是其对于农村各方面发展的限制也是显而易见的。农村精英的大量流出使得农村的发展缺乏人才，对农村各方面的发展而言都是不可估量的损失①。上述现象是我国在既有城乡二元体制下的必然产物，只有少部分人参与村庄治理，缺少中坚力量，必将会给村庄发展带来诸如土地荒废、村容和设施残破、治安问题突出等问题，在一定程度上影响了我国现代农业的建设。

　　另一方面，农村外来人口与组织形成的挑战。传统的农村是"熟人社会"，而现在有越来越多的农村要迎接外来人口的大量涌入。在城市化急速发展的同时，大量内地转移的农村剩余劳动力不仅集聚在城市，也大量集聚在某些工业发达的村庄。伴随大量工业、商贸企业入村，一些经济发达的农村普遍出现了外来人口超过本地人口的情况。外来人口的大量增加扩大了村庄原来的管理范围，由原住村民到外来组织及其职工。而这些人作为流动性很大的转移劳动力，一般均是村庄建设的旁观者、局外人甚至在某些方面是破坏者，如何把这些外来人口管理好并纳入村庄稳定治理秩序中，成为村庄治理的一大挑战。具体来说，就是如何赋予这些外来者一定的民主政治权利，使之成为村庄的共建共享者。

　　（3）经济利益分配带来的问题。

　　首先，农村在产业结构调整中遇到的社会矛盾问题与维稳压力。在农村改革过程中，农民作为自主生产经营主体和基层选举的参与者，参与和监督村级事务管理的愿望日趋强烈，这一特点在税

---

①　参见任敏：《流出精英与农村发展》，《青年研究》2003 年第 4 期。

费改革与取消农业税之后更加明显。与此同时，农村社会成员出现了严重的社会分化，虽然同样被称为"村民"，但彼此掌握的经济与社会资源却差距明显。农民不再是单一的以务农为主，其从业结构与经济收入开始多元化。原有的管理方式越发无法适应时代的发展，如前文所述"空巢村"现象带给农村的是大量土地荒废、村庄空心化，这就需要改变原有的农业生产方式，农业集约化生产的需求越来越强烈。农村经济社会的快速发展虽带来农业产业结构的调整，但在这一过程中矛盾与问题并存，经济纠纷成为各类纠纷中的主体，其中包括山界纠纷、田界纠纷、宅基地纠纷、引水纠纷等等，这类纠纷都是与经济利益有直接关系的纠纷①。在有关经济利益的纠纷无法得到有效解决或者解决不当的情况下，就极易可能爆发群体性事件或者引发大规模的上访。而在当前中国，社会管理容易被简单理解为"维稳"，维持社会秩序与稳定。其结果则是越"维稳"社会越不稳，社会因此处于不安当中②。不管是群体性事件还是上访，对于农村的管理者来说都是想要尽力避免的。但那种通过"打压"而不是"疏导"实现的维稳只是一种刚性和表面的稳定，其实质则是断裂的利益群体和脆弱的社会结构。

其次，农村征地行为上存在大量问题。近年来，由于城市建设与开发、重点项目建设进行征地拆迁引发的群体性事件、集体上访和恶性自焚事件频发。征地拆迁工作因为涉及利益主体多元化、利益关系复杂等原因一直是矛盾纠纷多发领域。在中国城乡二元对立长期存在的历史与现实背景下，基层政府一味追求城市经济增长而忽视农村社会发展，在征地拆迁的背后缺乏对征地农民利益诉求的了解，因而并不存在较为完善合理的补偿规定与发展规划，将导致大量失地农民缺少社会保障、农民城市化困难等问题。加之，农村征地群体性事件存在处置机制问题，缺失长效治理机制。当涉及利

---

① 参见吴锦良：《基层社会治理》，中国人民大学出版社 2013 年版，第 8 页。

② 参见陈成文、刘辉武、程琦：《论加强社会工作与提升社会治理能力》，《社会工作》2014 年第 2 期。

益分配不公正时，这一系列因素就会导致政府与村委的征地活动成为村民与政府矛盾的集中爆发地带。

(4)农村组织发展上存在的问题。

农村组织是一个综合性的概念，广义上来说既包括与政府有密切关系的正式组织，如村委会、团支部、妇联等，也包括由农民自发成立的一些民间组织，如老年协会、农民专业技术协会、红白喜事理事会、农民合作社，等等①。在税费改革后特别是取消农业税之后，村委会等村级正式组织掌控的经济资源减少，农民对村级组织和村干部的依赖也逐渐减弱，村级正式组织的职能萎缩，组织动员能力越发弱化，治理乏力，特别是在家族组织较为强大的南方农村地区，影响甚微。而农民民间组织由于其组织的自发性和自身的局限性，特别是一些专业性较强的技术组织，参与其中的农民民主意识淡薄、参政议政能力欠缺等，在农村社会治理中不能直接代表大多数群众，难以真正代表民意。民间组织的非正规性与松散，发展尚不成熟，机制不完善等问题使其没有真正把农民组织起来，直接影响到它们在农村社会治理中的影响力与号召力。基于此，不管是村级正式组织还是农村民间组织，它们在农村社会治理中并没有扮演相应的组织角色，换言之，在实际生活中，农村社会治理缺乏一定的组织基础。

(5)农村基层法治问题。

尽管农村经济有了快速发展，但农村的司法部门尚不健全，乡镇的司法部门形同虚设，司法部门的功能难以辐射到村庄，同时农民的法律意识也很淡薄，加上农村"重人治、轻法治"观念没有彻底改观，遇到矛盾与纠纷时，农民多采取人情方式或是宗族力量，很少有农民通过法律手段解决民事纠纷，部分农民只有在问题发展到难以解决的程度时才会向司法部门求助。因此，有时问题或纠纷会出现扩大化、复杂化的情况，甚至有人会做出一些极端的行为，这就加大了解决问题与纠纷的难度，无疑会给司法工作人员带来新

---

① 参见李明主编：《中国农村政治发展与农村社会治理研究》，知识产权出版社 2010 年版，第 101~102 页。

的挑战。除此之外，部分农村司法部门在有限的司法环境下存在随意性执法，执法不公正、不严格、不规范，采取农村社会人情大于法理的处事方式，这些都将会使其在农村难以贯彻实施依法治理，仅仅成为一种治理口号。同时，农村矛盾纠纷比较复杂，不稳定因素增多，在日趋空心化的农村地区，如果执法机关行动不力，问题得不到及时有效解决，农民就会采取自己的方式去解决，这将会造成地方恶霸势力与宗族势力的发展。

综上，中国农村社会治理面临很多急迫问题。学者党国英将农村社会领域面临的主要问题总结如下：农村党的领导机制改革落后，党组织与农村自治组织关系不协调；相较城市，农村的法治系统不健全，农民法律意识淡漠，农村社会稳定没有建立在法治基础上；农村社会组织发育不够，民主选举仅仅表现为三年一度的村委会选举，没有形成真正的依法自治局面；农村土地制度不适应农村社会经济发展的需要，土地制度的建立未能适应土地多重属性的要求等①。在社会转型期过程中，农村社会正在经历着从熟人社会向陌生人社会的转变；旧有的城乡二元体制依然存在，并对农村的建设发挥着消极的影响。因此农村社会治理面临着很多困难与挑战。正是为应对这种困难与挑战，中央出台了许多新的农村治理政策。

三、当前的农村治理政策

1. 新农村建设的提出

目前我国正处于社会的转型期，城乡二元结构仍然没有被完全打破，城乡之间的差距严重影响了全面建设小康社会与现代化的发展进程。为了缩小城乡差距，国家提出了一系列的政策来解决。而中央"一号文件"则是专门提出了要在科学规划的指导下进行新农村建设。

自党的十六大之后，合理统筹城乡发展已经成为国家战略。在

---

① 参见党国英等编：《中国社会科学论坛文集·农村治理、社会资本与公共服务》，中国社会科学出版社 2013 年版，第 3 页。

中共十六届四中全会上，总书记胡锦涛提出统筹城乡发展的关键指示，"工业反哺农业、城市支持农村"被郑重提出①。党的十六届五中全会通过了《中共中央关于制定国民经济和社会发展第十一个五年规划的建议》(以下称为《建议》)，提出了"生产发展、生活宽裕、乡风文明、村容整洁、民主管理"的建设纲领，描绘了社会主义新农村的蓝图。

当前我国全面建设小康社会的重点难点在农村，社会主义新农村的提出有重大的意义，正如学者马晓河所言："本次社会主义新农村建设的提出与开展是继 1980 年实施的家庭联产承包责任制和2003 年开始的农村税费改革后中国在城乡关系、工农关系上所进行的第三次重大调整。"②

2. 新农村建设的目标

全面推进社会主义新农村建设，是现阶段党中央提出的一项具有战略意义的新任务，也是复杂而综合的目标，涉及政治、经济、文化、社会、环境等多个方面。

新农村建设提出之后对农村社区产生了很大的影响，农村的建设取得了很大的成效。农村发生了翻天覆地的变化，农民过上了更好的生活。

新农村建设中农村社区的发展模式在不断地创新和改革。农村改革从开始到 2003 年前后，其主要特征为"减弱控制"；2004 年后，国家以科学发展观为指导，确立了城市反哺农村、工业反哺农业的统筹城乡发展的新模式③。农村改革的主要关注点变为调整国民收入分配结构、减缓城乡和区域差距、扩大农村公共品供应。

---

① 参见徐必久、樊继达：《把握"两个趋向"求解"三农"难题》，《理论前沿》2005 年第 20 期。

② 马晓河：《新农村建设是统筹城乡发展的战略举措》，《社会科学报》2005 年 12 月 1 日第 001 版。

③ 参见党国英：《中国农村改革与发展模式的转变——中国农村改革30 年回顾与展望》，《社会科学战线》2008 年第 2 期。

在农村发展模式不断地创新中，农村的发展也取得了巨大的进步，但是我国农村地域广大，而且发展情况不同，新农村建设是一个长远并复杂的系统工程，需要长时间的努力。

3. 新农村建设的新要求——和谐社会

（1）和谐社会与农村法治建设。

2004 年 9 月，十六届四中全会提出"提高构建社会主义和谐社会的能力"，做出了相关要求。这是党中央首次提出"构建社会主义和谐社会"的概念。而和谐社会的构建需要关注农村社会，加快农村社会的发展。

社会主义和谐社会的科学内涵和新农村法治建设的基本特征是相互联系、相互作用的，需要在全面建设小康社会的进程中体现。和谐社会与法治社会是互为表里的，法律在构建社会主义和谐社会中具有至关重要的作用，因而必然依靠法律来推动和谐社会的构建。

加强法治建设是推进农村和谐社会构建的重要保障，农村和谐社会的建设有赖于在农村真正形成法治氛围，建立起公正、和谐的法治环境。

（2）农村社会管理创新。

十六大以来，社会建设与政治建设、经济建设、文化建设并列为四大建设，同时提出要加强和创新社会管理。

2007 年，"完善社会管理，维护社会安定团结"在党代会上的提出产生了巨大的影响，全国各地在创新社会管理上出现了协会、合作社等形式的管理和服务组织，引导群众在农村社会管理创新中发挥积极作用。2012 年，党的十八大将创新社会管理提升至社会建设的高度，农村社会管理的创新作为社会管理创新必不可少的一部分，意义深远。创新社会管理面对的领域宽泛深远，面临的问题复杂多样，但最具挑战意义的是创新农村社会管理。

（3）乡村治理机制改善。

2013 年 11 月 9 日至 12 日的十八届三中全会，首次在党的文件中提到"社会治理"的概念，这区别于以往的"社会管理"。社会管理是自上而下的，社会治理则是上下互动的；社会管理主体是国家政府，社会治理的主体则更为多元。① "社会治理"这一概念的提出产生了重要影响，虽与"社会管理"只有一字之差，其内涵与影响却有本质性不同。

2014 年的中央"一号文件"，在中国经济社会发展正处在转型期，农村转型面临诸多困难的背景下，提出"改善乡村治理机制"的要求，为乡村治理机制的改善指明了方向。

这些政策、总体思想与要求，一方面是政府应对农村社会转型出现的新矛盾和新问题提出的总体解决方案，另一方面也开启了各地创新社会治理的地方实践探索。

第二节　农村社会治理体制的历史变迁

在回顾农村社会治理的历史变迁之前，需要对体制与农村社会体制进行相关了解。

"体制"一词虽然是学术与生活中的常用词汇，但却鲜有学者对"体制"一词进行学术上的明确界定。学者周冰在其《论体制概念及其与制度的区别》一文中，对"体制"进行了语意及学术研究上的辨析。他指出，"体制"是中国人自创的术语，这一新词语伴随着改革的深入而流行②。按照作者的界定，体制不仅包含了制度，还包含着制度以外的行为主体、组织和机制等内容③，而本文所提到的"体制"即是这种观点。

学术界迄今并没有对农村社会体制进行过任何程度上的定义。为此，根据"体制"的定义，笔者将农村社会体制定义为：在农村社会领域中，国家机关和企事业单位机构设置和权限划分的制度，

①　向春玲：《从"管理"到"治理"体现执政理念的根本转变》，人民网-理论频道，2013 年 11 月 14 日 http：//theory. people. com. cn/n/2013/1114/c148980-23540224. html。

②　参见周冰：《论体制概念及其与制度的区别》，《中国经济问题》2013年第 1 期。

③　参见周冰：《论体制概念及其与制度的区别》，《中国经济问题》2013年第 1 期。

并包含除制度以外的行为主体、组织和机制等内容，如土地制度、村民自治组织、农村社会保障制度等等。

对于中国传统农村治理方式，长期以来经典的概述是"皇权不下县，县下行自治"。在传统中国社会，农村的社会秩序主要是由士绅和宗族来维护。学者费孝通曾对传统农村社会治理的一般特征作出较为经典的总结：（中国）乡土社会，是个"无法"的社会，但是乡土社会凭靠"礼治"而维持了秩序。① 换言之，中国传统社会秩序的维持乃是唯礼无法之治。自秦汉以降及至明清，中国农村社会就受到封建中央集权的国家组织在一定程度上的社会自治，如皇权与绅权、里甲、保甲与宗族等。这些传统的乡村治理的常态既非"自治"，也非"专制"，而是实行"官督绅办"的体制②。清末以来，国家权力逐渐渗透延伸至乡村基层，农村社会治理经历了从民国时期的乡村建设运动到新中国成立之后的土地改革与人民公社时期的农业集体化，乡村治理最终实现了乡村组织与管理的国家化、行政化和官僚化。直到20世纪末的村民自治改革中，国家权力才开始在一定程度上从乡村退出。

一、传统农村社会治理体制

1. 皇权与绅权

乡村在传统中国的庞大体系中处于核心的地位。说到明清以前的中国乡村，我们经常听到的一个描述是"皇权不下县"，即帝国的行政权力停留在县以上的行政机构，县以下的乡村，靠的不是自上而下的垂直统治，而是那种本土性的"自治"，自治的主体是乡绅。乡绅作为乡村的精英阶层，既在村民之间发生矛盾时起着关键的调和作用，同时又在日常平静生活中扮演着文化教化的关键角色。费孝通先生所说的"无讼"文化就是对这种乡绅治理之下的乡

---

① 参见费孝通：《乡土中国》，人民出版社2008年版，第58~60页。

② 参见项继权：《中国乡村治理的层级及其变迁》，《开放时代》2008年第3期。

村纠纷解决机制的概括，他的另一本书《中国士绅》①与张仲礼先生的著作《中国绅士》②则是对士绅群体"在19世纪中国作用"的经典研究。

"皇权不下县，自治靠乡绅"是对于传统乡村的一个经典概括，我们可以称之为"士绅社会论"。这种观点的主要论点是：传统中国社会，县是基层政权，县以下是广大的农村，国家与士绅分而治之，各自墨守自己的边界，家族、宗族、村落长老在乡村政治中发挥着重要的作用。

但是这种"县以上靠皇权，县以下靠绅权"的图景实际是对历史的简化。即便是积极主张"乡绅社会论"的学者，一般也不会将皇权和绅权进行如此简单的二分对待。例如，"乡绅社会论"的代表人物费孝通先生就曾指出"从县衙门到每家大门之间的一段情形"是值得关注的③。所谓"从县衙门到每家大门之间"的情形，所指的其实就是皇权与绅权的互动，是皇权控制与乡村自治的互动，指的是庞大的帝国官僚机器延伸到基层乡村社区的机制，是"强大的中央政权与自治的社区之间的结合点"。皇权与绅权在其中有着复杂的互动，从上往下的管理控制与从下往上的基层自治都是对这种复杂互动的简化。

费孝通将中国传统政治结构勾勒为国家—士绅—农民三级结构，他认为，中国传统政治结构包含着中央集权与地方自治的两层，而士绅充当着沟通其间的中间层④。在双轨机制下，作为地方精英的士绅在地方社会中实际上既是国家科层制的代表或自然延伸，也是地方社会的代言人和保护人。他的这种观点可以被概括为

---

①　参见费孝通著，赵旭东、秦志杰译：《中国士绅》，生活·读书·新知三联书店2009年版。

②　参见张仲礼著，李荣昌译：《中国绅士：关于其在19世纪中国社会中作用的研究》，上海社会科学院出版社1991年版。

③　参见费孝通：《费孝通全集》（第六卷），内蒙古人民出版社2009年版，第65页。

④　参见费孝通：《基层行政的僵化—再论双轨政治》，《费孝通文集·第四集》，群言出版社1999年版，第337~340页。

"双轨政治"。

2. 里甲、保甲与宗族

传统中国农村里的基层政权组织是县级政权，历朝历代都有"皇权不下县"之说。但是这并不意味着传统皇权对于县以下的广大乡村就没有直接控制权。实际上，只要我们看看各朝乡村的管理组织之严密，我们就可以看到政府对于乡村的控制实际一直存在。秦晖在批判"士绅社会论"的基础上指出，"士绅社会论"者所集中考察的晚清和民国社会并不能代表整个传统中国社会，更为重要的是它不能解释"农民战争"的循环论陷阱①。他认为，传统社会实行的是"儒表法里"的制度，自秦、汉以来国家对农村基层控制已经相当发达和严密，士绅基本上不具有与国家对抗的权力，无法真正地庇护农民。我们可以从历朝历代的农村管理组织中看到这种国家对于基层乡村的控制。

在县以下的农村管理组织中，宋朝之前推行乡里制，宋代以后推行保甲制。乡里制在秦朝确立，汉朝得以完善。隋唐乡里制的具体设置名称有所改变，但基本组织框架一直被沿用。保甲制的推行源于王安石变法，规定各地农村住户，不论主户客户，均立保甲，十家为保，有保长；五十家为大保，有大保长；十大保为都保，有都保正、副。邻里之间要求相互监督，实行连坐制②。

即便是在"士绅社会论"者集中考察的明清两代，县以下也始终存在乡里、里甲、保甲组织。这些组织的责任者都出自本土，不领薪，受控于县衙胥吏，承担征收赋税和徭役、维持治安的职能，成为国家控制乡村的权力末梢。所以，从这个意义上来说，县衙为了便于自己公务实施，对于基层乡村是有直接控制权的。县衙是整个官僚体制的底端，但是属于权力机器一部分的县衙却通过乡里、里甲、保甲等组织，牢牢地掌握了它所管辖的基层乡村社会。

---

① 秦晖：《"大共同体本位"与传统中国社会》，《社会学研究》1998年第5期。

② 刘豪兴主编：《农村社会学》（第二版），中国人民大学出版社2004年版，第147页。

因此，乡村的"自治"并非自律性的。特别是明清后期的保甲制度，通过人结户联的方式加以控制，乡村社会并非自然、自在的状态。里甲和保甲制度可以被视为国家对于基层乡村的控制，但是这种控制和我们一般所说乡绅治理是一种什么样的关系呢？

事实上，里甲、保甲这种国家管控和乡绅代表的"乡村自治"并不矛盾，它们代表了传统乡村的一体两面。这两者通过"宗族"这一纽带取得了某种重合与互补。里甲与保甲以自然社区为基础，一旦离开自然社区中的宗族就会成为空壳。也就是说，尽管具有编审、应役、催征等经济功能的里甲和具有治安、教化等政治功能的保甲，是县署通过胥吏来控制的，但是保甲和里甲的设置却以自然社区为基础。自然社区与宗族势力的分布是一致的，而宗族势力则是由影响及于县署和里社保甲的乡绅所控制。里甲和保甲为"国"之延伸，宗族系"家"的扩展。二者之间并非对立、隔绝，而是紧密结合、相互支撑的主干与实体的关系，形成"保甲为经、宗族为纬"。有的时候，"乡绅"不仅是宗族首领，也常被动员担当保甲长，取得法定社区组织与自然社区组织的双重领导身份。

行政组织系统和宗族制度结合，共同构成了乡村社会控制体系，为国家的赋税征收及社会控制提供保障。

3. 清末到民国的乡村转型

清末到民初，即 19 世纪末期到 20 世纪初，整个中国社会处于大转折、大动荡时期，构成中国社会主体的农村社会自然也不例外。这一剧变的特殊时期，可以视为从"传统"向"现代"的关键时期。从社会治理模式的角度出发，我们将其视为"传统乡村治理"的晚期。尽管这个阶段在乡村治理方面有很大变化，但相比新中国成立之后那种更具有断裂性的变化而言，这个时期的农村社会延续性的特点还是非常明显的。

19 世纪末期，乡村权力组织经社会动荡冲击而趋向解体。崩溃前夜的清政府，曾经在"清末新政"中对乡村自治作出过一番努力。洋务运动及维新变法失败后，清政府出台了政改方案。方案中乡镇被赋予地方自治团体的地位，但清政权的倒台使得这项方案未得实施，实际施行的仍是保甲。不过在向西方学习的压力下倡行地方自治，对传统政治是一个刷新。

进入 20 世纪，乡村权力组织则随着清末新政和民国时期政治体制的变革走向重建。重建过程经常强调"自治"，但总体表现为国家竭尽全力，企图加深并加强对乡村社会的控制，乡村领袖则有从"保护型经纪"向"营利型经纪"转变的趋势①。同时，因战争影响和行政区域的分割，这一时期的乡村权力组织多样、多变，具有复杂性和不稳定性。

民国时期的中国农村也曾推行过农村治理的改革，即乡村自治运动。民国初建之时，孙中山便从民权的角度提倡地方自治，认为它是国家统一和强盛之基，但因权力旁落，未得落实。袁世凯执政后，取消省、县自治，重视县以下区、村两级。村设村民会议、村公所、息讼会、监察委员会，办理议事、行政、司法、监察、福利事宜。1921 年，为统一县以下自治组织，规定乡为自治团体（法人），受县知事监督，在法令范围内制定公约，办理各种事务。乡设自治会和自治公所，自治会由乡民选举组成，乡长由自治会选出、县知事委任。但规定并未普遍落实，唯阎锡山在山西的村治实践影响较大。

除了官方的努力措施，以晏阳初、梁漱溟、黄炎培等知识精英为代表的"民间社会"也在乡村治理方面作出了自己的尝试和贡献。这就是 20 世纪二三十年代的"乡村建设运动"。乡村建设运动就其基本性质而言是改良主义的，不主张改变既有的社会制度与政治秩序，而从农村更加具体的问题入手②。

二、人民公社体制

传统的农村社会是由一个个独立化的小农家庭所组成，一个个自给自足的家庭组成村落共同体。而计划经济时代，国家对农村的

---

① 参见杜赞奇著，王福明译：《文化、权力与国家：1900-1942 年的华北农村》，江苏人民出版社 2008 年版，第 180～190 页。

② 参见郑大华：《民国乡村建设运动》，社会科学文献出版社 2000 年版，第 473～474 页。

管理方式则是建立人民公社。农民被分配到各个公社里，在公社劳动、生活。公社也掌握着一部分的社会资源，提供给农民吃、穿、住、行等生活保障和表达自身意志、行使民主权利的空间。这种公社性质的组织形式一直延续到 1978 年。

1. 土改奠定乡村权力新格局

严格意义上的"人民公社时期"应该以 1958 年全国范围内的人民公社合并完成为起点，但是在 1958 年之前早已完成的土地改革，却是考察人民公社时期农村治理模式不可忽视的历史要素。甚而言之，新中国的农村权力格局，奠基于土改对于旧有农村格局的颠覆性改造。就对于农村政治生态的影响而言，土改给农村带来的最大变化，就是"士绅阶层"的消失。土改从经济基础的层面上，彻底摧毁了传统士绅所赖以生存的生产关系。而传统上在农村肩负治理职责的士绅阶层的消失，必然带来中国农村的政治权力真空。这种权力真空也为新政权在农村树立自身权威奠定了基础。

对于"土改"这项对历史影响深远的运动，有几个问题值得讨论：首先，地主和我们上文中所讨论的"士绅"是何关系？两者是不是同一个群体？其次，"地主剥削佃农"的历史叙事究竟有多大的真实性？中国是否存在大规模剥削贫农的"地主恶霸"？再次，土改对于乡村政治精英流动带来了怎样的影响？老精英的下场是什么？哪个群体成了乡村里的新精英？

对于这几个问题的回答，由于牵涉意识形态话语、政权合法性等要素，一直处于敏感而模糊的状态。但近几年伴随着意识形态的松绑和政治对学术研究控制的削弱，我们在相关问题的研究上看到了一些可喜的进展与变化。至少在一些往常"有定论"的地方，现在已经出现了质疑的声音和理性的讨论。这种学术上的突破有赖于社会环境的变迁。我们分别来看上面几个问题。

首先，"地主"和"士绅"的关系问题。20 世纪 40 年代开始一些受过西方学术熏陶的知识分子用来自西方的 Gentry（有的翻译为"绅士"，有的译为"士绅"）研究中国基层社会精英。士绅阶层成员主要是指博取了功名，取得朝廷政权认可其政治社会身份的士子或赋闲退休回乡的官吏，是通过科举考试并有国家授权且可以影响国家的一批人，功名和政治性是其主要特征①。相比"士绅"的概念，"地主"一词更加模糊。作为一种阶级划分，"地主"所指的应当是拥有一定土地，且雇佣佃农来为自己耕作的人。在判断是否是地主时，"一定数量的土地"是关键的指标。但是有一定数量土地的地主未必有"功名"，有功名的士绅却往往有一些地。所以，我们可以得出结论，士绅和地主这两个阶层有所重叠，但并不相同；地主未必是士绅，但士绅应该多数是地主。士绅阶层可以被视为地主阶层的一个部分，并且是地位较高的那个部分，是传统乡村"精英中的精英"。

其次，"地主剥削佃农"的历史真实性问题。毛泽东在《中国社会各阶级的分析》和《怎样分析农村阶级》等名篇中，对于地主的定义是"占有土地，自己不劳动，或只有附带的劳动，而靠剥削农民为生的"②。这种对地主的判断构成了很长时期内对于农村经济形态与权力结构的经典概括与主流叙事，即"地主剥削佃农"模式。事实上，尽管这种对于农村的阶级划分理论在提出之时，就遭受过批评和反对，如梁漱溟③，但在当时的政治环境下很容易被噤声。现在再来看这个历史问题，已经有越来越多的人从不同角度置疑或者直接否认了"地主剥削佃农"的历史真实性。比如，秦晖、金雁通过陕西关中的案例，来指出土改前农村的贫富差距远没有我们宣传中那么夸张，甚至说，土改前不存在大规模的"地主阶级"④；郭于华通过对于"诉苦"的研究则更加强调对于地主罪恶的建构性

---

① 参见吴毅、吴克伟等：《转型中的治理：当代中国乡村社会变迁实证研究》，湖北人民出版社 2009 年版，第 12 页。

② 毛泽东：《毛泽东选集·第一卷》，人民出版社 1968 年版，第 3～11、113～115 页。

③ 参见梁漱溟：《乡村建设理论》，上海人民出版社 2006 年版，第 24～29 页。

④ 参见秦晖、金雁：《田园诗与狂想曲：关中模式与前近代社会的再认识》，语文出版社 2010 年版，第 48～53 页。

质①；著名的"恶霸地主"刘文彩、周扒皮等人的后人近几年已经开始披露历史的另一面。而假如土改前真的不存在大规模地主阶级，地主对佃农的"剥削"更多是一种社会运动与政治宣传之下的建构产物，那么，对于旧有乡村秩序的颠覆性改造，其合法性就会遭到质疑。

最后，土改对乡村精英流动的影响。土改从经济上消灭了"地主阶级"，以小块土地私有为特征的小农经济占主体地位，全体农民成了自耕农。由于士绅阶层构成地主阶级的一个部分，所以土改消灭了地主阶级，也就相当于消灭了传统乡村的士绅阶层。宗族势力也在同一过程中一去不复返。"一盘散沙"的中国乡村社会，这在表面上看实现了团结一体的局面。但实际上，土改之后的乡村社会成了"一盘散粉"，以前的"沙子"——宗族团体被彻底粉碎，农民个体成了一个个独立的粉尘，但是却没有真正聚拢成为坚强有力的组织。如果说，土改之前的中国农村格局，是一个一个的地主和依附于他们的佃农。那么，土改之后的中国农村，只剩下最后一个"大地主"和无数个小佃农，这个"大地主"就是国家，小佃农就是那些刚刚获得土地的自耕农。构成党员和干部的阶级基础是"贫下中农"，他们多属于1949年之前的贫民。而出于自身利益的考虑，他们往往成为国家意志的执行者和国家利益的代表者，只对国家负责。

2. 农业集体化

农业"集体化"也称农业"合作化"，指的是通过互助合作的途径，逐步将个体农民的生产资料私有制改造成为农民的集体所有制的过程。新中国的农业合作化经历多个发展过程②。人民公社是合作化的最高阶段，也是农业集体化的最终完成。从1958年全国范围内人民公社合并基本完成，到1978年农村改革的二十年中，人

---

① 郭于华：《倾听底层：我们如何讲诉苦难》，广西师范大学出版社2011年版，第48~58页。

② 刘豪兴主编：《农村社会学》(第二版)，中国人民大学出版社2004年版，第128页。

民公社制度成为中国农村的基本经济制度，而"政社合一"的人民公社组织，则是这二十年中农村基层的政权组织。在一个"总体性社会"中，基层政权组织和基层经济组织实现了统一，这就是我们所说的"人民公社"（以及生产大队、生产队构成的不同层次的组织体系）。因此，考察这一组织的演进与运作便是认识社会政权对于基层乡村的控制过程。

我们首先来看一下人民公社制度在全国的建立过程。1952 年经济基本稳定和恢复后，苏联模式所示范的那种土地公有、集体经营、按劳分配制度成了我国农村经济制度的理想追求。1958 年 4 月，中央发出《关于小型农业社适当地合并为大社的意见》，各地纷纷响应。1958 年 8 月底中共中央通过了《关于在农村建立人民公社问题的决议》，认为"人民公社是形势发展的必然趋势"，人民公社化运动在全国范围内迅速掀起。到 1958 年 10 月，全国农村已经将 74 万多个高级社全部合并改造成 26500 个人民公社，加入公社的农户占全国农户总数的 99.1%[①]。

小农经济社会的基本特征就此消失。作为生产和生活基础单元的、以血缘关系为纽带的小家庭被高度集中的高级社取代。农民的生产经营活动，农民的个人活动时间和空间也被高度统一。人民公社更进一步通过政治、经济、社会的一体化，运用超强度的行政手段实行了对农村社会的直接、全面、彻底的控制，农民也不具有退出权。

通过公社—生产大队—生产队的组织体系，国家权力深入每一个自然村，全面控制着农业的生产、分配和一切经济活动。公社组织具有高度排他性，传统的绅权、族权、父权和神权，以及其他民间组织都失去了公开的合法活动空间。国家吞噬了"社会"。

3. 把农民绑在土地上

新中国成立后的三十年（1949—1979）农村治理实践，充满了乌托邦的理想色彩和激进色彩。这是一个所谓"国家吞噬了社会"

---

① 刘豪兴主编：《农村社会学》（第二版），中国人民大学出版社 2004 年版，第 130 页。

的时代，也是一个国家权力渗透到每一个个体日常生活的时代。这三十年的农村治理实践，不管从中国历史上来看，还是从世界历史上来说，都是罕见而充满戏剧色彩的。这一时期国家对于农村的控制是高度严密的，国家通过一系列制度安排、组织安排将农民牢牢控制在他们为之努力劳作的土地上。这一系列制度安排包括：人民公社制度、户籍制度、票证制度。

人民公社和大队是普通村民所能接触到的"国家机构"，这些机构也是国家对基层农村和农民进行控制的权力末梢。在人民公社和大队中，执政党的基层组织起到核心作用，公社党委—大队党支部掌控这一组织体系的运行。党支部和党员干部构成的权力网络确保了党对农村的全面控制。

户籍制度的设立，从 1949 年新中国成立宣布废除国民党户籍法规，到 1958 年全国人大颁布《中华人民共和国户口登记条例》，中间经历了多年的酝酿与反复。我们可以通过表 2.1 来展现这一影响深远的制度建立的过程：

表 2.1　　　　　　　　户籍制度建立的过程①

年份	法 规 制 度	内　　容
1950	《关于特种人口管理的暂行办法》 《城市户口管理暂行条例》	特殊人口管理 城市常住人口登记管理
1953	《全国人口调查登记办法》 《中共中央关于粮食统购统销的决议》	常住人口调查和登记 规定粮食收购和计划供应的范围
1954	内政部、公安部和国家统计局联合通告	普遍建立农村户口登记制度
1955	《关于建立经常户口登记制度的指示》 《市镇粮食定量供应暂行办法》 《关于城乡划分标准的规定》	人口和户口变动登记和管理 粮食供应、粮票和粮油转移证管理 划分农业人口与非农业人口

---

① 陆益龙：《1949 年后的中国户籍制度：结构与变迁》，《北京大学学报》2002 年第 2 期。

年份	法 规 制 度	内 容
1956	首次全国户口工作会议的三个文件	确立户口管理三项任务
1958	《中华人民共和国户口登记条例》	正式确立现行户籍制度，确立了以常住人口为主，严格控制人口流动的基本原则

《户口登记条例》将城乡居民明确划分为"农业户口"和"非农业户口"两种户籍，并规定"公民由农村迁往城市，必须持有城市劳动部门的录用证明，学校的录取证明，或者城市户口登记机关的准予迁入证明，向常住地户口登记机关申请办理迁出手续"。这就以法律形式严格限制了农民进入城市。户籍制度极大限制了农民的人身自由，使得他们无法离开农村，城市成了远离他们生活的另一个世界。

而票证制度则是从日常生活所需的层面，实现了对农民的间接控制，或者被认为加强了户籍制度对村民的人身控制。

三、乡政村治体制

1. 基层村民自治制度的建立

20世纪80年代初的家庭联产承包责任制瓦解了人民公社的组织基础，不少社队组织处于涣散混乱的局面。在此情形下，广西罗山、宜山及四川、河北等地出现了"村管会"、"议事会"之类的群众性自治组织。就同家庭联产承包责任制的诞生过程类似，中国乡村民主自治也由民间发端并最终被中央政府认可推广。

中央将村民自治视为推进基层民主政治的重要举措。1982年，中共中央再次颁布关于农村的新文件，人民公社最后终于完全解体①。1983年10月，中共中央国务院《关于实行政社分开和建立

---

① 参见凌志军：《历史不再徘徊：人民公社在中国的兴起和失败》，人民日报出版社2011年版，第255~258页。

乡政府的通知》中明确指出：乡镇政府是基层政府，而村民委员会指的是"村民进行自我管理、自我教育、自我服务的基层群众性自治组织"。到 1985 年初，中国 5.4 万个公社、71 万个生产大队相应改为 9.1 万个乡镇和 94.6 万个村。1998 年 11 月，《村民委员会组织法》正式颁行，相关规定得到细化和充实。到 2005 年，27 个省区完成了 5 届村委会选举。

在农村治理方面，最终形成了目前的"乡政村治"新格局，即在乡镇一级设立农村基层政权，乡镇以下设立村民委员会，实行村民自治。这是一种行政介入与村民自治的混合体①。

2. 实施效果与积极影响

截至 2008 年年底，我国共有村委会 60.1 万个，成员 241 万。95% 以上实行了直接选举，绝大多数村进行了 7 次以上换届选举。村委会成员中党员占 70%，书记—村主任"一肩挑"的占 62%。85% 的村建立了村民会议或村民代表会议制度（每年召开的分别为 35% 和 75%），作为民主决策的主要载体；98% 以上的村制定了村民自治章程和村规民约。92% 以上的村建立了村民理财小组、村务公开监督小组，91% 以上的村建立了村务公开栏，有的设立了村务监督委员会②。

基层村民自治制度的建立，使得乡镇政府—村民委员会—村民小组的三层治理体制取代了过去的人民公社—生产大队—生产小队的体制，"政权组织直接支配经济生产和社会生活的状况被改变，乡村社会自主性发展的空间得到扩大"③。也就是说，基层村民自治制度对于计划经济体制下的农村社会，有一个"松绑"的功能，

---

① 参见徐勇：《"行政下乡"：动员、任务与命令——现代国家向乡土社会渗透的行政机制》，《华中师范大学学报》（人文社会科学版）2007 年第 5 期。

② 数据来源：《我国农村基层民主政治建设取得显著成效》，新华网-时政频道 2009 年 3 月 12 日，http://news.xinhuanet.com/newscenter/2009-03/12/content_10997888.htm。

③ 参见吴毅、吴克伟等：《转型中的治理：当代中国乡村社会变迁实证研究》，湖北人民出版社 2009 年版，第 4~5 页。

农村社会的自主性得到彰显，农民的人身自由与自我管理得到承认。

3. 基层村民自治存在的问题

基层村民自治固然存在以上所说的诸种优点，也确实培育了普通村民民主、自治的理念，对于中国的民主化进程和切实维护村民权益影响深远。但是在实践中，基层村民自治也存在不少问题。最突出的问题有两点，一是选举过程普遍受到乡镇和村级党组织的支配；二是选举后村民依然缺少知情权和管理、监督权。①

尽管组织法规定乡镇和村之间的关系是指导与被指导的关系，但在实践中却表现为领导与服从的关系，村委会在很大程度上变成了乡镇的代理人，乡镇政府可以对村委会下指示、分配任务，村委会要绝对服从乡镇政府。这种关系扭曲直接导致了乡镇政府在村干部选举过程中对候选人产生及选举过程和结果产生等方面施加影响。

村务和财务不公开，暗箱操作，出卖农民利益的状况所在多有。农业税取消之前，村委会对农民权益的侵害主要体现在征收税费上；农业税取消之后，村委会和村民的利益之争则集中在土地权益的分配上。在城市化的进程中，城市的扩张消解了原来的农村社区，由于村委会在其中掌握着土地资源的处置权，从而形成了强势村委会与弱势村民这样一种权力格局，并且村委会逐渐成为一个利益集团，与村民产生分化②。比如广东的"乌坎事件"就是因村委在土地利益的处理上暗箱操作，触犯了村民利益，这一事件的最后也是以村民选举出真正能够代表他们利益的村委会而告一段落。

第三节　农村社会治理的地方实践

面对上述转型时期农村诸多社会矛盾和问题的凸显，以及中央

①　参见张玉林：《农村社会学讲义》（未刊稿）2011 年版。
②　参见杨善华、王纪芒：《被动城市化过程中的村庄权力格局与村干部角色》，《广东社会科学》2005 年第 3 期。

社会治理一系列政策的召唤，地方政府开展了突破既有体制的社会治理创新实践。在我国农村社会治理的相关研究中，部分专家学者对其进行理论分析，重点在于对农村社会治理的宏观局势、治理方针等的分析，研究中虽然都无可避免地用到了实际材料，但主要是进行宏观上的理论探索。然而在实际操作中，产生了许多著名的模式，如河北肃宁的"四大覆盖"、山东东营的"民警村官"制度、浙江诸暨的"枫桥经验"等，本小节主要是从农村社会治理的地方实践进行具体阐述。

笔者对各种实际操作方法与模式的文献进行了归纳与梳理，认为我国农村社会治理在实践中的具体模式可以从方法论上分为五大类别，分别是：政府机构实践；方法创新实践；多主体发展实践；人事改革实践；社区建设实践。

一、政府机构实践

政府机构实践立足于扩大政府的管理权限与范围，通过政府的主导来实现社会治理。这个方向上的创新还可以分为两个类别：政府机构的延伸与扩建，即政府原有职能的延伸与扩建，是通过城镇力量下派乡村、乡村新设政府领导机构等方式，扩大政府对农村社会治理的执行力、操作能力，也提高政府对基层信息的获取能力；政府自身建设与职权的扩展，即在不增设机构的前提下，将部门固有的任务与职能更进一步发挥的做法。

河北青县政府实践

在维护治安方面，河北青县党委政府已经建构"村—镇—城区"一体化防控系统，在城区防控的基础上，强化了农村的多层级防控网络。具体做法为："村庄巡防"，即以村为单位组建村级巡防队伍；"区域合防"，即以中心村为基础整合辐射村庄巡防力量；"镇乡联防"，即以镇乡为单位整合辖区内村街巡防力量。同时，利用计算机技术搭建平安互助网络平台。

在信访方面，青县根据现有的农村治理新模式，创建"首先调节"机制，将纠纷矛盾能够首先在村庄内部解决。并且，青县政府为切实有效解决群众所反映的问题，要求领导每月倒查、排查信访案件，重视信访问题。

在人才培养与管理方面，青县党委政府努力深化与扩展农村干部素质工程，加强对农村干部的培训，主要是根据村庄发展情况和干部自身素质两个方面进行不同层次的划分，最终根据划分结果对农村干部分批分层次地进行教育培训①。

二、方法创新实践

方法创新实践，是指政府部门在不增设机构的前提下，通过建立机制、改进方法、转变态度等方式提高社会治理的能力。主要的创新方法的成果有三点：农村维稳、民生、社保与矛盾调解的机制；农村民主恳谈与民主议政的机制；农村的信访、问责、反腐机制。下文将对这三点进行具体实践案例的阐述。

1. 河北肃宁的"四个覆盖"

2010 年以来，河北省肃宁县在全县探索推行了农村社会管理工作的新模式——"四个覆盖"，即基层党组织、基层民主组织、农村经济合作组织、农村维稳组织这四个方面全覆盖。"四个覆盖"工作的核心是基层党组织，实施平台为村民代表大会，具体结构包括农村经济合作组织和维稳组织。从本质上来讲，"四个覆盖"工作是在发挥基层党组织职能的基础上，利用党员的带动作用，不断扩展农村各类组织，在促进农民自治的同时，实现村民共同富裕，进而实现农村社会的稳定与和谐。

肃宁县隶属河北省沧州市，该县为传统农业县，全县 35 万总人口中大约有 29 万在农村，在人口如此庞大的县级城市，如何把农民更好地组织起来成为至关重要的问题。由此"四个覆盖"工作模式应运而生。

具体做法如下：在完善民主政治上，肃宁县基于村党支部委员会和村民委员会创建新的"村民代表大会"和"村民监督委员会"。这里的"村民代表大会"就是一般意义上的"村代会"，从全村村民

---

① 参见孙彩红：《县级政府农村社会管理创新的着力点》，《中国社会科学报》2012 年 2 月 10 日第 A06 版。

中选取一定数量的村民作为代表，参加讨论村中重大事务，并作出决定。而"村民监督委员会"简称"村监会"，是由村务公开监督小组与村民理财小组（由村庄的具体情况决定其是否存在）整合而成，具有监督村级事务的职能。村级"两委"与"两会"的相互作用，形成了一种"村党委领导-村代会决议-村委会执行-村监会监督"的组织体系，使民主政治能够得到进一步的落实。在致富方面，肃宁县大力发展不同的农业技术协会、专业合作社等农村经济合作组织，力求把分散单干的农户纳入到组织中，齐心协力开创市场，实现共同致富。在农村社会稳定方面，肃宁县探索以农民为主体的三级组织与一训防队的维稳模式，也就是村庄内部的综合治理站、综合治理小区、综合治理小组以及村庄治安巡防队。这一维稳模式将村庄治理任务更加细化，使得基层纠纷与矛盾可以得到及时的反映，并能够在村庄内部得到很好的解决。同时按照"群众在哪里，党组织就在哪里"的原则，在各个不同的组织内设立党组织，使党组织与群众紧密联系在一起。

肃宁县"四个覆盖"工作开展以来，农村经济得到快速发展，农民收入不断增加，农民生活的幸福感得到增强，精神风貌有所改善，村庄环境得到整治。农村社会更加和谐稳定，从而带动了全县综合实力的提升。

2011年10月22日至23日，全国做好新形势下群众工作经验交流会在云南普洱召开，在此交流会上，肃宁县深化农村社会管理的"四个覆盖"工作模式被确定为典范，面向全国推广①。2014年7月份，肃宁县的"四个覆盖"工作经验入选中国治理创新百佳经验成果，为全国农村社会治理创新提供借鉴。

2. 浙江诸暨的"枫桥经验"

"枫桥经验"产生于浙江诸暨的一个小镇，历经改革开放前后两个历史阶段，已然成为著名的中国经验，对基层社会的和谐稳定发挥重要的借鉴作用。

---

① 《肃宁"四个覆盖"被确定为全国典型范例》，河北新闻—河北新闻网，http：//hebei. hebnews. cn/2011-10/31/content_2349636. htm。

20 世纪 60 年代，诸暨市枫桥镇在社会主义教育运动中创造了"发动和依靠群众，坚持矛盾不上交，就地解决，实现捕人少，治安好"的"枫桥经验"①。十一届三中全会以后，枫桥镇基于拨乱反正，继续发挥"发动和依靠群众"的优势，预防化解矛盾，维护社会治安，在当时已经成为全国社会治理的典范。十六大以来，浙江省委为落实科学发展观，加强社会治理，不断学习推广新时期的"枫桥经验"。十七大之后，全面建设惠及全省人民的小康社会成为浙江省委的新任务，围绕这个新任务，浙江省委将深化"枫桥经验"作为深化"平安浙江"建设的重要组成部分，并致力于了解民情、改善民生、发展民主、维护民安、促进民和，创造"立足基层组织，整合力量资源，解决矛盾就地，保障民生民安"的新经验，建立"治安联防、矛盾联调、问题联治、事件联处、平安联创"的新机制，形成"党政动手、依靠群众，源头预防、依法治理，减少矛盾、促进和谐"的新格局。② 近年来，浙江省在新任务——建设服务型政府和基本公共服务均等化——下发展出"网格化管理、组团式服务"的将管理放在服务中的新模式③，具体措施可以概括为：努力建立乡镇（街道）综合治理中心；摸索构建人民调解、行政调解、司法调解相衔接的"大调解"工作体系；将社会治安综合治理工作推进民营企业；积极建立"老乡管老乡"等流动人口互动式的管理模式；尝试进行村庄综合治理的"网格化"管理。④

"枫桥经验"曾受到多位国家领导人的关注，自 20 世纪 60 年代始，毛泽东批示"要各地仿效，经过试点，推广去做"，中央曾两次批转枫桥经验。胡锦涛亲自听取枫桥派出所人员的工作汇报，

---

① 参见赵义：《枫桥经验：中国农村治理样板》，浙江人民出版社 2008 年版。

② 参见狄一组、张俊平：《重心下移：创新社会治理和服务——枫桥经验的启示》，《浙江日报》2014 年 1 月 20 日第 14 版。

③ 参见蓝蔚青：《枫桥经验是实事求是思想路线的产物》，《观察与思考》2013 年第 11 期。

④ 参见吴锦良：《"枫桥经验"演进与基层治理创新》，《浙江社会科学》2010 年第 7 期。

并对"枫桥经验"给予充分肯定。① 历届浙江省委、省政府也对"枫桥经验"不断摸索和大力推广，习近平、张德江在浙江工作期间，从经济社会转型和全面建设小康社会的新形势新要求出发，多次就坚持和发展"枫桥经验"作了重要指示。② 如今，"枫桥经验"已成为浙江省乃至全国平安建设、构建和谐社会的一大法宝。

3. 浙江省常山县的"民情沟通日"制度

2005 年 11 月，浙江省常山县从实际出发，建立"民情沟通日"制度，该制度主要以体察民意、了解民情、解决民忧、帮民致富为主题。制度建立之后，在每月的 10 日左右，每个行政村的村干部(其中包括乡镇驻村干部以及农村工作指导员)都要在固定场所，如村委会办公室接待群众，听取群众意见与建议，并通过不同的形式进行问题解决。

首先，村党委和村委会利用不同途径，了解并掌握群众情况。要给每个农户发放"民情联系卡"，用于群众联系和监督，"民情联系卡"上主要是上述每个行政村村干部的联系方式与工作职责。还要在居住村民较多的地方设立"民情信箱"，并安排人员(主要是选择有代表性的村民)专门负责定期开启信箱、收集信息的工作，并如实将情况向村党委和村委会反映。针对重大民情，主要是指由人数超过 30 的村民联名提出的信息，对其建立"民情档案"，村民即时受理并研究解决。除此之外，村两委干部、民情信息员还要不定期召开"民情讨论会"，专门讨论分析村民意见、建议，并在"民情沟通日"到来之前明确解决办法，为日后工作的开展做好准备。

其次，针对如何处理群众意见的问题，常山县提出了一种新的解决办法——实行帮忙代办和限期办理，并且明确规定办事期限：3 个工作日办完简单的事情，7 个工作日完成一般的事情，重要的事情也会在一个月内办完。这种新机制大大提高了政府部门的办事

---

① 卢芳霞：《枫桥经验：50 年辉煌成就》，《观察与思考》2013 年第 10 期。

② 《"枫桥经验"为什么能成为中国经验》，共产党员网，2013 年 10 月 14 日，http://news.12371.cn/2013/10/14/ARTI1381743371998311.shtml。

效率，使得群众问题能够得到及时有效的解决。同时，常山县委将"民情沟通日"活动与各乡镇工作的年度考核挂钩，直接使得这一民主管理制度得到基层工作部门的重视，并逐渐形成一种服务于民的长效机制①。

自"民情沟通日"活动开展以来，常山县已有 15 万多人次参与"沟通"，提出了 13582 件民生问题和意见，有 11469 件已得到解决和落实，群众满意度达到了 98.3%，农村信访量下降了 51.3%。目前，在衢州市 2300 多个行政村广泛推行这项制度，并受到了广大农村干部的积极响应和群众的热烈欢迎。②"民情沟通日"制度为干部了解民情民意以及处理群众问题提供了一个有效的沟通渠道，并有利于党与群众、干部与群众良好关系的发展，从而推进基层的民主政治建设。

三、多主体发展实践

多主体发展实践是政府、经济组织、社会组织与民间团体进行协同治理的办法。多主体发展实践的主要成果有：农村自治团体的培育；多元化主体的协调配合方式。

1. 山东新泰市"平安协会"

山东省新泰市位于山东中部，地处多个地级市交界处，地域广，流动人口多，社会情况复杂，因此，该地区的社会治安比较混乱。"平安协会"的前身为新泰市汶南镇的一支巡逻队。为解决警力不足、资金短缺和基层治安防范薄弱的问题，这支巡逻队便在十年之前变成了由乡镇政府主要干部领导组织，其他机关干部、派出所人员以及村干部参与的队伍。巡逻队基本上每个晚上都会到各个村庄、乡镇企业进行巡逻检查，为老百姓的生活和财产提供一份切实的安全保障。在巡逻队组成不到半年的时间里，即在 2006 年年

---

① 《浙江常山县推行"民情沟通日"制度》，人民网—时政，http：//politics. people. com. cn/GB/14562/4757502. html。

② 《常山：全面推行"民情沟通日"制度》，新华网，http：//www. zj. xinhuanet. com/website/2008-03/04/content_12611024. htm。

初，该镇开始正式成立"平安协会"，在协会成立之时，汶南镇事业单位与乡镇企业的经理干部以及乡镇个体户人员共五十多名自愿出资加入协会。平安协会成立之后仅仅一个月的运行，就有了比较显著的效果，全镇范围内可预防性案件比去年同时段下降了80%。① 新泰市市委及政府部门在较短时间内对这种经验和做法进行了总结并大力推广，主要表现在各乡镇到汶南镇学习经验，根据各镇具体情况在不同时间内建立起了属于自己乡镇特色的平安协会。在这种发展势头下，平安协会在全市不同地区成功建立，并形成了市、镇、村、行业不同等级的网络化组织体系，逐渐形成促进新泰市和谐社会建立的一股重要力量。

平安协会作为由乡镇政府牵头成立的群众自治组织，在市党委、市政府的领导指引下，通过民政部门的审批，根据参与成员自主自愿的原则决定入会资格；协会组成人数主要是根据地区规模来决定的，在乡镇与街道方面，一般是 50~100 人组成协会成员，而在人数较少的村庄与社区，协会人员相应地减少到 5~30 人左右；协会运营成本与经费组成大多是由会员缴纳会费、社会人士与组织自愿捐助以及政府资金补贴等不同的形式，基本上是按照"取于民用于民"的原则进行资金筹集。通过这些方式的筹集，每年的资金大约是在 1000 万元以上，而这些资金也多用于乡镇、村庄维护治安时所产生的花费，如建立治安防控体系以及解决群众村民纠纷等。在整个新泰市，仅仅是村庄所产生的巡逻人数就达到 6000 多人，村庄警务室有 90 多个，共有平安灯 3 万多盏。同时，在乡镇驻地和企业都安装了电子眼，就连与外县市相毗邻的村镇也都设置了堵截哨卡。② 除此之外，针对治安防控体系在基层建立不健全不完善的实际情况，新泰市的平安协会采取各种不同的积极措施进行

① 《新泰市依托农村平安协会建设社会稳定机制》，东平新闻网—东平信息港，2009 年 11 月 9 日，http：//news. sddp. net/news/taxw/2009/11/0911308012. html。

② 《新泰市依托农村平安协会建设社会稳定机制》，东平新闻网—东平信息港，2009 年 11 月 9 日，http：//news. sddp. net/news/taxw/2009/11/0911308012. html。

资金筹集，用于补给治安经费的不足，并且利用会员身份发动群众参与社会治安的防范与维护。值得一提的是，新泰市的平安协会在治安方面建立了一种富有特色的立体防控体系，即将电子眼、平安灯、农村、治安保险、平安网五种措施合为一体。平安协会的会员主要是以有威信、说话办事比较得人心，且德高望重的老党员、老干部组成，他们的加入使得群众矛盾得到有效及时的化解，矛盾纠纷就地解决，就不必大费周章地进入信访与司法系统，不仅更有力地缓解了社会矛盾，而且也在一定程度上节约了社会资源。

综上所述，新泰市的"平安协会"业已形成一种新的社会治安格局，即社会协调与政府调控、群众自治与政府行政、平安力量与司法力量相互结合、相互补充、相互作用的新格局。在这种新的格局下，新泰市在事件处理、治安防控、信访接待、纠纷调解、信息分享、平安创建等方面进行联合解决的新办法。2009 年新泰市的越级上访案件数比 2005 年下降 59.3%，人数也相对应地下降55.9%，刑事发生案下降 11.76%，大要案和重大恶性案件下降36%，信访积案下降 44.3%①。社会平安稳定局面的形成，有效地推进了经济社会发展。

2. 广东省云浮市自然村乡贤理事会

广东省云浮市，又被称为石城，是一个欠发达的山区农业城市，农村人口众多，为创新农村社会治理体制，利用自身发展环境，创立并不断发展了自然村乡贤理事会。2011 年 6 月，云浮市乡贤理事会在云安县的自然村开始试点，建立以"小组、村庄、乡镇"为基础的三级理事会——群众理事会、村庄理事会、乡镇理事会。各级理事会平常的事务是协助当地党委及政府投入农村公益事业的建设，并以不同的方式参与到农村社区的治理和建设中。云安县理事会建立之后，同年 12 月，就已经作为云浮市的社会治理创新项目被广东省的社会工作委员会确定为省级社会创新观察项目，

① 参见包心鉴：《靠人民群众共建平安 让人民群众共享平安——山东省新泰市依托"平安协会"化解人民内部矛盾、创新社会管理体制的调查与思考》，《理论动态》2010 年第 1868 期。

并且是第一批被确定的项目之一。在省级政府的认同与大力推广下，同属于云浮市的不同县市与地区如郁南县和罗定市，也陆陆续续开始着手理事会的建立。① 自 2012 年起，云浮市将自然村乡贤理事会的建立与发展作为政府工作中的重点。

云浮市坚持把培育和发展自然村乡贤理事会作为创新农村多元共治的生动实践，主要表现在根据地区类型与实际情况重点发展有特色的理事会示范点，并且发展速度惊人、规模庞大。截至 2012 年 8 月，云浮市建立自然村乡贤理事会 8196 个，数量之多到几乎覆盖了全市全部村庄。全市共有理事会成员 68749 人，其中外出乡贤和经济能人数量达到 35499 人，所占全部会员人数比例已经超过了 50%。②

乡贤理事会，究其本质就是农村社会组织中的另一种表现形式，以参与村庄公共服务的方式，如协助调解邻里矛盾纠纷、开展公益活动、帮助村民自治等，并通过这些村民与会员之间的互帮互助来体现理事会多重性质，如服务性、公益性以及互助性。同大多数其他乡村组织一样，乡贤理事会的成员也大多是由所在自然村的村民组成，并且这些村民具有一定的能力与条件，比如是经济文化科技能人或是老党员、老干部等具有声望并且愿意为村庄发展作出贡献的人。而最终会员资格的确定要经过较为严格的程序。具体来讲，符合条件的人必须由村民提名推荐，在村党支部审核通过之后，到乡镇相关政府部门进行备案登记，最后由人员所在村庄公布确认，方可成为理事会中的一员。在理事会成员选拔的基础上，通过成员会议再相应地选出理事长、副理事长以及秘书长。理事会必须能够保证其在同级党组织的领导下，协助好乡镇政府、村民委员会、自然村进行农村公益事业以及公共服务的建设。不仅如此，云

---

① 参见徐晓全：《新型社会组织参与乡村治理的机制与实践》，《中国特色社会主义研究》2014 年第 4 期。

② 数据来源：《云浮：培育和发展自然村乡贤理事会》，广东省社会工作委员会网，2013 年 4 月 10 日，http://www.gdshjs.org/qsgdshjsdt/yf/content/2013-04/10/content_67684932.htm。

浮市政府也会利用各种资源对乡贤理事进行轮流培训，以便提升理事的履职素质和办事能力。

为使乡贤理事会达到更好的实施效果，云浮市对理事会实行了以下几点较为具体的措施。第一，通过政策文件引导自然村乡贤理事会协助村民小组参与动态考评，使乡贤理事会做事有目标有动力；第二，为使理事会能够切实且具体参与到农村社会治理中，云浮市将乡贤理事会与现代农业经营体制创新、农村公益事业建设财政奖励补贴项目等其他有关村庄建设的活动项目相结合；第三，鼓励理事会协助自然村完善健全已有的村规民约，理事会完全可以按照完善之后的村规民约进行纠纷调解、参与村庄管理等活动。在此基础上还要对乡贤理事会建立评议监督机制，使乡贤理事会的工作得到人民群众的监督。

云浮市所创立的乡贤理事会，充分利用农村传统文化资源与人际关系，发挥群众在村庄管理与建设中的主体作用。同时理事会也通过其组织方式的创新，优化了农村社会管理的方式，增强了农村社会组织的建设，促进了农村经济发展与和谐稳定。理事会的建立从一定意义上来说，对农村社会治理的创新以及新形势下的协同共治的促进具有很重要的作用。

四、人事改革实践

人事改革实践是在用人的问题上进行创新的办法，主要包括原有人员的教育与职务扩展、新生力量在农村的吸收与应用等。主要包括以下几种人事改革的方式：城镇干部下沉基层；能人治村与外出务工人员回乡；大学生村官的引入；专业人才与经济组织的引入。

1. 山东省东营的"民警村官"实践

近年来，随着国家对"三农问题"的关注度不断提升，地方政府也开始注重发展农业经济。农民收入得到不断提升，地区经济的发展促使流动性的人口增多，因此相应的农村治安问题也日益突出，如何维护农村社会的治安与稳定，成为基层党委政府不得不去考虑的问题。

从 2010 年开始，山东省东营市实行"民警村官"制度，即在党委和政府的领导与支持下，选择优秀党员民警挂任社区班子成员，参与基层党建工作，并依托农村社区化改造，费用由政府出钱补助，在农村社区相应地配置了"综合治理办公室、警务室、流动性与暂住人口管理站、监控中心、司法调解室"，构筑了"五位一体"的关于农村社区治安的新型警务模式。换句话说，"民警村官"制度是将广大农村社区民警与村官"二合一"，把农村警务工作、农村治安综合治理以及农村基层组织建设"三合一"，在一定程度上整合资源，提高农村治安问题的解决力度。同时，进一步明确了挂职民警的职能，充分发挥"党建工作指导员、矛盾协调员、政策宣传员、防控组织员、致富引领员、为民服务员"等六大角色的重要作用。① 这种职能定位，有效利用了"民警村官"的联动资源，扩展了其原本的工作范围，切实做到警官紧密联系群众，有效维护农村地区的稳定。

民警当村官直接驻村工作，是适应农村社会发展与农民对治安要求的需要。"民警村官"的出现，从制度上拉近了政府与村民之间的距离，增加了政府服务群众的渠道，方便了人民群众，维护了治安与稳定。

2. 乐天溪镇实现能人治村

改革开放以来，农村经济体制开始进行改革，家庭联产承包责任制在赋予了农民市场行为主体的地位的同时也造成农民的组织化程度低。如何将农民组织起来成为农村社会治理所面临的重要问题之一。乐天溪镇采取的办法是从农村精英入手，即实行能人治村，主要表现为民主管理能人化与能人管理组织化两个方面。

一方面，乐天溪镇注重农村能人队伍建设，先后以不同的方式培养了 212 名科技文化能人、100 名创业致富能人、30 名政策法律

① 《"民警村官"，探索社会管理新路子》，《人民日报》2011 年 3 月 3 日第 014 版。

宣传员以及 25 名农村治安协助管理员①。这些农村精英在农村经济发展和社会稳定的过程中不仅扮演着领头羊的角色，而且在国家政策的宣传、农业技术的推广、镇域文化的传承等方面成为中坚力量。

另一方面，乐天溪镇对农村能人采取五项措施提高其组织化程度。主要表现在：一是在村民中重视发现和培养五种能人，即创业致富类能人、带头类能人、社会管理类能人、爱岗敬业类能人、科技文化类能人②；二是充分发挥以上五类能人的示范带动作用；三是农村能人由村干部和村民代表直接联系，拉近农村精英与普通群众的距离；四是每年都要以不同的形式隆重表彰优秀的能人，通过 LED 屏、展板、公开栏等方式向群众推广宣传优秀能人的先进事迹，其目的还是为了发挥其示范带动作用；五是组织优秀能人外出学习考察，拓展视野、激发热情，如 2009 年，镇里组织优秀人才去首都北京增长见识。

乐天溪镇通过完善中心户网络建设，以群众议事的形式建立群策群议会，充分发挥农村组织的职能，基本形成了能人治村格局，在农村社会管理方面创造了一种新模式，为新形势下加强农村社会管理提供了有力的帮助。

五、农村社区实践

农村社区实践是一种非常特别的治理方式，因为社区化不仅仅是政府部门或者社会组织的参与，而是整个农村生产生活方式的巨大变化，这种变化有何利弊在目前来说，还在探索阶段，但很显然的是，这种实践将实质性地改变整个中国乡村。目前农村社区实践的经验有：山东省潍坊市实行"多村一社区"模式。

为打破城乡二元结构，健全农村发展机制，创新农村社会管理

---

① 数据来源：《探索"五化"模式 创新农村社会管理》，中国夷陵网，2011 年 5 月 6 日，http：//www. 10. gov. cn/art/2011/5/6/art_637_85126. html。

② 数据来源：《探索"五化"模式 创新农村社会管理》，中国夷陵网，2011 年 5 月 6 日，http：//www. 10. gov. cn/art/2011/5/6/art_637_85126. html。

方式，山东省潍坊市自 2007 年以来，不断开展农村社区建设，其中以"多村一社区"为主要创建模式。

所谓"多村一社区"模式，是按照"相邻村庄、适度规模、便于优化整合现有农村公共资源"的原则，形成一种以半径为 2 公里的社区服务圈。在服务圈内，群众到社区服务中心的时间步行不超过半个小时。一般情况下是将 5~8 个村庄整合为一个社区，再次聚集起来的村民在这个领域中形成一种新的生活共同体。因为新的社区规模较大，所以往往会在这个社区内选择一个中心村，并在中心村建设社区综合服务中心。而作为中心村一般会满足规模较大、公共基础设施较为完善、村委领导干部能力较强、交通比较便利等条件，具有很大的发展潜力。①

在新型农村社区建设中，潍坊市主要是农村社区服务方面成果斐然，创建了一种较为综合的社区服务体系，而这个体系将农村最基本的公共服务、其他组织的志愿服务、村民之间的互助服务以及市场化服务等相互融合在一起，构建起了基本公共服务、市场化服务、志愿和互助服务相衔接的农村社区服务体系。具体做法为：将社会保障与福利、社区教育与就业、医疗卫生与人口、社区治安与法律等其他方面的服务重点展开以及给予更多的关注，力求整个社区的公共服务不仅水平较高而且更为全面，将政府服务资源伸向社区内部；按照"谁投入、谁所有、谁受益"的原则，通过共同运营、出钱投资等方式，将便利超市、农资与农技服务站、邮政金融、幼儿园、通讯保险等各种项目在社区范围内进行有计划的建立；动员与引导本社区居民以及社区志愿者，甚至是社区驻管单位积极参与到社区的建设与维护之中，并尽力创造良好条件去开展一些由群众广泛参与的邻里互帮互助等活动。②

在很长一段时间内，由于村庄地理位置、人口环境的复杂性，

①　《潍坊市率先实现新农村社区全覆盖札记》，潍坊—人民网，2010 年 1 月 19 日，http：//wf.people.com.cn/GB/70094/10800004.html。

②　孟祥志：《大力推行"多村一社区"建设模式》，潍坊—人民网，2009 年 7 月 7 日，http：//wf.people.com.cn/GB/70092/9610060.html。

使得农村公共服务不仅一直是被当地政府所容易忽略的问题，也是当地政府不知道采取怎样的方式去处理的难题。然而潍坊市的"多村一社区"农村社区模式，却在一定程度上解决了政府在农村公共服务中所处的尴尬境地。新型社区模式使得原本村庄范围不断扩大，在一个社区内的多个村庄中的居民融合在一起，而农村社区的基础设施也因人口与资源相对集中变得较为完善。在这种情况下，一个农村社区并不单单是一个社区，开始向村级"城镇"的模式发展转变，在农村城镇化的道路上，必然会形成以"城市—城镇—农村社区"三个主要层次的新道路。

当然，由于农村社会治理复杂多样，笔者在此不可能也没有能力一并概括，必然还会有一些乡村社会治理中的特殊案例，笔者并未将其列入以上的体系中，但这并不代表不重视，它们仍然值得我们去注意。我国农村在实际操作上产生出来的具体方法非常多，更多的实际操作中的经验与模式，在这里不便做过多的阐述。

之所以介绍如此多的治理实践，是因为农村社会管理创新与治理头绪繁多、涉及方方面面，事无大小，都必须深思熟虑。也只有在进行大量文献总结的基础上，才能一窥我国农村社会管理创新与治理的全貌。对农村社会管理创新与治理的文献研究与实践总结，将有助于笔者将罗田的"法务前沿"工程纳入整个农村社会治理研究体系中，有利于指出"法务前沿"工程的先进性，也为法务前沿的发展提供补充性意见。

第三章 个案研究：罗田县法务前沿工程的农村社会治理实践

第一节 法务前沿工程的发展过程、工作模式和效果

一、发展过程

随着改革的不断深化，近年来农村宅基地、承包地、经营活动纠纷和邻里纠纷日益增多，矛盾越来越突出，严重影响了农村社会安定。罗田县认真分析了农村社会发展的这些新形势、新情况，自觉把司法行政工作纳入社会治理的大格局中，按照依法治村的新要求，创新基层司法服务模式，提出并实施了法务前沿工程，取得了良好的效果。但后期处于发展瓶颈阶段，如何发展，路在何方，这里试图从其发生、发展的过程来作分析。

1. 法务前沿工程的提出和试点

法务前沿工程从 2008 年初提出至今，经历了从提出构想与试点、全县推广及全省推广、后续发展乏力等阶段，是一个曲折的实践探索过程。

(1)法务前沿工程构想的提出。2005 年罗田县实行的精简政府机关人员的做法导致了罗田县整个基层司法行政机关职能的低效化甚至缺位，乡镇司法所的工作人员被压缩到了每个单位 1~3 人左右。罗田县共有约 60 万人，设 12 个乡镇司法所，平均每个司法所管理 5 万多人口。乡镇司法所是我国司法行政部门在地方的基层单

127

位，其主要的工作职能是：指导管理基层法律服务工作、协助基层
政府处理社会矛盾纠纷、参与社会治安综合治理工作、完成上级司
法行政机关和乡镇人民政府（街道办事处）交办的维护社会秩序等
工作。由于人力物力的制约，乡镇司法所在开展有关工作时，往往
是被动性地提供服务，服务的范围面也较窄，而有些由村民委员会
承担的社会治理职能往往是形同虚设，未能很好履行。随着改革的
不断深化，近年来农村宅基地、承包地、经营活动纠纷和邻里纠纷
日益增多，矛盾越来越突出，严重影响了农村社会秩序。原有的管
理模式无法满足新形势下农村社会和谐发展的需要，在这样的社会
背景下，2008 年初，罗田县司法局提出法务前沿工程构想：在乡
镇党委政府的统一领导下，在司法行政机关的指导下，以村（居）
自治组织为依托，整合司法所干警、村干部、社会志愿者和其他社
会组织等各种力量，建设融法制宣传教育、人民调解、社区矫正、
帮教安置、法律维权等多项工作为一体将司法行政管理职能下移到
村（居）组织的综合服务体系。

这一设想是对农村社会治理的一个创新，是一个大胆又符合现
实的尝试，在我国还没有成功的案例可供参考，也没有成功的经验
可以借鉴。罗田县司法局为了确保这一构想的科学性、可行性，特
邀请专家学者前去调研。2008 年初夏，笔者率两名研究生来罗田
县对此构想进行专题论证，从理论上奠定了法务前沿工程的基础，
为法务前沿工程的实施提供了理论支撑和指导。下面是当时笔者与
王国强先生等讨论形成的文字材料：

关于实施"法务前沿工程"的意见①

维护社会稳定、构建社会主义和谐社会是我们党从全面建
设小康社会，开创中国特色社会主义事业新局面的全局出发提
出的一项重大任务，它适应了我国改革发展进入关键时期的客

---

① 这是当时笔者与王国强先生讨论的原始材料，保存在笔者的电脑中，
时间是 2008 年 6 月 18 日。

观要求，体现了广大人民群众的根本利益和共同愿望。司法行政机关是维护社会稳定、构建和谐社会的直接参与者，司法行政机关通过履行法制宣传职能，广泛开展全民普法依法治理，不断推进民主法制建设；通过加强法律服务工作，开展律师辩护、诉讼代理及法律援助工作，保障法律正确实施和当事人的合法权益，维护社会公平正义；通过加强人民调解工作，人民内部矛盾和其他社会矛盾得到正确处理，社会各方面的利益关系得到妥善协调；加强社区矫正和安置帮教工作，减少和控制重新犯罪的发生，维护了社会的安定有序。所有这些职能都是建设社会主义和谐社会的重要手段，对建设社会主义和谐社会有着直接的促进作用。为了充分发挥司法行政机关的职能作用，推进社会主义和谐建设，特制定本实施的意见，

一、"法务前沿工程"的概念：以司法行政机关为主体，以村(居)自治组织为依托，以司法所干警为主力，以村组干部为骨干，以社会志愿者为补充，搭建村一级融法制宣传教育、人民调解、法律维权、安置帮教、社区矫正等多项工作为一体的综合服务平台，实现司法行政服务职能的延伸，促进和谐社会建设。

二、实施"法务前沿工程"的重要意义

(一)有利于促进和谐家园建设。司法行政工作是建设社会主义和谐家园的必要内容和有机组成部分：社会主义和谐家园建设离不开法治的促进和保障作用，需要司法行政机关积极开展法制宣传教育，努力提供优质高效的法律服务和强有力的法律保障。按照"生产发展、生活宽裕、乡风文明、村容整洁、管理民主"的总体要求，发展农村生产力，促进农民增收，需要律师、公证、基层法律服务和法律援助的保障；加强民主法制建设、精神文明建设，保障农民民主权利，培育造就新型农民，需要法制宣传教育和基层依法治理工作；推进和谐社会建设，保持农村社会稳定，需要切实加强人民调解、社区矫正、安置帮教等工作。因此，实施"法务前沿工程"，能够实现司法行政工作与社会主义和谐家园建设的有机统一，有利

于推动和谐家园建设。

（二）实施"法务前沿工程"有利于民主法制建设。"法务前沿"工程面向基层、立足基层，在法律咨询、法制宣传、化解民间纠纷、防止"四无"事件的发生等方面都能发挥积极作用，有利于把矛盾激化率降到最低限度，把信访苗头化解在最基层，这对加强民主法制建设，加大依法治理工作力度，维护农村和社区政治稳定和社会安定都有积极的作用。

（三）实施"法务前沿工程"是实现司法行政各项基层工作的有效载体。将司法行政工作向社区、企业、村（居）委会延伸，"近距离"地防范重新犯罪，"零距离"地服务群众，第一时间化解各种矛盾纠纷。既方便群众，更有利于司法行政工作的开展。是在新的历史条件下司法行政工作坚持党的群众路线的有效实现形式，是加强司法行政基层基础工作的重要载体，有利于把发挥司法行政基层工作职能与村、居委会工作有机结合起来，从一定意义上讲是加强城乡基层政权建设的重要举措，对于推进社会主义和谐社会建设和社会主义新农村建设具有重要意义。

三、实施"法务前沿工程"的必要性

（一）是充分履行司法行政职能的需要。新时期政法工作的两项基本任务是："为改革发展创造和谐稳定的社会环境和公正高效的法治环境。"这既是政法工作的大局，也是司法行政机关的首要任务。胡锦涛总书记在十六届三中全会上也强调指出："完成改革的各项任务，必须保持和谐稳定的社会环境，没有稳定的社会环境，什么事情也干不成。"作为基层司法行政部门，承担着法制宣传，依法治理，法律服务，人民调解，安置帮教，社区矫正等十项职能任务。这些职能任务，是政法工作的两项基本任务的具体体现，发挥着其他政法部门不可替代的作用。但是由于基层司法行政部门警力不足，对于开展好这次工作产生了一定的阻力，像我们县，目前有社区矫正对象 50 多人，刑释解教人员 400 多人，几十万农民的普法任务，还有大量的矛盾纠纷排查化解任务，仅仅依靠我们基层司法所2~3人的力量，是没办法完成好这些工作的，因此实施"法务前沿工程"，发动村一级自治组织参与，共同履行好职能，可以解决基层司法所警力不足的问题，符合充分发挥司法行政职能的实际。

（二）是构建防控新平台的需要。对刑释解教人员和社区矫正人员进行安置帮教和监督管理，是基层司法行政工作的重要任务，是维护社会稳定，进而实践"三个代表"重要思想的具体体现，也是一项社会系统工程，更是天下第一难的工程。由于社会上对这些人员的偏见，甚至歧视，社区矫正人员和回归社会的刑释解教人员成了弱势群体，这就给矫正和安置帮教工作带来了很大的难度。维护社会稳定的工作任务相当繁重，靠司法所去唱"独角戏"或包"天下"显然行不通。因此，社区矫正和安置帮教工作必须走依靠群众的路子，齐抓共管，形成合力，构建新的防控平台。因此实施"法务前沿工程"，能充分整合、调动村(居)委会的有效力量，发挥群众的力量推动两项工作的开展。

（三）是提高司法行政基层工作效率的需要。从现状看，基层司法所工作都是社会性工作，其工作客体都在基层、社区、企业、村(居)委会，虽然这些基层单位都有人管这些事务，但大多数是有其名而无其实，未能真正发挥出基层司法所触角广、信息灵、情况熟的优势。因此，实施"法务前沿工程"，将司法行政职能与村、居委会工作有效对接，基层司法所通过指导、管理辖区内的法务工作站，使之成为刑释解教人员的"帮教站"、社区矫正对象的"监督站"、掌握社情民意的"联络站"、化解矛盾纠纷的"调解站"、普法工作的"宣讲站"、外出务工农民工维权的"维权站"，有利于提高为社会服务的水平，增强群众对司法所的信任和支持，促进司法所工作更顺利开展。能实现执政为民的要求，增强司法行政基层工作的活力。

四、运作机制

在村(居)委会设立法务工作站，站长由村(居)党支部书记或村(居)委会主任兼任，副站长由调委会主任兼任。实行法务工作站与调委会一套人马两块牌子，其日常工作由副站长负责，作为司法干警的辅助人员，在司法所的管理和指导下开展基层司法行政工作，建立村一级工作平台，使村一级工作有人管事且能够管事，形成县、乡(镇)、村(居)三级司法行政工作网络。

(一)服务范围

1. 提供法律法规政策书籍借阅；

2. 做好矛盾纠纷排查化解的工作；

3. 对本辖区内刑释解教人员、社区矫正对象进行监督管理和帮教感化工作，预防减少重新犯罪；

4. 开展以案说话和法制讲座活动，提高村民法律素质；

5. 为外出务工农民解决涉法问题维护其合法权益；

6. 为经济困难的农民提供法律援助。

(二)司法所责任人职责

1. 加强对法务工作站人员的业务培训和业务指导工作；

2. 帮助法务工作站建立和健全工作台账，指导他们建立规范档案；

3. 指导和管理法务工作站的日常工作；

4. 开展对法务工作站的工作检查和考核工作。

(三)法务工作站职责

1. 对村级法律图书室的日常管理；

2. 按照安排开展矛盾纠纷排查工作；

3. 积极调处各类矛盾纠纷，确保一般矛盾纠纷不出村；

4. 开展法律进农户活动，组织村民学习法律法规和国家政策，提高村民法律素质；

5. 对本村刑释解教人员开展帮教活动，协助解决他们工作生活中的实际问题；

6. 监督管理本村社区矫正对象，及时反映他们的活动情况；

7. 帮助外出务工人员联系法律服务人员解决其涉法问题，

维护农民工合法权益；

8. 帮助村(居)民联系公证服务；

9. 为经济困难的村(居)民联系法律援助服务；

10. 定期上报工作开展情况，按时上报各种报表和材料。

(四)村级工作平台

1. 总的要求是有办公室、有牌子、有办公桌椅等办公条件。

2. 人民调解工作：

(1)达到"五有"、"四落实"、"七上墙"；

(2)简单纠纷有登记，一般纠纷有档案、有纠纷排查登记。

3. 安置帮教工作：有帮教对象花名册，有帮教活动记录。

4. 社区矫正工作：有矫正对象花名册，有监管活动记录。

5. 普法工作：有普法对象花名册，有集中学习记录。

6. 维权工作：有外出务工人员花名册，有联系记录。

从这份原始记录中，我们可以看出当时还只是从司法行政服务的角度来设计法务前沿工程，只是到了 2010 年才开始从社会管理的角度来实施法务前沿工程，不过从今天社会治理的角度来看，它确实具有农村社会管理和社会治理的特色。

(2)法务前沿工程的试点。基于现实的需要和理论的支持，罗田县司法局于 2008 年 6 月在总结实践经验的基础上，结合农村社情和新农村建设的有关要求，提出了法务前沿工程，并开始在两个乡镇试行。

罗田县司法局选取了河铺镇和胜利镇作为试点镇，在这两个镇之下又分别选取了两个村作为试点。试点村必须具备这样的两个条件：第一，村干部热心负责；第二，村内拥有一定的物质基础，比如办公条件、活动经费等。试行半年，在司法部门的积极组织及相关部门的主动配合下，法务前沿工程取得了显著的成效。之后，罗田县开始在河铺、匡河、白庙河、胜利等乡镇进行试点，探索出了法务前沿工程一个比较规范的运行模式就是：乡镇司法所依托各村

(居)自治组织建立法务工作站，与两委(村支部委员会和村民委员会)实行一套人马两块牌子，由两委主要负责人兼任站长，与法务前沿工程志愿者和其他社会力量一道，在司法所指导下，开展本辖区法制宣传教育、人民调解、社区矫正、帮教安置、法律援助和法律维权等工作，使基层司法行政工作社会化。形成了上有司法所干警，下有村民组长、中心户以及社会志愿者参与的工作格局，在没有根本性地改变机构和人员情况下，用同样的人力物力财力为群众办更多的实事。

2. 法务前沿工程的发展与发展瓶颈阶段

在试点工作取得成功经验的基础上，2008 年 12 月 5 日，县委、县政府、县人大以及县政协相关领导在河铺镇肖家垸村举行启动仪式，在全县启动法务前沿工程，2009 年初，为了进一步开展法务前沿工程，罗田县司法局邀请武汉大学社会学系有关专家来罗田县调研，为此社会学系的教授和研究生一行 6 人专程深入罗田县进行了为期一周的调研，对法务前沿工程实施一年多的情况写出了《新农村建设中司法行政部门的创新管理机制：基于罗田县法务前沿工程的调查报告》，该报告主要就法务前沿工程提出的背景、运行机制及创新性、主要做法和试点效应进行了客观描述，并在充分肯定法务前沿工程实施意义的基础上提出了建议，为法务前沿工程在全县的推广提供了理论支撑。县委、县政府采纳了这一报告，并将法务前沿工程写入政府工作报告。2009 年 3 月，省司法厅汪道胜厅长等到罗田县调研，对罗田县实施"法务前沿工程"的做法给予了肯定。2009 年 5 月 15 日，县委办公室、县政府办公室印发《关于成立县"法务前沿工程"领导小组的通知》①，县级法务前沿工程领导机构的建立，意味着法务前沿工程正式纳入到制度化的轨道开展。5 月 18 日罗田县召开了"全县全面推进法务前沿工程动员大会"，在会议上县委副书记、政协主席兼法务前沿工程领导小组组长刘华强先生指出："我县法务前沿工程经过一年多的试点后，

———————

① 参见罗田县司法局内部资料汇编：《法务前沿工程理论与实践》，2011 年，第 84～86 页。

已于今年进入全面实施阶段。经县委、县政府研究决定，今天召开全面推进法务前沿工程动员大会，主要目的就是要让大家进一步认识法务前沿工程的重大意义，增强大家抓好法务前沿工程的信心和决心，进一步推动法务前沿工程的全面实施。"①省司法厅的蒋万彪处长、黄冈市司法局的殷怀中副局长出席了大会并做了讲话。这一新的治理模式引起了新华社记者方政军先生的注意，他写了报道发表在 2009 年 7 月 23 日的《国内动态清样》上，当时担任湖北省委书记的罗清泉先生作出了批示(见图 3.1)：

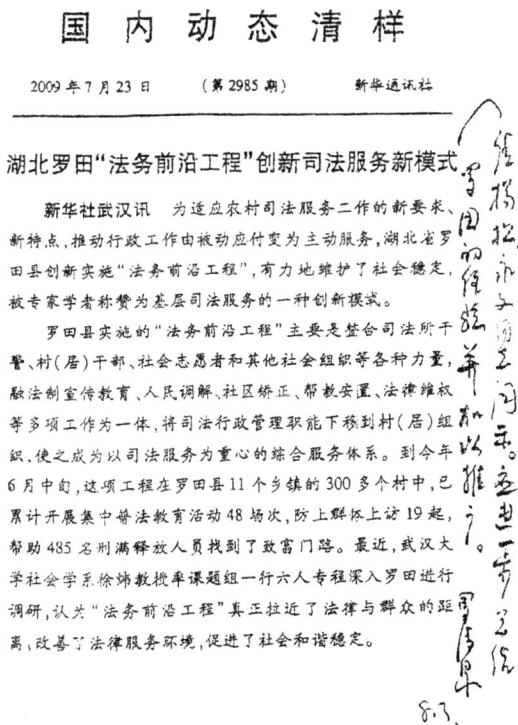

图 3.1

---

① 　参见罗田县司法局内部资料汇编：《法务前沿工程理论与实践》，2011 年，第 101~109 页。

法务前沿工程实施以来，在维护农村社会的安全稳定方面取得了突出成绩。到 2009 年底为止，全县 412 个村（居）均建立起了法务前沿工作站，还聘用 6000 多名法律服务志愿者作为村湾、社区一支快速有效的法律服务和社会治理的力量。为了建设这支队伍，法务前沿工程有计划地对志愿者进行法律知识和调解技能的培训，从 2011 年 6 月开始，武汉大学法学院组织专家、教授 20 余人对法务前沿工程的志愿者进行免费培训。培训班分 4 期进行，每期 3 天，共有 450 人受训。这使农村普法依法治理由虚变实，使人民调解由繁变简，法律服务由难变易，社区矫正和帮教安置工作由"独"变"合"。法务前沿工程以村（居）组织为依托，整合司法所干警、村干部、社会志愿者等多种力量，在村（居）一级建立司法前沿工作站，面向人民群众全面开展法制宣传教育、人民调解、社区矫正、安置帮扶、法律维权等工作，将矛盾化解在基层，化解在第一时间，以实现小事不出村、大事不出镇（乡）、矛盾不上交的目标。

2010 年 8 月，湖北省司法厅决定结合全省基层司法行政工作实际，在继续完善乡镇（街道）司法所"一所三中心"工作运行机制的基础上，深入推进村居、社区法务前沿工程建设，充分发挥司法行政机关在服务社会管理创新工作中的独特优势。这一决定也意味着法务前沿工程在全省的推广。

法务前沿工程是应对社会形势而产生，较好地解决了农村社会的矛盾和问题，并与中央的社会管理的要求保持了高度的一致性。因而它一产生，就被媒体关注，进而引起了巨大的社会反响。

首先受到村（居）民的欢迎。法务前沿工程开展三年多来，成绩斐然，受到广大村（居）民的认同和欢迎。罗田县全县 412 个行政村全部成立了法务前沿工程工作站，聘请了 6000 多名志愿者。各乡镇司法所每月组织志愿者开展一次法律政策知识、纠纷调解技巧等业务培训。一些志愿者介绍说："党委政府、人民群众这么看得起我们，我们怎能辜负期望呢？"每次培训回来，先用垸①里的墙

---

① 注：罗田县一些村庄的土叫法，就是"村"的意思。

报宣传，平时利用走亲串户的机会，用亲情纽带，心贴心地劝说，发现思想疙瘩，及时讲理说法、化解纠纷，有时解决不好的大的纠纷与包片的村志愿者和乡镇司法干部商量并协助解决。一些村干部欣喜地说："由于志愿者的参与，我们的调解工作比过去减少了90%以上，使我们从繁重的调解事务中解脱出来，有了更多的时间去帮助群众谋发展。"一些司法所负责人说："有了法务前沿工程工作站，形势大变样。过去我们的主要工作是矛盾纠纷调解，现在由于调解工作量减少了，基层志愿者帮助畅通了外出务工人员维权信息，我们现在的工作重心是志愿者业务培训和为外出务工人员开展法律援助。"

罗田县河铺镇一位老信访户文某的问题，就是在法务前沿工程实施以后，经志愿者的帮助才得以解决的。文某因一起冤假错案而蒙受了不白之冤，从而走上了漫长的上访之路。十二年来，他只要能放下锄头，就不断地到县、到省市上访，甚至在上访地过了三个春节，家也被他折腾得一贫如洗。2008 年 6 月，该村成立法务前沿工程工作站后，工作站志愿者文盛志主动上门劝告他不要一根筋地去讨要说法，要一门心思谋发展，用成功证明人生价值。一席话让文某醍醐灌顶，回味良久。文盛志因势利导，邀请他到自己开办的砖厂做工，一个月给他 1000 多元的工资。现在，文某精神解放了，心情愉快了，人也活跃了。他在亲友和乡邻的帮助下，盖起了新房。"多亏了你上门做通我的思想工作，让我放弃了十二年来一心想讨说法的顽固思想，还为我谋了份差事，才让我能住上这么好的房子。"文某对前来祝贺他乔迁之喜的该村法务前沿工程工作站志愿者文盛志激动地说。解决老信访户文某的问题，是罗田县成功实践法务前沿工程、维持基层社会秩序、服务新农村建设的证明。

其次，获得中央、地方政府部门的重视与肯定。法务前沿工程作为一项创新的社会管理工程，受到各级部门的高度重视与肯定。司法部长吴爱英先生明确表示："罗田县法务前沿工程的经验很好，创新了基层司法服务的新模式，很值得学习、借鉴。"前省委书记罗清泉表示："应进一步总结罗田县的经验并加以推广。"①

在全省加强司法所工作机制建设深入推进三项重点工作现场会上，司法部副部长陈训秋等领导先后作出批示，罗田县法务前沿工程是基层维稳工作的好模式，搭建了司法服务的新平台，值得学习推广。湖北省司法厅厅长汪道胜在大会上指出，罗田县实施的法务前沿工程符合湖北的实际，代表了司法行政工作的发展方向。

2011年3月26日至27日，司法部基层司副司长王学泽在省司法厅党委委员、副厅长刘治安，黄冈市司法局副局长殷怀中等陪同下，调研了罗田县法务前沿工程建设情况。王学泽同志在调研后，充分肯定了罗田县的法务前沿工程工作经验。他认为，法务前沿工程作为一项社会管理创新性工程，符合胡锦涛同志关于加强和创新社会管理的重要讲话精神，切合了三项重点工作的新要求，围绕中心，紧扣大局，具有前瞻性，是司法行政工作的一大创新，同时做到了理论支撑先行，工作常抓不懈怠，值得总结推广。

此外，引起学术界的关注及参与。罗田县法务前沿工程从先期试点到全面铺开，引起了许多专家学者的广泛关注。武汉大学资深教授李龙同志对法务前沿工程给予高度评价："法务前沿工程是罗田县的光荣，也是湖北省的光荣。"华中师范大学政治学研究院院长、中国问题研究中心主任、湖北省政治学会会长徐勇教授，省社会科学院院长宋亚平等专家也对法务前沿工程的探索和实践进行调研并给予了高度评价和肯定。徐勇教授指出，法务前沿工程是罗田县司法局的一项创新性工作，它通过搭建村(居)一级工作平台和广泛吸纳社会志愿者参与，变被动服务为主动介入，不仅使基层司法行政机关的各项职能得到更加充分的发挥，而且使广大城乡多了一个纠纷苗头的探测器，矛盾冲突的减压阀，社会动态的预警仪。法务前沿工程同时得到武汉大学社会学系主任朱炳祥教授的高度肯定："法务前沿工程是对中国传统社会结构的深度洞察的创新。"

最后，新闻媒体也广泛报道。新闻媒体对罗田县实施法务前沿

---

① 参见罗田县司法局内部资料汇编：《法务前沿工程理论与实践》，2011年，第7页。

工程给予众多好评，到目前为止，共有包括《人民日报》、《光明日报》、新华社、中央电视台、《法制日报》、《湖北日报》、湖北电视台、《黄冈日报》等近30家媒体多次报道法务前沿工程。如新华社《国内动态清样》第2985期刊登了《湖北罗田法务前沿工程创新司法服务新模式》一文，介绍了罗田县开展法务前沿工程的做法和成效。司法部基层工作指导司的《基层工作简报》2009年10月第16期(总第358期)刊登了《湖北省罗田县"法务前沿工程"创新司法行政工作新模式》，司法部常务副部长陈训秋同志作了批示："我也看到罗田经验的报道，请你们进一步研究探索，推广成功经验。"①

但是到了2012年5月，由于人事变动，王国强先生不再担任县司法局局长，罗田县法务前沿工程实际处在一种后续发展乏力的状态，没有人说不做或否定，但也没有进行，牌子还在挂着。今天(2014年8月25日)在罗田县司法局的官网上仍然挂着"省司法厅厅长汪道胜来我县调研法务前沿工程"②的新闻，但调研的时间是2011年9月29日，在其后更新的网页内容中再见不到法务前沿工程的影子。既然是前几年县委、县政府下文成立了领导机构，又大张旗鼓地开了动员大会，全县推行法务前沿工程，怎么一转眼又销声匿迹了？笔者百思不得其解，一筹莫展。2012年6月，笔者曾作为子课题负责人参加罗教讲教授申报的国家社科基金重大项目(第二批)《农村社会管理创新的地方实践探索：法务前沿工程经验研究》，但最终未获批准，本来欲借此研究推动中国社会治理理论和实践，特别是法务前沿工程的发展，本人负责评估指标体系的构建，表3.1是笔者设计的"法务前沿工程绩效评估指标体系"，意欲科学地评估法务前沿工程的实际效果，但未能如愿。罗田县法务前沿工程的后续发展乏力的原因复杂，实质反映了中国社会治理存在的问题和逻辑，将在第四章讨论。

---

① 参见罗田县司法局内部资料汇编：《法务前沿工程理论与实践》，2011年，第9页。

② 参见http://www.ltbtv.com.cn/ltsf/。

表 3.1　　　　　　**法务前沿工程绩效评估指标体系**

一级指标	二级指标	三级指标	指标说明
制度指标	规范指标	有无标准规范	反映规范建设的成熟程度
		规范是否成文	
		责任是否明确	
		规范是否"上墙"	
	机构指标	工作站成立时间长度	反映社会治理主体机构、组织对法务前沿工程的支持力度
		站内工作人员数量	
		工作站内部分工程度	
		工作站站长每日投入"法务前沿"工作的时间长度(平均)	
		志愿者数量	
		司法所指导工作站业务频率	
		非正式机构(社会组织)数量	
		对于社会人员的吸纳	
参与指标	党委参与(领导)指标	"人代会"提及频率	反映党委参与程度
		"党代会"提及频率	
		相关活动做批示、到场参与、发表讲话的频率	
	政府参与(负责)指标	反馈下层提出问题的数量	反映政府参与程度
		经费支持数目	
	社会参与指标	参与企业数量	反映社会参与程度
		参与事业单位数量	
		参与社会组织数量	
		参与社会精英数量	
	村民参与指标	"普法"参与率	反映村民参与程度
		法律援助参与率	
		人民调解参与率	

续表

一级指标	二级指标	三级指标	指标说明
绩效指标	预防指标	安置帮教参与率	反映法务前沿工程的预防能力
		"普法"率	
		预防群众上访事件数量	
		防止群众械斗事件数量	
		防止民转刑案件数量	
		防止民间纠纷引起自杀案件数量	
		矛盾纠纷排查次数	
	调处指标	调处纠纷案件数量	反映法务前沿工程对于"失序"事件的处理、解决能力
		法律服务案例数量	
		安置帮教"两劳"回归人员数量	
		帮助服刑人员解除矫正案例数量	
		民事案件调解成功率	
		刑事发案率	
		信访案件数量	
		出县上访人数	
认同度指标	党委认同度指标	县级党委认同度	反映党委的认同程度
		乡镇级党委认同度	
		村(居)党支部认同度	
	政府认同度指标	县级政府认同度	反映政府的认同程度
		乡镇级政府认同度	
		其他各部门(公、检、法、司)认同度	
	社会认同指标	企业组织认同度	反映社会的认同程度
		事业单位认同度	
		社会组织认同度	
		社会精英认同度	
	村民认同度指标	是否知道法务前沿工程的名称	反映村民的认同程度
		是否了解法务前沿工程的职能	
		主动寻求工作站帮忙的意愿	

一级指标	二级指标	三级指标	指标说明
满意度指标	党委满意度指标	县级党委满意度	反映党委的满意程度
		乡镇级党委满意度	
		村(居)党支部满意度	
	政府满意度指标	县级政府满意度	反映政府的满意程度
		乡镇级政府满意度	
		其他各部门(公、检、法、司)满意度	
	社会满意度指标	企业组织满意度	反映社会的满意程度
		事业单位满意度	
		社会组织满意度	
		社会精英满意度	
	村民满意度指标	村民对法务前沿工程机构(包括志愿者)的满意度	反映村民的满意程度
		村民对法务前沿工程其他参与主体(党委、政府)的满意度	
		对工作站给予的帮助的满意度	

二、法务前沿工程的工作模式

法务前沿工程经过 3 年的发展，形成了固定的运行模式(见图 3.2①)，概括起来，主要有以下做法：

(1)构建组织网络，搭建工作平台。该县在全县各村(居)组建法务工作站，由司法所干警担任法务工作站业务指导，法务工作站与"两委"一套人马两块牌子，"两委"主要负责人兼任站长，与人民调解员、社会志愿者一道作为司法行政干警的辅助人员，在司法

---

① 该流程图是笔者依据法务前沿工程照片重新绘制的。

法制宣 纠纷、治安、 法律援助 法律维权 公证和其他法律 矫正对象
传教育 信访信息采集 需求收集 需求收集 服务需求收集 协管刑释
解救人员
帮教

组织村（居） 法务前沿工程 协助监督
民学法用法 志愿者 管理帮助
提高村（居） 教育感化
民法治意识

信访事 治安事 纠纷调解 法律维权 公证服务 发现监管教
件处理 件处理 法律援助 需求反馈 需求反馈 育不力苗头
需求反馈

处理 处理 调解
未果 未果 未果

法务前沿 纠纷 制作人民调解
工作站 调解 协议书或填写
简易纠纷登记

涉村（居）委 回访
会政策事项 法律援助需求 社区矫正对象
纠纷调解未果 法律维权需求 安置帮教对象
治安事件处理未果 公证服务需求 有不正常苗头
信访事件处理未果

乡镇党委政府 司法局 处信 司法所 治 公
理访 安 安
未事 事 机
果件 件 关

行政 行政执 多部门 民事纠纷 疑难涉 司法局 人民法院
调解 法部门 纠纷 法纠纷

行政调解未果 人民调解未果 人民调解 司法调解未果 司法调解

启动"三长"联调机制 调查取证组织调解

调解未果，告知按司法程序办理 制作调解书 资料回档 回访

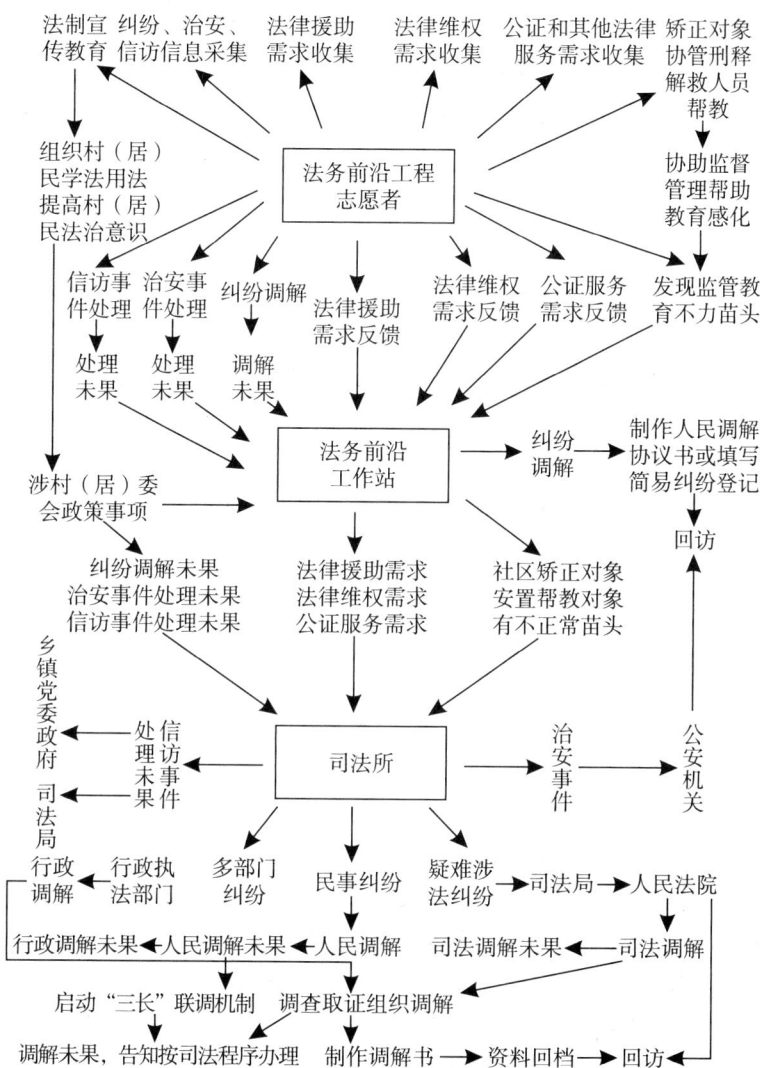

图 3.2 法务前沿工程工作流程图

所干警指导下，开展八项工作：开展矛盾纠纷排查调处，确保小纠纷不出组，大纠纷不出村；组织村民学习法律法规和国家政策，提高村民法治意识；对本村（居）刑释解教人员开展帮教活动，协助

解决生产生活实际问题；协助监督管理本村（居）社区服刑人员，及时反馈活动情况；帮助本村（居）外出务工人员联系法律服务人员，解决涉法问题，维护农民工合法权益；帮助村（居）民联系公证服务；为经济困难的村（居）民联系法律援助服务；定期上报工作进展情况。到目前为止，全县412个村（居）全部建立了法务工作站，形成了遍及城乡的基层工作网络。

（2）广纳社会精英，聚集治理力量。警力有限，民力无穷，基于该县根据农村面大人多、乡镇村维稳人手太少的实际，把村民信任的老党员、老干部、老教师、老战士、德高望重老人和热心服务群众的个体工商户吸收成为法务前沿工程志愿者。到目前为止，全县共选聘志愿者6000多名，这些志愿者通过培训以后，成为所在村湾的"明白人"，与乡、村干部一道，广泛宣传法律知识，积极调解邻里纠纷，主动反馈各种信息，热情做好矫正帮教工作，成为村湾、社区一支快速有效的社会治理工作力量。为了激发志愿者的积极性，该县还选聘优秀的法务前沿工程志愿者转任公益性岗位，担任司法协理员。目前已落实公益性岗位50多个，形成了法务前沿工程志愿者队伍建设的长效机制。

（3）规范运作方式，确保治理实效。为了使村居法务工作站真正发挥作用，该县把村居法务工作站点建设纳入基层党组织五个基本建设内容，加强了村居法务工作站规范化建设，各村（居）法务前沿工程总体工作要求均达到"五有"（有牌子、有章子、有工作台账、有办公室、有基本办公设备）、"两上墙"（法务工作站职责、法务前沿工程基层维稳流程图）、"一项工作台账"（法务前沿工作站工作台账）。村（居）工作站的作用得到进一步发挥。

（4）加强培训学习，提升队伍素质。为深化法务前沿工程建设，该县集中对全县12个乡镇中心学习组和412个村进行了拉网式培训，累计开展集中培训活动1236场次，44余万人接受了普法和法务前沿知识教育，形成了良好支持和参与法务前沿工程建设的氛围。与此同时，罗田县委组织部、县委政法委、县司法局、县人力资源与社会保障局和武汉大学公益发展法律研究中心联合举办了法务前沿工程农村法律实务培训班，对全县450名法务前沿工作站站长和志愿者进行了集中脱产培训，有效提升了法务前沿工程队伍的素质，调解矛盾纠纷，维护基层稳定的能力大幅度提高。

（5）加强组织领导、健全工作机制。为了加强对法务前沿工程建设的领导，罗田县成立了高规格的"法务前沿工程"建设领导小组，出台《实施法务前沿工程意见》，将"法务前沿工程"实行"五纳入"，即将法务前沿工程工作纳入县委、县政府对各乡镇年度综合检查考核内容，纳入社会治安综合治理目标考核内容，纳入对乡（镇）村（居）干部绩效工资挂钩内容，工作经费纳入综治维稳经费范围，法务前沿工程建设作为专项纳入全县性大会表彰范围。建立起由县委、政府统一领导，司法行政部门主抓、相关部门配合、乡镇村具体实施的工作网络。

（6）明确责任分工，形成工作合力。该县明确规定了司法、行政、公安、法院、检察院、民政、宣传等相关部门以及各乡镇在法务前沿工程建设中的责任：要求县司法局加强对法务前沿工程建设的指导、总结、推广典型经验；要求县公安局积极配合加强对社区服刑人员的帮教监管工作；要求法院加强诉调对接，切实提高人民调解协议的采信率；要求民政部门积极解决社区服刑人员和安置帮教对象生活中的实际困难，将符合低保条件的社区服刑人员和安置帮教对象纳入低保，加大对"三无"（无家可归、无业可就、无亲可投）帮教对象的关注力度，做好社会救济；要求宣传部门加大宣传法务前沿工程建设力度，广泛宣传法务前沿工程的内容、作用、重要意义和成功经验，提高干部群众认识。各相关单位认真落实县委、县政府的要求，积极参与法务前沿工程建设，县组织部、县人力资源与社会保障局、县司法局联合发文，就村（居）法务前沿工作站长选任、优秀法务前沿工作站长落实公益性岗位、法务前沿工程志愿者培训以及村（居）人民调解委员会换届有关问题进行规范，确保村（居）"法务前沿工程"队伍稳定。县法院与县司法局联合发文，就诉讼与调解工作的对接、非监禁刑审前社会调查相关问题进行规范，县公安局、法院、检察院、民政局、司法局、人力资源与社会保障局联合发文，进一步明确各单位社区矫正工作职责。县总工会、县妇联、残联、青联、民政局、司法局等单位联合发文，加强法律援助和维权工作的协作和配合，确保社会弱势群体得到更加普惠的法律援助和法律维权。

三、法务前沿工程的实施效果

法务前沿工程之所以具有上述巨大的社会反响，引来各方面一片喝彩声，其原因是该工程的实际社会效果作用的结果。它的实施满足了农民、农村社区以及社会的发展需求，并带来整个农村社会的转型，具有积极的社会效果。具体来说，它的实际效果体现在以下四个方面：

（1）增强农民法律意识，满足其维权需求。传统农村社会有其自身的管理与运行机制，乡土性造就了农村社会人情、礼治的社会规范，并使用家长式的人治手段进行管理。现代法律是国家制定或认可的，由国家强制力保证实施的，以规定当事人权利和义务为内容的具有普遍约束力的社会规范，在树立公民意识、维护公民权利方面的作用日益凸显。随着市场化和现代化进程的不断推进，农村单纯的乡土性社会规范不能满足农民维护自身权利方面的需求，亟需现代法律在农村发挥其应有的作用，规范农民社会行为，调解农村社会关系，化解农村社会问题，维护农村社会秩序，使农民权益得到保障。法务前沿工程立足于农村社区，开展法律宣传、人民调解、安置帮教、社区矫治、法律援助、法律服务等工作，同时结合实际情况，用情与法相结合的方式解决纠纷，满足农民各方面的维权需求。

自法务前沿工程实施以来，罗田县开展集中普法教育活动 548 场次，参加普法的对象达 14.9 万人；共办理法律援助和维权案件 720 余件，为当事人避免和挽回经济损失 7000 多万元。法务前沿工程大大扩展了法律援助对象的范围，致力于拉近法律服务与群众的距离，有效地解决了群众打官司难的问题，保障了法律的正确实施和当事人的合法权益，维护了社会公平正义。例如，凤山镇龚家河村村主任就是法务前沿工程的真实受益者。该村主任是半脱产的村干部，经营副食店多年，每年都会因为食品卫生受到或多或少的惩处，今年再次因购入食品包装质量不过关而受罚。而通过法务前沿工程志愿者培训后，他就食品厂家的包装质量不过关问题向工商局提出投诉，最终解决了自己受冤的问题。其后，该村主任言传身教，向村民宣传法律观念，增强农民的维权意识。

法务前沿工程通过一系列的普法宣传活动和法律援助工作，使农民认识到法律的重要性，并运用法律武器维护自身的合法权益，通过这一过程，法律逐渐走入农村社会，并发挥规范农民行为、维护农民权益的作用。

（2）化解纠纷，维持农村社区和谐。传统农村社区中的人际关系是一种熟人社会中生于斯、长于斯的较亲密的，面对面互动的关系，各类矛盾纠纷发生时，家长式的统治与压制是一般的处理方式和手段。随着农村现代化的发展，过去的那种亲密关系发生了变化，淡化感与疏离感逐渐渗入其中，各类纠纷和矛盾的发生仅用传统的方式无法取得原有的效果，在法律框架内结合传统的、带有人情味的、人性化的问题解决方式能得到更好的效果，这也为法律深入农村留下了广阔的空间。正是在这种背景下，法务前沿工程通过建立村（居）工作平台，进行法制宣传并形成多方参与、传统与现代手段相结合的纠纷解决机制，把纠纷苗头化解在最初期、最基层，把农村矛盾激化率降到最低限度，以实现小事不出村、大事不出镇（乡）、矛盾不上交的目标，维护农村社会秩序，保证和谐、稳定发展。

法务前沿工程实施以来，累计开展矛盾纠纷排查 4769 次，受理和调处各类纠纷 14876 件，防止群众上访 98 起，防止群体械斗 58 起，防止民转刑案件 160 件，防止民间纠纷引起自杀案件 54 起，安置帮教"两劳"回归人员 648 人，帮助 91 名社区服刑人员顺利解除矫正。2011 年，全县民事诉讼案件与上年同期相比，减少 14.5%，民事案件调解成功率提高 21%，刑事发案率下降 5.7 个百分点，信访案件下降 10 个百分点，出县上访人数下降近 20 个百分点。在前期试点的匡河、白庙河、河铺三个乡镇，2009 年 1 月至 6 月信访件比 2008 年同期分别下降了 55.6%、100% 和 50%，出镇

(乡)上访人数分别下降了93.8%、100%和66.7%。[①] 人民调解工作的展开，化解了多数村内小型纠纷，防止矛盾扩大化，将问题解决在萌芽状态，保证农村社区稳定和谐。例如，土门坳村两户村民之间的纠纷就是通过法务前沿工程的调解得到了化解。甲户的加工工厂炭灰轻微污染了下方乙户的菜园导致争吵斗殴，纠纷发生后，志愿者立即与村主任取得联系并随即展开调解工作；该志愿者是村里的老干部，在小组中威望较高，他对双方当事人进行疏导劝说，并结合法律知识讲解矛盾扩大的后果，避免矛盾的进一步激化，甲户最终同意向乙户道歉并赔偿医药费，乙户也在志愿者陪同下就打架伤人问题向甲户道歉，两户人家冰释前嫌、和好如初；其后，双方当事人均表示志愿者与村委会的调解很公正、很满意。

通过实施法务前沿工程，在法务前沿试点村，出现了"四多""四少""四无"的良好局面。即遵纪守法的群众增多，违法犯罪的明显减少；群防群调队伍增多，民转刑案件明显减少；爱岗敬业的民调干部增多，违法乱纪的明显减少；注重预防的增多，可防性案件明显减少。无重大恶性刑事案件，无重大纠纷引起灾害事故，无重大群体械斗事件，无重大群体上访事件。农村社区稳定与和谐得以实现。

(3)创新社会管理模式。随着社会现代化进程的不断推进，农村社会自古以来传统的人情、礼治管理方式表现出其局限性，法务前沿工程将法律意识传播到最基层，使法律观念深入农村人心，并通过多种手段实施，创新了党委领导、政府负责、社会协同、公众参与的社会管理理念，形成农村社会管理多元化、科学化格局，是农村社会管理模式的一大创新，推动农村管理方式逐步实现现代化。

在党委领导、政府负责的社会管理理念指导下，法务前沿工程各项工作的开展，并不是司法部门的单打独斗，在其穿针引线的作用下，相关的职能部门如公安、法院等亦参与其中，协助配合有关

---

① 黄冈市委政研室、市司法局：《一项值得关注的基层维稳新工程——罗田县"法务前沿工程"调查报告》，2011年。

工作，打破传统各部门各司其职的窠臼，提高了职能部门的办事效率，创造性地贯彻党中央党委领导、政府负责的管理理念。当出现的纠纷涉及多家职能部门，且村工作站不能解决时，可上交乡镇司法所，由司法所组织多家部门共同处理事件。例如，凤山镇龚家河村两农户因触电导致雇工死亡，事情发生后，该村综治主任立刻上门了解情况，随后请来凤山镇司法所所长、公安干警等部门人员共同调解，最后顺利化解了矛盾。

　　社会志愿者的参与是法务前沿工程社会管理模式创新的一个亮点，有效解决了农村社会组织缺乏、基层司法所警力不足的问题，把社会协同、公众参与的社会管理理念落到实处。该工程在实施过程中，结合当地农村面大人多、乡镇村维稳人手太少的实际，以及村湾中声望高且热心从事群众工作的人较多的情况，把本地一些与服务对象相熟的精英吸收到维稳队伍中来，成为法务前沿工程的志愿者。这些志愿者作为村里有公信力、有威望的人，进行调解工作往往能起到事半功倍的效果，其行为与态度能影响到村民，并带动村民。以凤山镇土门坳村田地纠纷为例，该村两户因旱天田地水渠排水问题发生冲突，双方各执一词、互不相让。村(居)委会的调解工作也无法顺利进行，后由志愿者出面调停，该志愿者是村里退休的老书记、老干部，受到村民们的信任与尊敬，纠纷双方后经过老干部的疏导劝说，同意化解矛盾，小事化了。罗田县桥南村的情况也是如此，在发生矛盾纠纷时，对于担任志愿者的老党员、老干部的调解工作，村民多表示信服。

　　法务前沿工程的实施最终形成了农村社会管理多元化、科学化格局。社会管理主体实现了由单一党委政府到四个主体的多元化转变，管理方式由控制到服务、粗暴到科学的转变。过去的农村社会管理是由地方党委与政府主管，具体由村民自治组织即村(居)委会执行的。通过在村(居)组织建立法务工作站，由司法所干警担任法务工作站业务指导，法务工作站与两委(村支部委员会和村民委员会)一套人马两块牌子，两委主要负责人兼任站长，吸纳人民调解员、社会志愿者(离退休老干部、老教师、村民代表、无职党员、湾里的明白人)到农村事务管理的格局之中，实现农村事务管理四个主体参与的多元化格局。同时，村(居)委会作为村民自治组织的执行者，以前多以协助国家进行农村事务管理为主要工作，尤其在 2005 年国家取消农业税之前，村(居)委会在农村的管理地位是绝对控制的、粗暴的。自农业税取消后，村内各项事务虽仍由村(居)委会主管，但与村民之间的联系及互动明显减少，村(居)委会的职能必须实现向服务型的、以人为本的方向的转变。法务前沿工程为这一社会管理方式的转变提供了平台。通过法律宣传，人民调解、法律援助等一系列法务工作的展开，村(居)委会依法管理农村事务，化解村内矛盾，逐渐树立为村民服务的理念，维护农村和谐稳定。成立村(居)一级的法务工作站使村干部与基层司法工作者自身更加懂法、守法，并同时运用法律手段帮助村民解决矛盾与困难，实现村干部对农村工作由控制到服务、粗暴到科学的转变。

(4)推进农村社会转型。在中国进入整体社会转型的背景下，农村社会转型也随之发生。传统的中国农村社会的自给自足的小农经济，形成了较为封闭的熟人社会环境，一直持续着人治的管理方式与情理的社会规范。现代社会要求农村社会实现由人治向法治的转型，法务前沿工程通过一系列法务工作的开展，吸纳各社会力量，以服务型科学管理为手段，将法律观念深入传播到农村之中、村民生活之中。法务前沿工程是实现农村社会由人治向法治转型的一个抓手，并为其在农村的实施提供一个平台，是推进农村依法治国的一项基础工程。

首先，深化农村法律观念，带动农民观念行为转型。

农村法律意识淡薄、一直依赖"情理"都是中国法律工作的一个问题，在走访中，多数村民表示法律在日常生活中发挥的作用并不大。农村纠纷一般以田地、邻里矛盾居多，在农民看来并无走法律途径的必要，即费孝通在《乡土中国》中所说的"无讼"。但是，在转型时期，农村社会经济发生急剧变化的形势下，仅靠"情理"是无法维持农村社会秩序的，还需要法律规范农民行为、调整农村社会关系。法律作为一种国家强制性的社会规范，是农村情理规范之外的一项必要手段；另一方面，社会经济的不断发展，作为武器维护农民权益，也是法律在现今农村社会中的一个重要角色。法务前沿工程通过法律宣传、司法援助、人民调解等具体工作，改变农民法律观念，树立农民的法律意识，约束农民行为规范，帮助农民维护利益，逐步推进农村社会观念转型。

其次，转变管理手段，促进农村治理方式转型。

人情和礼治一向是农村事务治理的主要手段，随着农村封闭的社会环境被打破，传统的治理方式已不能满足农村管理的需要；依法治国基本国策的推行，要求农村法治社会的建立与完善。法务前沿工程结合农村实际，将人治与法治相结合，在处理农村事务中，既以情理规范，又以法律约束，既要求管理者，也科学管理农民，真正促进农村法治社会的完善，逐步推进农村社会依法治理的治理方式转型。

第二节 法务前沿工程的特点与经验

一、法务前沿工程的特点

法务前沿工程的特点主要有以下几个方面。

（1）创新性。法务前沿工程的创新性主要体现在以下三点：第一是理念创新。社区是党和政府工作的基础和落脚点。该工程在村（居）建立法务前沿工作站，要求公、检、法、司和民政等职能部门的工作向村（居）组织延伸，强化基层一线工作分量，让党和政府的法律、法规、政策和各项法务工作进村入户，这就不仅改变了过去这方面工作头重脚轻的局面，而且促进了政府职能由管理向服务的转变，在全县形成了重视基层基础、贴近群众服务、从前沿一线工作抓起的良好氛围。第二是方法创新。法务前沿工程坚持了综合治理、标本兼治的方针，做到了首先抓教育、抓宣传、抓普法、抓观念，从提高广大人民群众的法律意识、增强遵纪守法自觉性入手抓各项法务工作，以知法促执法，以执法促知法，做到标本兼治、综合治理。实践证明，这种方法符合基层实际，抓住了社会治理工作的关键，解决了过去治标不治本、标也治不好的问题。农村面广人多，情况复杂，单靠人数有限的乡村干部做好社会治理工作确有一定困难，法务前沿工程把各村群众公认的德高望重的"明白人"①网罗进法务工作队伍中来，协助各村干部做好法制宣传、纠纷调解、矫正对象帮扶和有关信息反馈等工作，这不仅较好地解决了乡村干部人手不够、力量薄弱的问题，而且也为一批无职党员、退休干部和热心公益事业的"明白人"提供了服务群众和展现自我社会价值的平台。从实践情况看，这些志愿者非常管用，他们的群众身份和在群众中的威望，使他们在开展群众工作中发挥了其他人很难替代的特殊作用，是社会治理工作中的一股重要力量。第三是载体创新。法务前沿工程对县直各职能部门提出了明确要求，建立了严格的工作责任制，并把乡、村干部的工资与各项法务工作挂钩。县委、县政府法务前沿工程领导小组办公室对各乡镇的法务工作进行定期检查评比。这些办法，做到了有布置、有检查，责任落实，奖惩分明，形成了较强的激励机制，对调动基层干部积极性、创造性，强化社会治理工作发挥了很好的作用。

（2）前沿性。法务前沿工程的前沿性主要体现在以下三个方面：第一，法务前沿工程实施以后，乡镇司法所整合多方力量，立足村（居）委会，把触角延伸到各村落、各小组，近距离地接触村（居）民，零距离地服务群众，第一时间排查化解各类矛盾纠纷，把大量的矛盾纠纷及时地解决在基层与萌芽状态，有利于防止矛盾纠纷的激化，有利于预防和减少犯罪，有利于消除人与人的隔阂，促进村民之间、居民之间、家庭成员之间、个人与单位之间的诚信友爱与团结和睦，使得司法行政工作的触角延伸得更广、更深，真正实现了司法行政工作在基层的全覆盖，体现了司法行政工作高效、便捷、为民的特点。第二，法务前沿工程的实施，有利于基层组织的民主与法制建设。通过法务前沿工程普及法律知识，指导村（居）民依法建章建制，以规章制度治村（居），使村干部依法办事，村（居）民依法维护权益，从而大大减少了矛盾纠纷的发生，不但

---

① 注：当地将明事理的有声望的人称为明白人，也称为"米筛面上的人"。

对社会和谐起到重要的促进作用，更为重要的是促进了基层组织民主与法制建设。第三，法务前沿工程的实施，激发了农民学法、守法和用法的热情，使农村日渐走上依法治村的轨道，为构建和谐新农村添上了浓浓一笔。它拉近了法律和群众的距离，促进了社会和谐。它渐渐改变了过去农民只是法律服从者的状态，使得农民逐步参与到法律运用和法律建设中来，成为法律的主人，使得产生于社会上人与人之间关系规范的法律回归于群众，服务于群众，实现了法律的目的和价值，从而唤醒了基层群众的公民意识，推动了我国现代化进程。

（3）规范性。法务前沿工程的规范性主要体现在以下三点：第一，法务前沿工程的实施全面体现了党委领导、政府负责、社会协同、公众参与、法制保障的社会管理方针。在县委的统一领导下，司法行政机关负责指导村（居）级法务前沿工作站的制度建设和业务建设，建立规范的工作制度和工作程序，达到农村和社区法制宣教、人民调解、社会矫正、安置帮教、法律维权等综合服务的经常化、及时化、高效化与规范化；法务前沿的志愿者队伍全面吸纳村（居）退休老干部、老教师、德高望重的老人、中心户长、无职党员等基层群众；村（居）法务前沿工作站工作人员和社会志愿者积极接受来自高校教师和基层司法所的法律培训，然后对全体村（居）民进行普法宣传教育。第二，法务工作站的规范性。基层司法行政机关承担着法制宣传、人民调解、帮教安置、社区矫正、法律援助、法律服务等多项职能，在建设民主法治、公平正义、安定有序、人际和谐的社会主义和谐社会中具有独特的作用，作为和谐社会建设的重要参与力量和保障力量，成为构建和谐社会的主力军。近年来，罗田县司法局实施法务前沿工程，即是在充分发挥基层司法行政机关所担负的职能、服务和谐社会方面进行了一些有效的探索。他们以村（居）民自治组织为依托，整合乡镇司法所干警、村干部、社会志愿者等各种力量，打造融法制宣传教育、人民调解、社区矫正、帮教安置、法律援助和法律维权等多项工作为一体，将司法行政服务职能延伸到村（居）级的综合服务体系。通过这个体系，将基层司法行政职能与村（居）民自治相结合，把工作的面延伸到基层，把信息的触角延伸到千家万户，近距离地进行法律宣传，零距离地服务群众，第一时间排除化解各种矛盾纠纷。第三，法务前沿工程实施内容与程序的规范性。在法务前沿工程实施之前，我国农村社会所注重的传统的"礼"在维护农村社会日常秩序的过程中起着重大作用，村(居)委会对农村社会的管理以及村民之间矛盾的解决方式经常出现合理不合法的情况，使得矛盾纠纷的解决不够彻底、高效，农村邻里关系不够和谐，村民对村(居)委会的信任大打折扣，农村社会的安全与稳定得不到有效的保证。法务前沿工程实施以来，通过对村干部和志愿者的法律培训以及对村(居)基层群众的普法教育，提高了整个农村社会的法律意识，过去那种野蛮的、只合理不合法的互动方式被抛弃，取而代之的是既合情合理又合法的科学高效互动模式，村干部懂得运用合情合理合法的手段维系农村秩序，村民也学会运用法律武器维护自身权益。过去农村中常出现的打架、偷窃、报复等行为一去不复返，村(居)民与村(居)委会的关系逐步改善，农村社会的秩序得到了有效保障。法律与农村传统的"礼"达到了和谐统一，共同致力于维护农村社会的秩序维持，是建设和谐社会和新农村的重要一步。

二、法务前沿工程的经验

从上述法务前沿工程的社会反响和社会效果来看，罗田县的法务前沿工程成功地探索出了一种社会治理的新模式。那么它的创新点在哪里，也就是它的成功经验有哪些，它的实施对农村社会与中国的发展会产生怎样的影响，这就需要理论总结和挖掘。经过深入研究，课题组总结出以下成功经验。

罗田县法务前沿工程的主要成功经验可以概括为三条：

第一，村(居)平台(社区)是实施社会治理(法务前沿工程)的最佳场所，为社会治理的四种主体提供了治理活动的基本舞台。发达国家社会治理的经验表明，社区是实施社会管理的基本单位和最重要载体。同时，罗田县地处山区，交通不便，且村落之间分布较为分散，这无形之中增加了县、乡两级政府对基层农村社区的治理难度。在现有体制下，农村社区（村）由于经费与人员的限制，以及指导思想方面重视经济建设而忽视社会治理的重要性，造成农村社会治理的缺位与不及。罗田县法务前沿工程的设计者与领导者正是充分认识到社区在社会治理中的重要性以及罗田县农村社区的基本特点，着力打造法务前沿工程的村（居）平台，充分发挥社区在社会治理中的重要作用。村（居）一级法务前沿工作平台的建立，使社会治理的空间距离由远变近，社会治理不再远离社会，服务（社会治理）就在农村之中和农民身边，社会治理的心理距离被拉近，由"他们"而"我们"。社区居民也是治理的主体，而不再仅仅是被治理的对象，只要"我"愿意和有能力也能成为治理中的一员，从而使社会治理工作由"难"变"易"。

法务前沿工程村（居）工作平台的工作人员主要来自三个方面。一是司法所干警，二是村（居）干部，三是人民调解员与社会志愿者。人民调解员与社会志愿者一般由村离退休老干部、老教师、村民代表、无职党员与村里"明白人"组成，他们是法务前沿工程中最为骨干的力量。村内纠纷都会由他们经手——对于能够解决的小纠纷，他们会积极化解于湾内，对于大一些的纠纷，他们会及时向上汇报，做好信息传达、矛盾化解的中间人。同时，他们也会在日常生活中对村民进行法律宣传，协助做好安置帮教与社区矫正，为村民提供法律咨询服务。法务工作站与"村两委"（村支部委员会和村民委员会）一套人马两块牌子，"两委"主要负责人兼任站长，村干部在工作平台中起承上启下的枢纽作用。他们一方面对志愿者和人民调解员化解不了的纠纷进行调解，并对调解员进行法律培训，定期对村民进行法律宣传；另一方面反馈平台工作信息，并接受司法所的工作指导。司法所干警由国家公职人员构成，他们主要对各村的法务工作站进行法律宣传、人民调解、安置帮教、社区矫正、法律援助、法律服务方面的业务指导，并对一些大纠纷、复杂问题进行综合调解。由此可见，法务前沿工程的工作机制既体现了国家意志，又使乡村社会力量发挥了积极作用。这一方面使国家对乡村社区的管理变得简单可行，另一方面也满足了乡村社区对于自我管理的需求。

法务前沿工程村（居）平台的建立积极响应中央关于加强和创新社会管理体制的精神，实践了中央提出的"树立关口前移、源头治理"的指导理念。在我们这样一个处于快速发展时期的发展中大国，产生一些社会矛盾和问题是难以避免的。关键是要及时发现矛盾问题，弄清其产生的原因、发展的规律，从源头上主动解决问题、减少矛盾，把社会管理的关口前移，不断增强工作的前瞻性、主动性、有效性，许多社会矛盾是在改革发展中产生的，也要靠改革发展去解决。特别要积极建构源头治理、动态协调、应急处置相互衔接、相互支撑的新机制，最大限度地使社会矛盾不积累、不激化，这是社会治理应该达到的最基本的要求和目标。

第二，农村社会精英是社会治理（法务前沿工程）的主力军，作为社会力量参与农村社会治理并发挥重要作用。农村精英是上述村（居）工作平台工作人员的重要组成部分，就数量而言，他们是村（居）工作平台人数最多的构成部分，因而可称他们为法务前沿工程的主力军。同时他们是法务前沿工程基本工作的执行者，与村（居）民接触最多、最紧密，扮演着社会治理的重要角色。根据罗田县司法局文件《关于聘任"法务前沿"志愿者和首席人民调解员的通知》①，罗田县为了进一步推进"法务前沿工程"的实施，方便各法务前沿工作站志愿者和首席调解员开展工作，经各村（居）委员会推荐，所在乡镇人民政府审核同意，决定聘任马福生等 413 位同志为所在村（居）法务前沿工程志愿者兼首席调解员，陈锡文等 826 位同志为所在村（居）法务前沿工程志愿者。这 1000 多名成员大多由农村"五老"（老党员、老干部、老教师、老战士、有威望的老人）人员构成。到 2011 年 11 月，这支队伍扩大到 6000 多人。笔者从罗田县司法局获得了该县 12 个乡镇的志愿者花名册，进行了简

---

① 罗田县司法局内部资料汇编：《法务前沿工程理论与实践》，2011年。

单的统计分析，结果如表3.2：

表3.2　　　　　**罗田县法务前沿工程志愿者统计表**

	类别	人数（人）	比例（%）	总计（人）
性别	男	5652	92.8	
	女	439	7.2	
年龄	30岁及以下	49	0.8	
	31~50岁	2637	43.3	
	51岁及以上	3405	55.9	
受教育程度	初中及以下	4178	68.6	6091
	高中及中专	1852	30.4	
	大专及以上	61	1.0	
职务	村干部	993	16.3	
	小组长	5098	83.7	
政治面貌	党员	1535	25.2	
	群众	4556	74.8	

　　调查组并对当地4个乡镇的志愿者进行了调查，其1600名志愿者的构成状况如图3.3、图3.4、图3.5。

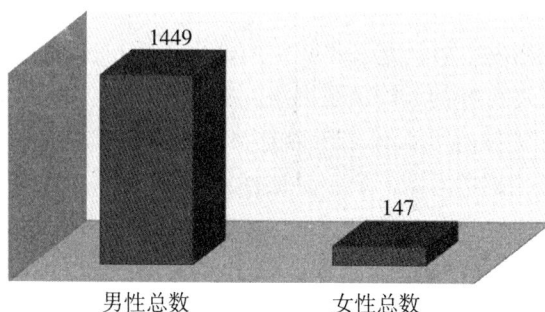

图3.3　法务前沿工程志愿者性别构成

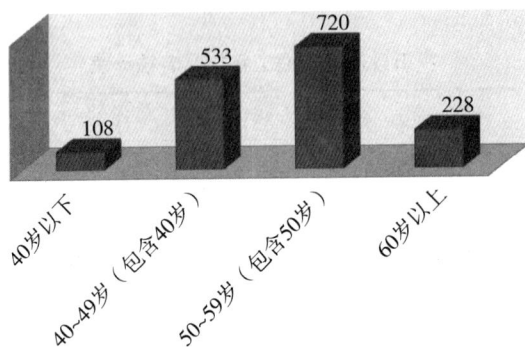

图 3.4　法务前沿工程志愿者年龄构成

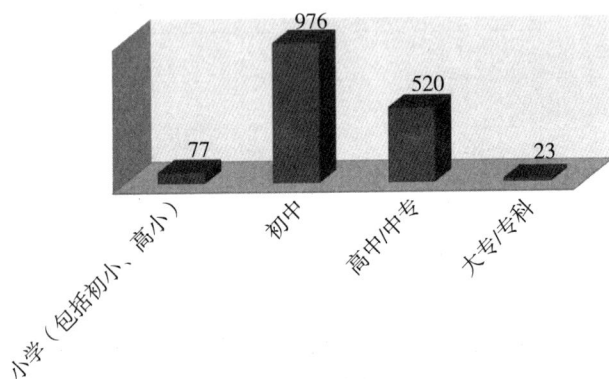

图 3.5　法务前沿工程志愿者学历构成

一方面这些人资历老，见识广，非常了解村庄的情况；另一方面具有广泛而良好的人际关系网络，根扎得很深，在村民中有一定的影响力。法务前沿工程之所以选择这些人当志愿者与人民调解员，是经过慎重考虑的：第一是依据农村当下的人口现状而做出的制度安排。在改革开放的浪潮下，大量的农村青年背井离乡，外出务工，致使留在农村的人口基本上是老人、妇女与儿童，因此，选择"五老"作为调解员，是符合当下农村人口现状的；第二是根据农村目前的组织状况而采取的因地制宜的措施。在不发达农村社区中，传统的宗族组织力量大为减弱，同时，现代的乡村经济组织、青妇等群众组织力量薄弱，基层群众性自治组织的发育还很不完善，不能很好地发挥组织民众参与社会治理的功能。而农村精英在农村有着特殊的地位，能起到重要的凝聚与组织民众的作用。费孝通曾指出，中国农村的传统社会是一个与西方"团体格局"不同的"差序格局"社会，即个人通过血缘、地缘等纽带形成一个个圈子，圈子越靠近中心表明圈内人与中心的关系越紧密，而中心对圈内人的影响也就越大①。这里圈子的中心指的就是农村精英。可见，农村精英作为"中心"，在传统乡村社会中具有重要地位，并发挥维持农村社会秩序、进行社会治理的作用。目前，尽管在现代化浪潮下农村社会发生了重大变化，但其社会结构的"差序格局"依旧存在，并且越是在欠发达的地区这种"差序格局"就越明显。因而，法务前沿工程的这一制度设计是对中国传统社会结构的深度洞察的创新。

中央有关社会管理"党委领导、政府负责、社会协同、公众参与、法制保障"的二十字方针为中国的社会管理创新指明了发展方向。"党委领导、政府负责"体现了国家的力量，它所强调的是一种自上而下的社会治理模式。而西方的经验表明，一个成功的社会治理体制的建立往往更需要依靠社会与公众的参与，即要着重体现"社会协同、公众参与"的方针。然而，中国幅员辽阔，各地方之间差异巨大。因此，如何结合各地自身的实际状况，充分调动社会力量与公众的积极性，让他们参与到社会治理中去，从而建立灵活有效的自下而上的社会治理体系，是我国推进建立健全中国特色社会主义社会治理体系的创新点和难点所在。正如前面所谈到的，法务前沿工程针对农村社会组织缺乏和不健全的现状，而因地制宜地动员在农村具有特殊地位的精英，发挥其作用，从而将"社会精英"与"公众"联系起来，体现了"社会协同"与"公众参与"的原则，因而具有创新性。正如前文所述，该工程这一做法也取得了很好的

① 参见费孝通：《乡土中国 生育制度》，北京大学出版社1998年版，第24~30页。

效果。

第三，治理规范和手段以法律为主，辅以"地方性知识"和道德、舆论的手段。这里强调"地方性知识法"是根据现在的乡村传统还存在影响力，是法律的"在场"，而不同于法律"不在场"的情况①。法律既不是一个超经验的哲学思辨，也不是一个纯粹的逻辑分析，而是可以通过经验研究去关注的问题。经验世界的法有多个层面，在国家法这个层次外，还有多个非国家法的层次。仅从国家的视角观察中国社会有着不可克服的弊端，不但会造成强化国家集权意识，忽视社会的真实需求，而且单一的国家法因为忽视了区域差异，导致难以实施，使制定法仅具有条文意义而无实践意义。但民间法也有自身的不足与缺陷，乡土社会的习俗常常与市场经济规则相冲突。因此，真正健全的法治应当是一方面国家法吸收民间法中合理的成分，另一方面地方性知识要接受普遍性知识的刷新，两方面互相补充、相互融合。"在法社会学的视野中，社会规范可以统称为法"②，法治是社会的法治，仅有少数人——法律工作者和管理者掌握法律，不可能实现法治，所以十八届三中全会强调社会治理的四个原则中包括"依法治理"原则，应该说解决了社会治理实施的主要依据和手段问题。只有当全社会的居民都认知和认同法律时，才有可能实现真正的法治；法律的生命在于实行，只有当法律既体现国家意志，又能满足社会大众需求时，法律才具有合法性与合理性。从社会治理的角度来说，只有将现代的治理法制的基本理念要求、体制机制、程序方法转化为社会治理服务主体和公民的实际行使方式和公民权利实现方式，社会治理创新才能实现。从这个意义讲，社会治理创新是社会治理权力依法行使，公民依法参与社会治理服务，依法享有社会公共产品、公共服务，自觉接受社会治理的过程。

---

① 参见郭星华：《从中国经验走向中国理论——法社会学理论本土化的探索》，《江苏社会科学》2011年第1期。

② 郭星华、石任昊：《社会规范：多元、冲突与互动》，《中州学刊》2014年第3期。

　　法律(Law)是国家制定或认可的，由国家强制力保证实施的，以规定当事人权利和义务为内容的，具有普遍约束力的社会规范。作为一种社会规范，它限定了人们的行动范围，规定了合理的行动方式，使人们在一个规定的框架下行动，从而保证了社会的和谐与有序。同时，法律也作为一种现代社会治理手段而存在，现代社会充满利益博弈与纷争，也会有众多矛盾出现。法律作为一种仲裁手段，对出现的矛盾进行有效调节，对利益博弈进行有效平衡，从而履行了治理社会的功能。在当下农村中，经济改革已深入进行了三十多年，市场化程度不断增强，一些新的价值观被不断引入，农村也不再封闭，而是愈发开放。在这个过程中，农民不断接触新事物、新观念，同时也不断产生新问题，因此，引法律入乡村，既能规范农民们的行为方式，为他们提供行为准则，让他们在新的社会环境下合理行动，从而保证乡村社会的基本秩序；又能对乡村生活中的纠纷、矛盾进行有效调节，对失当行为进行有效矫正，达到对乡村社会的治理与控制。

　　由司法部门提出、推动并实施的工程被明确定义为法务前沿工程，"法"体现了工程的核心内涵，这也是罗田县法务前沿工程模式不同于其他模式的最大亮点之一，也高度契合社会治理的"依法治理"原则。"法务前沿工程"的宗旨是以"法"为主要手段，并以多种手段为辅助，创新农村社会治理，保证社会治理的公正与效率。法务前沿工程的设计者非常清醒地认识到"与乡规民约、民俗风情、伦理道德等非正式的社会规范相比，法制是一种正式的、相对稳定的、制度化的社会规范。前者是后者的主要来源和有效补充，后者是前者发展、变化的制度化产物"①，因此强调社会治理手段的多元化。这里的"法"指的是国家法，是一种统一的、具有高度规范性的现代化治理手段。在传统中国农村中，由于正式的国家政权只延伸到乡、县一级，致使国家法往往只能在乡、县及以上的行政单位中发挥重要作用。而在乡村中，却是"家法"、"地方法"、

---

　　① 郭星华、石任昊：《社会规范：多元、冲突与互动》，《中州学刊》2014 年第 3 期。

"乡规民约"在发挥重要作用，国家法往往处于缺位状态。随着现代化浪潮的迅速推进，农村已发生了重大变化，原有的地方性法律已不能很好地适应当前情况，切实运用统一而又规范的现代性国家法律来管理乡村迫在眉睫。"法务前沿工程"正是基于"法"的深刻内涵，将现代法律意识、法律规范与法律手段引入乡村，从而打造农村社会治理的新格局。

譬如在现阶段，农民与国家的矛盾尤为突出，由征地、拆迁、补偿等问题所引起的乡村群体性事件屡屡发生，究其原因，还是因为农民们缺乏制度化表达利益诉求、解决矛盾纠纷的渠道。总体而言，我国农民表达利益诉求的制度化方式只有上访这一种，但是，上访却不是一条积极而有效的道路：一是因为上访所需要的成本高，有些农民承担不起；二是因为地方政府都对上访持高压态势，层层灭火的工作方式仍然屡见不鲜。在这样的情况下，未解决的问题会越来越多，社会矛盾会越积越深，对于社会秩序的破坏力和杀伤力很大。美国社会学家科塞也指出，一个社会中必须有化解矛盾的"安全阀"机制①，即通过制度化的手段建立人民群众表达利益诉求、发泄心中不快的渠道，这样，一个社会才能够良性运转下去。法务前沿工程的推广，正是为农村居民提供了一个"法就在身边"的伸手可及的表达利益诉求、解决矛盾纠纷的制度化渠道。

法务前沿工程的中心工作之一是人民调解，即通过志愿者、村干部等法律工作者群体对日常乡村中的种种纠纷(如土地纠纷、邻里纠纷、征地纠纷、补偿纠纷)进行调解。这种做法有两点好处：一是为农民们提供了触手可及的表达利益诉求的渠道。志愿者深入到每一个村民小组，当村民们遇到纠纷时，会主动找到志愿者，表达他们的意愿。这改变了以往某些农民说理无门的尴尬境地。正如一位农民所谈到的那样："现在总算有了一个说理的地方。现在遇到什么问题，只要去找那些调解员，一般都能解决得很好，心里的疙瘩一下子就解开了。"二是缓解了矛盾双方的紧张关系，使纠纷双方的人际关系重归于好。参与人民调解工作的志愿者，都在当地

---

① 参见科塞：《社会冲突的功能》，华夏出版社1989年版。

具有较高的社会声望，人际关系好。因此，当他们作为第三方进入矛盾调解的过程中时，矛盾双方或多或少都要卖个面子，各自退一步，矛盾也就此得到了缓解。"矛盾双方就是不给对方面子，多少也要给我一点面子，这样问题解决起来就方便了一些。"一位资深志愿者这样谈到。而且，那些通过法律途径解决问题时往往使人际关系破裂，如果通过志愿者调解，纠纷双方一般都会达成谅解，人际关系也未撕裂。由此可见，法务前沿工程一方面是为农民提供了一个制度化表达利益的渠道，另一方面也在解决纠纷的过程中通过志愿者的人际关系与社会威望使矛盾缓解，从而保证了乡村生活的和谐、有序。

总之，法务前沿工程的成功经验是村（居）平台或社区是实现社会治理的最佳场所，社会治理的四个主体都能发挥其作用，农村社会精英在其中起着至关重要的作用，社会治理规范和手段的多元，保证其效果。场所、队伍、规范与手段三者的有机结合，实现农村社会治理机制的创新，这也是法务前沿工程的经验总结。

第三节　法务前沿工程对中国农村社会秩序重构的历史社会学解读

任何社会都需要和存在着秩序，没有秩序的社会是无法维持的，因而社会秩序是人类社会存在和发展的基础，自然也成为社会科学研究的重要主题。当前，中国正处于社会转型的关键时期，社会秩序问题日益凸显出来，成为人们普遍关注的焦点问题，这里在前一节分析的基础上试图通过对法务前沿工程这一中国农村基层司法改革的案例的历史社会学分析，探讨中国农村社会秩序重建的相关问题。

一、农村法律秩序与人际关系秩序的重构

目前，中国农村秩序正处于转型和重建时期，体现农村社会秩序的三个重要方面的法律秩序与人际关系秩序及其背后的基础力量秩序都存在着不同程度的失序。

　　法律秩序是社会秩序系统的子系统秩序之一，所谓法律秩序，就是以法律规范体系为前提，通过法律调整，并与社会其他因素交互作用，从而实现个人与社会、个人与国家之间关系有序化的过程与结果①。如果把法律秩序视作以法律规范体系而非扩大化的行为规范体系（包括法律规范体系、宗教规范体系、道德规范体系、政党规范体系等等）为前提，那么可以说法律秩序在中国乡村一直没有真正建立，因而从这个意义来说，乡村的法律秩序应该用建立而非重建。其原因涉及传统文化与体制问题两方面：从传统文化上来说，宗族观念与乡土文化确定了乡村社会以"礼治"为主的基调，培养了村民依赖村庄内部力量来解决问题的意识。这时的乡村是一个无讼的社会，法律秩序无从谈起，礼是依赖着相关各人自动地承认自己的地位，并不是法，法是社会加之于各人使他们遵守的轨道②。而从体制方面来看，中国特殊时期奉行的农村集体所有制、高度行政化又使村民把解决各种问题的权力交给了国家，行政力量大包大揽挤压了司法力量的空间，法律秩序缺乏建立的土壤。当国家司法力量没有具体涉及下面的村庄时，村民依赖着社会，当行政力量统揽一切的时候，村民又依赖着行政，法律秩序则始终没有建立的机会。法律秩序的缺失使乡村成为法律的一个盲点，村民们往往无法区分道德与法律，无法认清行政范围与司法范围。

　　人际关系的失序是乡村社会秩序不稳定的又一个因素，人际关系的失序区分为以下几个方面：一是邻里关系。过去的乡村是一个讲求亲族关系、邻里情感的社区，因此许多事情都希望首先通过调解来解决问题。人情礼俗维持着人们的关系，并成为待人接物的准则。当社会的发展使这种原始的关系方式面临考验，人际交往的标准变得模糊，在日益浓厚的讲求个人利益的氛围中，人们感受到利益的矛盾与边界变得越来越清楚，而未完全消退的人情关系和宗族

---

　　①　参见杨力：《社会学视野下的法律秩序》，山东人民出版社2006年版，第31页。

　　②　参见费孝通：《乡土中国与乡土重建》，风云时代出版公司1993年版，第111页。

礼法又使人们保持着一份"乡土"的处事风格，义与利的矛盾从没有像现在这样如此凸显。"义利之辨"使乡村社会的邻里之间在交往和处理事情上变得不确定。二是党群、干群关系。党群、干群关系是新中国成立后乡村地区出现的新的人际关系形式，在基层，由于受制于工作形式僵硬、人员力量单薄以及工作任务繁重等因素的影响，群众事务的解决渠道不够通畅，这常常使群众产生怨言，党群、干群关系矛盾凸显。

　　进一步看，法律秩序与人际关系秩序的背后隐含着深层次的基础秩序，其中最重要的就是国家与社会的力量秩序。中国乡村正面临着如何处理国家与社会力量间关系的难题。以中国乡村地区来看，改革开放前期以行政力量（此处的行政概念取狭义，下同）为代表的国家力量自改革开放后呈收缩之势，而社会力量经历了20世纪50年代至80年代的萎缩之后还没有苏醒，这形成了权力真空。受其影响，近年来的乡村社会治安开始变坏，经济落后滋长了群众的不满情绪，这些因素影响了乡村力量秩序的走向，国家力量尤其是行政力量又开始重新扩张，乡村社会大有重建过去大包大揽的总体性权力之势。单方面的权力垄断并没有改善社会秩序，反而带来了新的问题。强制拆迁、农地侵占、聚众滋事等事件接踵而至，在日益复杂化的经济社会生活中，面对层出不穷、错综复杂的社会问题，总体性权力僵硬、缺乏弹性的处理方式不仅无益于问题的解决，甚至可能成为社会失序的根源。尽管社会力量能够有效地在维持社会秩序方面发挥作用，但由于多方面的原因，国家始终以抵制、约束甚至打压的方式来对待社会力量，而民众对于总体性权力长期大包大揽的适应使其自身也抱持着这种态度。国家无力为之而强为之，社会力量可为而不能为，这就是为什么当下中国乡村乃至整个中国社会秩序越维越不稳、民间力量形同虚设的根源所在。

　　面对当前乡村地区棘手的失序现状，如何改善法律秩序与人际关系秩序，以及重建深层次的力量关系秩序成为了政府以及社会各界人士关注和探索的问题，法务前沿工程正是在这种背景下提出和实施的重建农村社会秩序的探索活动。

　　法务前沿工程是首先在罗田县实施并在湖北省推广的一项基层

司法工程,是司法部门面对乡村形势而采取的创新型工作模式。自实施后,其影响力已经突破了司法层面,导致了农村社会秩序的重建,下面就进行法务前沿工程的历史社会学解析,目的在于探寻"社会是如何运作与变迁的"①。

法务前沿工程是 2008 年初由罗田县司法局提出并实施的一项司法服务整体前移实践探索活动,是指在当地党委、政府的领导下,在司法所指导下,以村(居)委会为依托,整合司法所干警、村干部、社会志愿者等各种力量,建设融法制宣传教育、人民调解、社区矫正、安置帮教、法律维权等多项工作为一体的,将司法行政服务职能下移到村(居)级的综合服务体系。它的实施,是在不增设原有政府职能部门办公人员的情况下,以一加多的工作协调模式,优化人力资源的配置,把乡镇司法所的权力下移到村(居)法务前沿工作站,从而整合村(居)民志愿者参与社会管理,因而拓展和延伸了其职能范围,实现了零距离地接触服务对象,第一时间地为民众提供服务。其在农村的推行,积极地引导和激起了农民学法、守法及用法的热情,使农村日渐走上了依法治理的轨道②。

法务前沿工程是针对乡村地区的,包括普法宣传、人民调解、社区矫正以及安置帮教等内容的工程。其做法主要包括两个方面:一是构建工作网络,搭建工作平台。该县在全县各村(居)组建法务工作站,由司法所干警担任法务工作站业务指导,法务工作站与"两委"一套人马两块牌子,"两委"主要负责人兼任站长,与人民调解员、社会志愿者一道,作为司法行政干警的辅助人员,在司法所干警指导下,开展八项工作:开展矛盾纠纷排查调处,确保小纠纷不出组,大纠纷不出村;组织村民学习法律法规和国家政策,提高村民法治意识;对本村(居)刑释解教人员开展帮教活动,协助

---

① 参见丹尼斯·史密斯著,周辉荣等译:《历史社会学的兴起》,上海人民出版社 2000 年版,第 4 页。

② 参见王国强:《法务前沿工程理论与实践》,《中国司法》2009 年第 8 期,第 82~84 页。

解决生产生活实际问题；协助监督管理本村（居）社区服刑人员，及时反馈活动情况；帮助本村（居）外出务工人员联系法律服务人员解决涉法问题，维护农民工合法权益；帮助村（居）民联系公证服务；为经济困难的村（居）民联系法律援助服务；定期上报工作进展情况。到目前为止，全县412个村（居）全部建立了法务工作站，形成了遍及城乡的基层工作网络。二是广纳社会精英，聚集工作力量。警力有限，民力无穷，该县根据农村面广人多、乡镇村维稳人手太少的实际，把村民信任的老党员、老干部、老教师、老战士、德高望重老人和热心服务群众的个体工商户吸收成为法务前沿工程志愿者。到目前为止，全县共选聘志愿者6000多名，这些志愿者通过培训以后，成为所在村湾的"明白人"，与乡、村干部一道，广泛宣传法律知识，积极调解邻里纠纷，主动反馈各种信息，热情做好矫正帮教工作，成为村湾、社区一支快速有效的维持社会秩序的工作力量。为了激发志愿者的积极性，该县还选聘优秀的法务前沿工程志愿者转任公益性岗位，担任司法协理员。目前已落实公益性岗位50多个，形成了法务前沿工程志愿者队伍建设的长效机制。

法务前沿工程的这些做法在重建乡村法律秩序与人际关系秩序方面的作用是显著的。

有学者指出，法制化与法治化是现代化国家建设的一项基本任务，通过国家法律实现乡村社会生活秩序的整合即是这一基本国家意志的需要①。由于乡村历来缺少法制环境，法律秩序方面的落后成为一个长期的历史问题。为解决该问题，单纯依靠内生力来开发法制土壤，通过自下而上的方式是一个缓慢而低效的选择。因此乡村法律秩序的建设需要以国家司法部门为主导，依赖强有力的国家力量来支持，这是一个自上而下的过程，司法层面的建设是根本。法务前沿工程作为一个以国家司法部门为主导，以建设乡村法律秩序为直接目的司法工程，它的工作内容所直接指涉的是受众群体的

---

① 　参见谭同学：《国家、社会与官僚机器三维视野中的乡镇机构——以水利站与司法所为例的政治社会学分析》，《甘肃社会科学》2004年第5期。

观念与行为两个方面。观念方面即是如何提升成员过去落后的法制观念、丰富原本贫瘠的法律知识，这也是法律秩序得以重建的必要条件。法务前沿工程把加大普法力度、提高广大民众的法律知晓度作为首要目标，致力于"依法治村"。该工程在法制观念培养的过程中有一个不容忽视的特点，那就是在培养维权意识的基础上进一步促进群众的"争权"意识。以往村民关注的仅仅是如何保障自己已得的利益，维权意识较容易培养。而争取自己应得的利益（诸如选举权与被选举权、受教育权等）则是对维权意识的深入贯彻。普法工作明确了道德与法律、行政与法律的边界，使乡村民众具备了应有的法律意识和一定的素质修养，而这些正是乡村建立法律秩序的必要条件。在行为方面的工作，该工程关注于如何使成员运用法律援助和其他维权手段处理矛盾或纠纷。为实现这一点，它通过在村中设立法务工作站，在乡镇司法所设法律援助工作站及在县司法局设法律援助中心，形成了点面结合、全方位、多渠道的农民法律援助网络。法律援助和维权手段的完善使农民维权由无序向有序转化，也使群众的维权意识转化为实际行动成为了可能。法务前沿工程对法制观念的教育在"源"上规范了人们的思想，对维权工作的完善又在"流"上保证了法律工作的规范，这两方面的合力大大推动了农村法律秩序的建设，使乡村试行地区的法制面貌焕然一新。

然而，乡村法律秩序的建设不仅需要国家力量保证，社会力量的参与同样也不可或缺。这是因为从资源消耗的角度来看，每一个乡镇机构都需要有相应的社会资源作为支撑，方可能维持日常的运转和长期的生存①。法务前沿工程也不例外。而且事实证明，充分发挥社会力量的正向功能，尤其是社会资本的正向功能，不仅有益于法律秩序的建设，它同时给重建乡村人际关系秩序带来了令人瞩目的贡献。在此，乡村社会资本是社会力量的典型代表。有学者把它划分为四种理想类型：（1）因家族宗族网络形成的社会资本；（2）因功能性网络形成的社会资本；（3）因象征性符号网络形成的

---

① 参见谭同学：《国家、社会与官僚机器三维视野中的乡镇机构——以水利站与司法所为例的政治社会学分析》，《甘肃社会科学》2004年第5期。

社会资本；(4)因一般人际关系网络形成的社会资本①。由于受到行政力量的干预，新中国成立以来中国乡村社会资本遭遇了极大的削弱。乡村社会资本的现状已经成为制约地区进一步发展的关键因素，这主要表现在乡村地区人际关系冷漠与关系网络缺乏，社区内部的低信任度，缺乏合作的精神以及参与性不足等方面②。针对于此，法务前沿工程结合试行区的具体情况，吸收了宗族人员、亲戚、律师、村干部、志愿者等社会力量，这些人员有组织地聚合在一起，形成了初具规模的民间法律互助网络。从长远看，这将推动乡村地区公民参与网络的建设，而公民参与网络也会成为实施社会调剂、促进社会平等不可忽视的力量③。工程在实施中参与的不仅有党政力量，也融合了社会志愿者力量，法务工作站缩短了"官"与"民"之间的心理距离与地域距离，成为联系群众的"桥梁"和反映社情民意的"直通车"。正是这种特殊的工作模式促进了官民之间的合作，密切了党群、干群关系。

通过充分发挥当地宗族网络以及非正式的一般人际关系网络的作用，法务前沿工程在乡村培育了社会网络、信任与合作，形成并发挥了积极的社会资本功能，一定程度地弥补了当下现代秩序供给的缺乏或不足，而这一切都将推动乡村人际关系秩序的重建。

二、国家与社会关系的重构

接下来我们将通过"国家—社会"视角来分析乡村法律秩序与人际关系秩序背后的维持力量。法务前沿工程发挥了国家与社会力量对于乡村社会子秩序重建的作用，而它也成为一个媒介，国家与社会在这一媒介里实现了力量的均衡。

从历史上来看，传统中国农村社会是一个"强社会—弱国家"

---

① 参见周红云：《社会资本与中国农村治理改革》，中央编译出版社2007年版，第65页。

② 参见郎友兴、周文：《社会资本与农村社区建设的可持续性》，《浙江社会科学》2008年第11期。

③ 参见黎珍：《正义与和谐——政治哲学视野中的社会资本》，人民出版社2008年版，第271页。

的状态，这种状况一直持续到新中国成立前。新中国成立前，宗族与血亲观念是支配农村秩序的力量，它规范着农村内部的人际关系协调、村庄事务处理的方式。社会力量支配着传统农村，即使到了国民党执政时期，政府的努力仍然没有使国家权力真正地进入村庄，"官不下乡"，权力止于县一级。正如费孝通所说，乡村社会处于权力真空状态，因此这段时期中国农村是一个宗族和血亲支配的社会，社会秩序处于稳定状态。新中国成立后，由于共产党对乡村重要性的深刻认识，行政权力开始大举进入乡村。行政力量在这段时间完全渗透入村庄内部，不仅在村中建立了专门组织生产的合作社，而且还在全国范围内引领村民进行"破四旧"活动。受此影响，乡村社会的宗族和血亲观念开始萎缩，乡村内部的社会力量受到削弱。按理说，行政权力入侵会改变传统乡村社会秩序，新的力量进入打破了传统的社会"均衡"（这种均衡依赖于国家行政与社会自我调节的互不干预，乡村内部社会力量的自我维持）。但是毛泽东时期的个人魅力型统治维持了乡村的社会秩序，这是因为魅力合法性预设了个人信任，与距离很远的人表面上仍能有亲密的情感联系[1]。乡村社会秩序仍然处于较为稳定的时期，它并没有受新的权力介入而产生混乱。然而这毕竟不是常态，魅力型统治随着魅力人物的逝世而结束，自毛泽东逝世后，乡村地区对领导人的依赖度开始降低。改革开放后，中国社会步入了转型期，原有乡村的均衡"恰合时宜"地被打破了。行政权力逐渐从农村撤出，其最重要的表现是废除农业税和撤乡并镇。然而行政力量的淡化并没有带来社会力量的增强，确切地讲是国家想退，而社会不进。现实已经是一方力量的淡化或加强并不一定使另一方力量加强或淡化，乡村社会力量没有随着行政力量的撤退而相应地进步，甚至萎缩了。为了避免基层农村面临"弱国家—弱社会"[2]的局面，国家行政力量开始

---

① 参见彼得·什托姆普卡著，程胜利译：《信任：一种社会学理论》，中华书局 2005 年版，第 61 页。

② 参见邓正来：《国家与社会：中国市民社会研究》，北京大学出版社 2008 年版，第 126 页。

重新扩张，但是这种扩张的效果并不好，它反而加深了原有的一些矛盾，并造成了许多新的问题。这似乎是一个恶性循环，行政力量撤退而社会力量未能恢复，乡村社会秩序混乱。为解决问题，行政力量又重新扩张，却造成了新的问题。

法务前沿工程试图重新均衡支配乡村社会秩序的各种力量，尤其是国家力量与社会力量。这种均衡有两个特点。一是均衡点不再是介于行政力量与社会力量之间，取而代之的是司法力量与社会力量的均衡。司法力量是国家力量的一个部分，法务前沿工程的一个理念正是要把代表国家力量的司法推进到乡镇以下单位，即村级工作单位。虽然基层司法所承担着维护基层社会稳定的重要职责，但在实施法务前沿工程以前，乡(镇)司法所作为司法行政机关的最基层的单位，担负着几十个村(居)的法制宣传、法律保障和法律服务工作，普遍存在着人员少而任务重的情况，基层司法所力量不足与承担的繁重维稳任务不相适应的矛盾日益凸显，如果不能很好地处理这些矛盾，司法行政机关的地位就会被边缘化。因此，法务前沿工程把司法行政服务职能下移，建立村级司法工作单位的举措将会极大地缓解这种矛盾。国家力量的张力正是在此处显现了出来，但是这种张力又与新中国成立后的国家力量张力不同。首先，张力的代表形式不同。过去是以行政力量作为国家力量的唯一代理，而当前则是以司法力量为主的法制层面形式为主，行政力量虽也存在，但并不是当前乡村社会最急迫的国家力量形式。其次，张力的推动因素不同。在新中国刚成立后的那段时期，国家力量的张力是以政府单方面的强力措施行使的，张力并非是由乡村社会的现实呼吁引起的，而当前乡村社会对国家力量的呼唤是现实的要求，是社会自己的需要。

第二个特点是这一均衡是动态的，而非过去以社会或国家一方力量为主的静态均衡。国家司法力量的单方面张力带来了乡村法律秩序的改善，但还不足以维持整个社会的秩序，因此社会力量也需要适时壮大。当前乡村社会的状况，我们已经不能对国家与社会力量作二选一的选择，一个可能的路径是致力于推动这两者的共同发展，实现双方的张力，而不是单纯一方的张力或萎缩。对于社会力量而言，当前需要的是重新唤醒乡村社会的"礼治"传统，培养乡村社会的内生性力量。法务前沿工程在这一点上作出了自己的努力，以该工程所吸收人员为考察对象，我们发现，除了正式的司法工作人员外，法务前沿工程把各村群众公认的德高望重的领袖网罗进法务工作队伍中，协助各村干部做好法制宣传、纠纷调解、矫正对象帮扶和有关信息反馈等工作，这不仅较好地解决了工作人员人手不够、力量薄弱的问题，而且也为一批无职党员、退休干部和热心公益事业的人员提供了服务群众和展现自我社会价值的平台。从实践情况看，这些志愿者在开展群众工作中发挥了其他人很难替代的特殊作用，是基层维持社会秩序的一股重要社会力量。可以说，法务前沿工程这一媒介给国家力量与社会力量提供了相互合作、相互发展的契合点，国家与社会的力量均在这一工程中得到了壮大。这种来源于两方面的力量发展保证了乡村地区支配秩序的力量均衡，而均衡的再现使社会秩序的重建成为可能。

尽管国家与社会两种力量都处于张力状态，但是它们之间由谁处于引导地位也是一个不能忽视的问题。如果张力是各自自由而无顾忌的，国家与社会之间不能相辅相成，那么农村社会秩序的重建可能会面临由于无序的力量发展带来的缺陷。从"礼治"走向法理型治理模式是农村发展的必然趋势，但在当前这一转变并不能一蹴而就。因此在渐进的转变趋势中维护必要的均衡，并用国家方面的力量引导社会力量的发展是有效的。国家在"退"出乡村秩序后所留下的真空，还必须依靠国家外援性的强制力量，对农村社会的内生性力量进行控制和引导，才能使农村社会秩序呈现和谐均衡的状态①。"官"必须充分发挥自身的外源性力量，培养"民"的内生性力量，从而实现"官退""民进"的和谐均衡的农村社会新秩序。从这一层意义来说，法务前沿工程中国家与社会力量的地位与比重，以及它们今后的变化是下一步需要关注的地方。

总之，法务前沿工程的实施对农村社会地区的秩序重建影响深

---

① 参见李裕林：《试论当前我国农村社会秩序的建构》，中国乡村发现网站，2007年，http://www.zgxcfx.com/Article_Show.asp? ArticleID=4404。

远。我们通过历史社会学的解析得出以下结论：

(1)法务前沿工程推动了农村法律秩序的建立。农村法律秩序作为法务前沿工程的直接入手点，在工程的实施中得到可喜的建设。在试行该工程的农村地区，村民的法制观念得到培养，维权方式得到保证。思想的建立以及手段的完善大大推进了农村地区的法制建设，也理所当然地促进了法律秩序的建立。

(2)在推动乡村人际关系秩序方面，法务前沿工程充分发挥了社会资本的正向功能。社会资本包括社会网络、信任以及合作等重要部分，法务前沿工程中的诸种举措分别从这些方面加以改善，最终使社会资本弥补了现代秩序供给的缺乏和不足，显著改善了乡村地区的人际关系秩序状况。

(3)法务前沿工程在乡村法律秩序与人际关系秩序上的重建是有关秩序方面的具体重建，从深层次来看，其背后所隐含的国家与社会两种力量间的关系也会在这种重建中得到改变。历史上国家与社会往往是一种零和博弈，此进而彼退。然而当前乡村对于司法力量与社会力量的呼唤需要它们同时扩张。在这一情形之下，法务前沿工程实现了动态均衡，即保证这两种力量在扩张中实现合理的共存。这从根本上改变了过去乡村内部的力量关系状况，也由此重建了乡村社会秩序。

所谓工程，即有系统性和长期性之意，法务前沿工程作为一个新型的社会治理工程，仍然存在不足，还需要经历长期的检验，在不断的实践中完善。同时农村社会秩序的重建也是一个漫长的过程，而非一夕一功。因此我们需要持有一种循序渐进的态度，逐步摸索。既不能因为工程是新提出来的，不够完善而不加重视，也不能过高估计该工程，认为它对社会秩序的重建可以一蹴而就。对于社会秩序的重建，笔者认为社会系统包含有许多子系统，社会秩序的重建正是通过对各个子系统的重建而得出的结果。法务前沿工程是司法部门基于法律秩序重建而提出的司法工程，而它最终超越了司法层面，产生了广泛的影响。我们需要从中获取灵感，分别聚焦于社会的各个子系统并致力于某些需要重建的子系统秩序，从而提出更多有见地的创新举措。

六十多年前，费孝通先生在论及乡土重建时就指出："在乡村常看到重叠的两套，一套是官方，一套是民方。如果官方那一套只是官样文章，那倒也还罢了，事实上这一套却是有着中央权力的支持，民方的那一套却是不合法的。于是官民两套在基层社会开始纠缠。"①费孝通先生的这段话指出了当时乡村社会秩序重建时面临的困境，时过境迁，六十多年过去了，但乡村社会秩序重建时依然面临同样的困境，法务前沿工程将官方工作平台延伸到乡村社区，并广泛吸纳社会精英参与其中的尝试，在一定程度上回答并解决了这一困境，这就是笔者之所以肯定它的原因所在。

---

① 费孝通：《乡土中国与乡土重建》，风云时代出版公司1993年版，第156页。

第四章　法务前沿工程及农村社会治理困境的分析

第一节　法务前沿工程后期发展乏力的原因及启示

一、法务前沿工程后期发展乏力的原因

事物的发展总有一定的规律性，仅仅六年的时间，法务前沿工程经历了高潮转入低谷。而形成鲜明对比的是法务前沿工程在罗田以外的地区依然运行着，墙里开花墙外香的窘境不能不让学者深思法务前沿工程在其发源地罗田县后期发展乏力的原因。社会良性运行和协调发展的体制机制始终是社会学研究的宗旨①，研究法务前沿工程后期发展乏力和搁置的原因，无疑能够重新思考我国社会运行的独特逻辑，找出后期发展乏力的体制机制问题，扫除障碍，让法务前沿工程重新焕发生机活力。究其原因有以下几个方面。

人事变动引发的政策转向。中国地方政府创新实践中，发挥主要作用的是各级地方政府的领导干部，领导和上级是贯穿于创新过程中的首要因素②。从法务前沿工程的提出、试点、推广到后期发展乏力都和王国强个人有着密切的联系。2010 年底，罗田县委县政府决定将法务前沿工程进行推广，明确规定司法局在领导、组织

---

① 参见郑杭生：《社会学概论》，中国人民大学出版社 2008 年版，第 5 页。

② 参见陈雪莲、杨雪冬：《地方政府创新的驱动模式》，《公共管理学报》2009 年第 7 期。

和实施法务前沿工程中的责任。法务前沿工程的兴起缘于具体问题的需要，如化解社会矛盾，强化司法职能，并且是政治精英人物强力推动的结果。而一旦社会矛盾得到一定程度的化解，就会显现工程本身的动力不足问题。在2012年5月，罗田县司法局完成大规模人事调动，担任五年司法局局长的王国强先生转任县政协，不再主持司法局工作，由其倡导并实施的法务前沿工程开始出现后期发展乏力的现象，像大多数的社会治理创新案例一样，法务前沿工程没有跳出"人走政息"的怪圈。在官员任期制中，官员追求的是一种锦标赛逻辑，尽量使得自己的改革举措能够在任内见到成效，而一旦任期结束，继任者大多不愿继承前任的政治遗产。在当代中国政治生态和语境下，沿袭别人的创新举措暗喻着自己的碌碌无为①。政治改革的边际效益递减，继任者的政绩难以超越前任。同时随着政策的推行，上级和民众的热情和新鲜感不断下降，政策也有可能出现副作用，继任者还可能承担一定的政治风险。前任离任后，原来的政策措施就被现任搁置甚至废弃，转向其他政策措施无疑是继任者规避政治风险的上策。

部门联动机制低效导致司法局孤军奋战。法务前沿工程是一项综合服务体系，涉及司法、行政、公安、法院、检察院、民政、宣传等相关部门以及各乡镇、村(居)。在工程具体实施过程中，建立了高规格的"法务前沿工程"建设领导小组，由县委、政府统一领导、司法行政部门主抓、相关部门配合、乡镇村具体实施的工作网络，该网络涵盖众多政府部门。由于现阶段政府部门职能划分和权责归属尚不明确，条块分割，事权、财权不对称，当解决某一个社会问题时往往涉及多个部门，单一的职能部门缺乏人力、物力和财力不能单独解决，因此上级部门会将某一个部门的负责人引入到具体工作中，以其为主要负责人进行部门联合，试图运用其在行政系统内的权力来协调各部门间关系，调动更多的组织资源确保联动机制的正常运转。但当前政府治理往往依靠的是官僚制等级结构，

① 参见江宁：《基层改革"人走政息"谁之过》，《学习时报》2010年5月20日。

这种层级制的委托代理机制与"官本位"的文化相结合，导致权力部门化的现象，影响了治理机制的正常运行。而地区利益、部门利益之争，以及现行政绩的攀比机制，使这种矛盾加剧。尤其是成立的高规格"法务前沿工程"建设领导小组，不仅打破了原有部门权力格局，也有可能出现超越职权、参与非职务活动的问题，代替或者干扰其他国家权力、社区自治权利的正常行使①，司法局权力膨胀，而导致其他部门权力收缩，这在竞争型部门关系中难以产生长效的部门联动机制。最终导致其他部门的懈怠和规避，司法局一己之力难以胜任。

　　税费改革后基层政府职能弱化难以完成上级分解的任务。为了提高行政效率，20 世纪末，基层政府改革大规模裁汰乡镇，精简机构，县级职能部门在乡镇设立"七站八所"作为县级行政部门职能延伸机构。在条块分割治理的行政体制中，这些掌握人力、财力、物力的部门实行垂直管理，部门权力直接收归直辖的上级政府，上级政府又将具体的行政责任和任务压下来，这种条块分割的部门权力体制和自上而下的行政治理体制造成了基层政府的事权和财权不对等。作为行政末梢的基层乡镇政府，本来就有限的权力、人力和财力被大量肢解、剥离，职能和权力都被严重"架空"，很难有足够的资源和能力有效管理本辖区内的行政事务。而同期进行的分税制改革将地方财税资源自下而上的逐级集中，而上层政府却将治理任务分解打包，层层下放给基层政府。因此基层政府面临着财权不断丧失，而事权不断挤压的治理困境。尤其是农业税费改革后，财政收入锐减，衍生了一个运转困难，甚至失灵的"弱"乡(镇)政府②。基层政权从过去的汲取型转变为与农民关系更为松散的"悬浮型"③，基层政府行政的群众力量薄弱。而法务前沿工

---

　　①　参见陈荣卓、唐鸣：《城乡统筹中的农村基层司法行政服务模式创新——湖北罗田"法务前沿工程"的经验与反思》，《江汉论坛》2012 年第 4 期。

　　②　参见李芝兰、吴理财：《"倒逼"还是"反倒逼"——农村税费改革前后中央与地方之间的互动》，《社会学研究》2005 年第 4 期。

　　③　参见周飞舟：《从汲取型政权到"悬浮型"政权——税费改革对国家与农民关系之影响》，《社会学研究》2006 年第 3 期。

程沿袭了以往上级政府向下级政府加压的做法，将工程工作纳入对乡(镇)村(居)干部绩效工资挂钩内容。罗田县以农业为主，是国家级贫困县，基层政府税收原本捉襟见肘，而法务前沿工程的推行，需要乡镇政府提供配套支持方案，同时以政绩考核的量化指标评判工作绩效，加大了乡镇和村委会的压力，缺乏财政资金使这项惠民工程让基层干部不堪重负，难以完成。

治理规范化与农民需求相背离。治理的规范化是指有政府主导的治理活动具有很强的官治色彩，强调治理的科层制特点，注重物质性和量化性指标以便能对治理过程和效果进行可评估性检验。法务前沿工程把村(居)法务工作站点建设纳入基层党组织五个基本建设内容，加强了村居法务工作站规范化建设，各村(居)法务前沿工程总体工作要求均达到"五有"(有牌子、有章子、有工作台账、有办公室、有基本办公设备)、"两上墙"(法务工作站职责、法务前沿工程基层维稳流程图)、"一项工作台账"(法务前沿工作站工作台账)。从政府治理绩效评估的视角看，这样做无可厚非，但在实际运作过程中却有些喧宾夺主，忽视了治理的最终目的是满足群众对法律服务的需求。尤其是这些规范性的章子、章程很容易在群众的心里树立一个高高在上的"法律"而缺乏法律和日常生活的亲和性。另外，基层民众对于社会调解的需求兼有国家法律和地方性知识的特征，在涉及产权纠纷、刑事案件等事务时，规范化的法律可以建立当事人的权威感和信任感。但是在日常生活矛盾只需要利用传统的礼仪道德就可调节的案例中，规范化的法律只能让民众避而远之。民众对法律需求的偶发性和治理规范化也存在一定的差异，即民众在绝大部分时间里不需要通过法律来解决，而那些物质性的东西的存在是一种资源闲置和浪费。尤其是社会剧烈转型时期，农村社会在由乡土社会向市场社会过渡的过程中，法律和传统礼俗观念都在影响着人们的认知和行为。礼与法的边界是模糊的，如何在社会治理中有效地利用礼与法的合力，使得二者相得益彰，是制约社会治理创新的一大难题。

自上而下的行政管理与社区居民自下而上的村民自治不能有效对接互动。在废除"一大二公"的人民公社体制后，国家政权收缩至乡镇一级，在农村基层设立村民委员会实行村民自治，这种"乡政村治"模式在一定程度上反映了我国的民主政治发展。但是一些基本性的问题尚未得到很好的解决，在运作中产生一系列难题。乡政体现了政权建设的自上而下的国家权力，而村治表现为基层民主的村民自治权。由此可见，二者来源于不同的权力载体和权力逻辑。村委会与乡镇政府之间是指导与自愿接受的关系，而不是领导与被领导的关系①。但在中国政治体制内，村委会和村党支部的成员具有高度的重合性，村干部大多是党员，即听从和服从于上级党委的指挥，因此，国家行政权和村庄自治权的冲突、村干部自身多重角色的冲突成为当前农村社会治理困境所在②。罗田县将法务前沿工程工作纳入村（居）干部绩效工资挂钩内容以及在全县 412 个村庄、社区全部要求统一建立法务前沿工作站虽然体现了治理的规范化要求，但行政力量对村民自治的干预难免违背了村民自治的原则。这种自上而下推进的行政主导的治理，在实际工作中很容易产生以下后果：一是缺乏内在力量的支撑，持续性不强；二是强迫命令和"一刀切"；三是组织成本高，效率递减；四是在组织农民的过程中造成农民主体性的失落③。尤其是法务前沿工程站的建立，将村两委成员纳入工程工作站，打破了农村两委主政模式，但其自身并不具有明确的法律依据，没有解决和村两委之间的职能分工，缺乏制度保障。可以说，法务前沿工程存在着法律和政治方面的制约，这样的治理策略是难以长久维持下去的，最终因没有制度保障而无法推行④。缺少及时的体制规范和必要的制度供给是导致"人

---

① 参见徐勇：《中国农村村民自治》，华中师范大学出版社 1997 年版，第 189 页。

② 参见郑红娥、贺蕙先：《乡村治理的困境与新农村建设》，《农村经济》2008 年第 7 期。

③ 参见陈荣卓、唐鸣：《城乡统筹中的农村基层司法行政服务模式创新——湖北罗田"法务前沿工程"的经验与反思》，《江汉论坛》2012 年第 4 期。

④ 参见俞可平：《改革开放 30 年政府创新的若干经验教训》，《国家行政学院学报》2008 年第 3 期。

走政息"现象的深层原因①，而法务前沿工程正是这一原因的再次演绎。因此地方新政要首先面临着法律和政治方面的障碍②。

　　浓厚的行政色彩导致村民的"政治冷漠"。基层政府在村级单位建立法务前沿工程站，将工程纳入村干部政绩考核，表现出基层政府越权对村民自治的干预，带有强烈的行政色彩。由于我国封建君臣等级观念的影响，在民众中存在强烈的服从意识和集体意识。一旦涉及政治或政府，民众就觉得国家高高在上，自主意识和参与精神欠缺，因此绝大多数村民缺乏民主意识，参政热情和参政能力比较低。政治冷漠是指一个国家的公民对政治活动不感兴趣，表现为不愿花时间和精力参与某项政治活动，即对政治活动的心理卷入程度较低③。法务前沿工程在宣传到具体案例的调解时带有政府性行为的深深烙印，而不是社区居民根据村规民约和自我服务的自发性参与，而主导该工程的政府官员更看重的是"政绩"，使出浑身解数完成上级政府布置下来的政治任务。即使参与法务前沿工程的志愿者也绝大部分是村民小组长和离任的村干部及党员，形成了以老人为主体的群体，中青年人的活力没有被很好地调动起来④。加之，普通民众对法务前沿工程的接触仅仅局限在从工作人员手中散发的法律宣传手册等，村民没有很大的关心、热情和主动参与度，且将这项工程"看作是一项与自己没有什么关系的政府行为"⑤，在居民个人眼里，公共事务是别人的事务，不是自己的事务。很少人有心去思考对于共同利益的参与，提供给他们的这种机会也不

---

　　①　参见黄卫平、陈文：《中国政府体制改革现状及其成因浅析》，《社会科学研究》2008 年第 3 期。

　　②　参见任中平：《维持地方新政可持续性的政治考量》，《领导科学》2011 年 9 月下。

　　③　参见俞可平：《中国农村治理的历史与现状》，《经济社会体制比较》2004 年第 2 期。

　　④　参见闵学勤：《社区自治主体二元区隔及其演化》，《社会学研究》2009 年第 1 期。

　　⑤　孙立平：《社会转型：发展社会学的新议题》，《开放时代》2008 年第 2 期。

多，政治参与的动机是个人化的依附或私人的贪欲①。法务前沿工程在上级政府那里看似轰轰烈烈，但在基层民众中却冷冷清清，政府官员的积极性远远高于基层民众，成了政府单边行动和自娱自乐的"政绩"工程。

志愿者自身的困境让法务前沿工程难以满足民众的法律诉求。社区志愿者参与社会管理在我国起步较晚，诸多方面都有待拓展，工作过程中经常面临着各种各样的挑战，也存在着许多问题，这些问题已经制约了社区志愿者更好地推进社会管理工作。从法务前沿工程的志愿者来看，由于具有行政主导色彩，因此志愿者虽然包括老教师、老军人等，但绝大部分是村干部和村民小组长。这些人参与自愿服务更多时候是体制内的压力造成的。由于乡镇财政困难，小组长因不是村干部，从政府部门获得的经济资源匮乏，他们大多是在农村年轻人外出后，村庄事务无人管理才被推举出来的，而现在又承担着一定的政治责任，使得他们不堪重负，借村委会选举之际主动离任，造成志愿者队伍缺乏稳定性。人员流动性大、缺乏长期的稳定队伍，是当下社区志愿者投身社会管理的突出问题。同时，由于法务前沿工程志愿者的受教育程度较低，法律知识不足，一旦涉及真正需要法律知识的纠纷案件，就会暴露出能力上存在的缺陷。绝大部分社区志愿者并没有接受系统完备的培训，基本上是通过简单的介绍就安排志愿服务工作，未能很好地把相关服务技能、服务程序、服务经验、服务标准等志愿者应具备的基本素质作为培训的范围和内容。由于志愿服务秉承"服务他人、奉献社会"的理念，满足了社区志愿者的社会需要，志愿者刚开始投入工作时，积极性很高，但随着时间的推移，社区志愿者的积极性锐减。罗田县司法局采取措施来激励志愿者，但是激励的方式更多的是停留在精神激励上，而物质激励则几乎没有。在新形势下，这种激励机制已与社区志愿者的构成变化不相适应，难以切实解决调解工作中的困难并提高志愿者的积极性。

---

① 参见罗伯特·D. 帕特南：《使民主运转起来：现代意大利的公民传统》，江西人民出版社2001年版。

二、法务前沿工程后期发展乏力的反思

法务前沿工程是罗田县实施的一项惠民工程，将司法行政服务下移至村（居）委会，主动地提供法律服务，对于化解社会矛盾，改善社会治理收到一定的成效。其在全省的推广也说明该工程的一些做法和经验正是当前转型时期深化社会治理改革之所需。虽然当前法务前沿工程的发展处于低谷，但其在五年间的实践产生了重大的社会效益，值得学者进行深入的理论研究。

第一，法务前沿工程具有时代性。法务前沿工程是由罗田基层政府在区域经济社会发展转型过程中勇于担当，以改革创新的理念，深入农村社区进行调查研究，总结出的一系列成功做法的经验总结；然后进行理论提炼和政策推广，是独具地方特色的化解转型时期社会矛盾的一种有益尝试；是"三千年未有之变局"的深化改革关键期，在中国场域和国情下试图走出的一条维持社会协调可持续发展的创新之路，是"中国经验"、[1] "中国体验"[2]的具体写照。其反映出当前基层政府面对社会转型出现的矛盾高发期并没有消极懈怠，而是直击问题，身体力行为化解社会矛盾、维护社会和谐稳定努力探索。这种探索是建立在对当前农村社会实际和政治体制运作模式的基础之上的，因此获得了一定的成效，满足了民众对政府服务的需求，也满足了基层政治体制改革，推动了政府由全能管理型政府向有限服务型政府转变。

第二，法务前沿工程坚持群众路线，具有人民性。人民性是社会治理创新的逻辑起点，人民群众是社会治理创新的重要主体，人民意识是社会治理创新有序开展的前提，人民满意是评判社会治理创新成效的关键。人民性的要求既给予社会治理创新以要求，又为其提供合理性。法务前沿工程的兴起就是满足基层民众对法律知识

---

① 李培林、李强、马戎主编：《社会学与中国社会》，社会科学文献出版社 2008 年版，第 6 页。

② 周晓虹：《中国研究的可能立场与范式重构》，《社会学研究》2010 年第 2 期。

的需求，对稳定社会秩序的渴望和对美好生活的向往。法务前沿工程发扬党的优良传统，坚持群众路线，理论联系实际，动员农村社会志愿者加入工程之中为化解社会矛盾，为民服务、为党分忧贡献自己的才智。而且在机构设置上，成立专门的领导机构，制定规章制度，分工运作、协同治理、量化考核等都表明法务前沿工程不是一时兴起，而是一项常规化的惠民政策。它体现于社会治理的目的、主体、格局、落脚点和方式方法之中，以人为本理念统领社会治理格局的各个方面，更是社会治理创新基本目的。正因如此，法务前沿工程是对人民利益负责的，彰显国家的社会主义本质，从而具有合理性。

第三，体现了社会结构转型对基层社会治理的需要。改革开放使中国社会发生了深刻的变化，经济体制转轨和现代化进程的推进也促使中国社会结构发生了重大改变。原来的"两个阶级一个阶层"的社会结构发生了显著的分化，一些新的社会阶层逐渐形成，各阶层之间的社会、经济、生活方式及利益诉求的差异日益明晰化，以职业和经济地位为基础的新的社会阶层分化机制逐渐取代过去的以政治身份、户口身份和行政身份为依据的分化机制[1]。可以说，宏观上的社会结构主要出现在阶层结构上，阶层由单一向复杂、由同质性向异质性方向发展。而从微观上看，农村家庭结构和人口结构也发生了根本性的转变。改革开放以来，国内持续的经济发展、大规模的人口自由流动、计划生育政策的推行等重大经济社会变迁与全球化潮流日益交织在一起使农村地区家庭"空巢"化、人口"老龄化"、社区"空心化"势头日趋明显。作为农业大县的罗田县正是面对农村社区大规模人口流动，留守老人、妇女和儿童占据人口多数的实际，以法律为主，辅以"地方性知识"和道德、舆论的社会治理手段，以"五老"为主体的社区志愿者调解社会矛盾。尽可能地提供符合民众实际需求的法律服务，同时也尽可能地利用传统社会伦理来维持社会秩序，尽可能调动农村社会"明白人"以

---

① 参见谭桔华：《社会结构与社会管理创新》，《湖湘论坛》2011年第3期。

一种情、理、法并重的方式化解社会矛盾。

　　但法务前沿工程的后期发展乏力则说明这种创新性的社会治理实践仍然具有一定的局限性，从工程后期发展乏力的原因分析可以看出，外部因素和内部因素共同导致了工程后期发展乏力。法务前沿工程正是政府主导的、社会治理体制所进行的一项创新实践，但也正是这一体制导致了工程的后期发展乏力，正可谓"成也萧何败萧何"！如果我们不从深层次的社会治理理念和体制机制问题全方位地审视法务前沿工程兴起、推广和后期发展乏力的全过程，那么法务前沿工程也仅仅是全国范围内数以百计的社会治理创新的一个地方案例，也仅仅是一次运动式治理模式在罗田的即兴式重演，是对五年来耗费巨力、动员全县各界力量参与的巨大浪费。而在政治体制内，罗田打破常规，高规格的部门设置是对社会治理在制度层面的一次创新设计，而工程的后期发展乏力无疑是对这种改革尝试的一次冲击。

　　自新中国成立以来，城乡二元分割体制已经导致国家对农村社会发展投入不足，繁华的城市和凋敝的农村并存的现象。国家对农村重汲取轻投入、重管治轻治理的观念使得农村各项社会建设事业滞后，尤其是人口外流已经让农村社会治理缺乏人才资源，"三农"问题成为整个国家现代化的短板。社会发展的总体完善由社会基层来决定，基层问题没有被当作核心问题来抓，最终许多治理方式只是隔靴搔痒，空中楼阁。要解决基层社会问题，就需要鼓励资源往基层配置，建立新的治理模式，寻求解决基层问题的新的思路①。自税费改革以来，国家弥补历史旧账，以"工业反哺农业，城市支持农村"的方针加大对"三农"问题的解决力度。同时也加快基层政府政治体制改革，以适应农村经济社会发展的需要。但目前这一进程依然任重道远。法务前沿工程正是基层政府响应中央加快推进三农问题治理的实践。但工程后期发展乏力需要从以下几个方面进行反思，以便更好地推动三农问题的解决。

------

　　①　参见丁元竹：《当前我国社会管理创新的主要领域和基本做法》，《马克思主义与现实》2011 年第 5 期。

第一是社会的多元化需要多主体协同治理。经历 30 年剧烈的社会变迁，在社会组织形式上，民众实现了由单位制向社会人的转变，同质性被异质性替代，社会成员在各方面的差异性日益显著。以往的一元化社会管理是建立在社会同质性基础上的，而多元的社会分化已经不适应继续采用一元化的社会治理策略。随着各种公民组织的兴起，民众的法治意识和权利意识增强，市场经济不断完善，人们的很多需求可以通过市场获得满足，而政府集权型管理在很多领域的效率难以企及社会和市场，导致政府失灵。社会、市场与政府是一种"协同治理"的关系，与传统的政府作为中心的公共事务治理主体不同，协同治理强调公共事务治理主体除政府外，市场、社会组织乃至公民个人同样可以成为公共治理的主体。因此，社会治理必须坚持多主体协同治理的原则，以实现政府、社会组织、经济组织以及群众共同协作，统一治理。这样，政府的管理与社会自治统一起来，政府机构由原先的行政性整合向契约性整合进行转换。

第二是自上而下的"官治"要与自下而上的"民治"衔接。中国经历了 30 余年的经济增长和市场化改革，但在政治上一直保持着权威治理体制[1]，当前的社会治理明显呈现出行政管理为主的形式，基层自治能力尚待增强。从本质上来讲，当前我国各地开展的社会治理实践大多是一种政府主导模式，仍具有较强的行政本位主义倾向。原因在于，长期以来政府掌握大量的资源，形成了稳定的管理惯性和思路，加之基层自治处在起步阶段，政府部门对社区自治缺乏信心，又害怕对地方政府授权后损失部门自身的利益，因此所谓的政府授权往往是"有限授权"。政府原有的"压力型体制"形成了政府主导乡村方方面面的"行政性整合"倾向，是农村社会在改革开放前的主要管理形式[2]。社区成员有强烈的自我管理、自我

---

[1]　参见曹正汉：《中国上下分治的治理体制及其稳定机制》，《社会学研究》2011 年第 1 期。

[2]　参见曹海林：《乡村和谐发展与农村基层社会管理创新的理性选择》，《中国行政管理》2009 年第 4 期。

发展的愿望,但没有权力,只能依赖政府,缺乏内生性的发展动力,仅仅形成了一种行政本位的"外生性自治"。社会管理愈来愈不再是国家(居高临下地)在型塑意义上管理社会的问题,而是以上三者,尤其是国家与社会,通过法治进行有序互动的问题①。因此,当前基层社会治理创新的重点在于调整行政本位理念,理顺政府与社区的关系,变"有限型的授权"为"普遍型的授权","外推力的自治"为"内生力的自治",重塑政府、市场与社会三者的关系,将传统社区的公共行政由"内部取向"转移到"外部取向"。

第三是以"民主民权民生"的原则建立服务型政府。大社会与小政府之论已不再为许多社会理论家所提倡②,原因是随着社会复杂性的增加,政府需要从统治型向服务和管理型转变。长期在计划经济体制下,政府的服务职能全面涵盖了社会和市场原有的领地,导致市场发育不全,社会发展滞后。改革开放30年是在经济领域,市场逐步回归的过程。但由于我国是集权制政体,政府依然包揽了绝大部分的社会服务职能。政府推动的社会治理实践往往是大呼隆的宣传号召,过度强调社会稳定和硬性的社会秩序,考核也重在对官员政绩的考核,推出的服务政策与基层需求存在较大差距。最终出现由于社会矛盾太突出影响社会稳定,政府以社会管理为名,强化对基层的管治。而基层民众缺乏主体性,缺乏热情,政治冷漠。因此社会治理要求在创新的过程中,要切实做到民主议政,民主评价,以群众的参与、群众的评价来判定政府工作的成效;要尊重和依靠人民权力,将乡村行政的合法性落在群众内生上,要明确乡村政府权力来自于人民授权,还权于民,政府接受人民监督;要保障人民基本利益,树立服务理念,为人民群众提供更好更多的公共服务产品。

第四是加快政治和社会体制改革,实现政治、经济、社会主导

① 参见张旅平、赵立玮:《自由与秩序:西方社会管理思想的演进》,《社会学研究》2012年第3期。

② 参见弗里德里希·冯·哈耶克著,邓正来等译:《法律立法与自由》(第二、三卷),中国大百科全书出版社2000年版,第332页。

型协调发展的全方位治理格局。由于我国"党建国家"和"党建社会"模式保证了国家控制的彻底性和行动效率①。而改革开放的重点在经济领域，因此我国政治体制改革和社会体制改革明显限制经济体制改革步伐，尤其是社会体制改革尚未破题②。地方政府在治理过程中往往以沿用传统的行政治理思路。社会发展需要一个稳定的社会环境，稳定压倒一切成为政府部门对社会秩序的追求。过分强调稳定，客观上忽视了矛盾的深层次的体制机制原因，一旦矛盾凸显，就运用政府的力量在短时间内进行大规模的轰轰烈烈的运动式治理，路径依赖通常就是针对具体社会问题的专项治理，上级部门只求不闹事，下面要求的人权得不到保障，难以找到社会矛盾的根源，治标不治本。而市场经济的发展客观上造成贫富差距加大，阶层分化严重，加上我国收入分配改革不完善，还没有实现全体民众共享改革发展成果，经济发展了但民众感受不到改革带来的红利，"无增感"使得社会矛盾与发展并存。因此在现代社会治理中，要从政治、经济、社会体制改革步伐不匹配的高度全面推动社会治理现代化，不应以政治为本位，而应该将发展经济，提高生活水平，全面综合地改善人民社会生活状态为要求。

第五是强化基层政府治理能力。中央政府主导的农村税费改革迫使基层政府进行改革，但后果是基层政府日趋成为"悬浮型"政权③，对农村公共事务干预能力弱化。但国家政策的执行最重要是落实到基层，因此基层政府和中央政府开始出现"倒逼"与"反倒逼"④的博弈。但从现实来看，基层政府财政困难，职能弱化现象明显，尤其反映在政府基层管理人员工作态度与能力上。基层组织

① 参见杨雪冬：《市场发育、社会成长和公共权力构建》，河南人民出版社2002年版，第49页。
② 参见陆学艺主编：《当代中国社会建设》，社会科学文献出版社2013年版，第8页。
③ 参见周飞舟：《从汲取型政权到"悬浮型"政权——税费改革对国家与农民关系之影响》，《社会学研究》2006年第3期。
④ 参见李芝兰、吴理财：《"倒逼"还是"反倒逼"——农村税费改革前后中央与地方之间的互动》，《社会学研究》2005年第4期。

公共管理与服务意识匮乏，支撑公共管理和服务的财力薄弱，处理新生社会问题的能力欠缺，乡村组织能力弱，农村社会治理缺乏人才资源。尤其是法务前沿工程的志愿者多是村民小组长组成，这一方面反映工程注意发掘传统社会结构的现代治理价值，但另一方面也反映出农村"空心化"现象严重，农村治理缺乏专业化、年轻化的干部队伍。因此农村社会治理亟需强化基层政府治理能力，加大财政支持，培训干部队伍和建立事权、财权相匹配的项目治理制度。

第六是重新思考法律和社会的关系。费老在总结我国传统国家治理中提出了"双轨政治"的概念，指出传统的社会治理分成两个层次且平行的轨道进行，即自上而下的中央集权的专制体制轨道和由地方乡绅主导的基层组织自治轨道，秦晖更进一步将这种体制概括为"国权不下县，县下惟宗族，宗族皆自治，自治靠伦理"。由此可见，"双轨政治"明确了中央和基层两种不同的社会治理逻辑，传统社会的礼治秩序维系了基层社会秩序。出于税收和安全的需要，统治阶级主要以"刑"法实现政权合法性，"刑"着重强调统治者对被统治者的控制、管治，统治阶级的意志剥夺了基层民众的权利诉求，树立了一个不可触及的权威性的中央政权。而在民众日常生活中，"差序格局"下的熟人社会，依赖礼治、长老统治和教化权力足以实现基层自治。而在今天，我国现代化不彻底，农村地区的"乡土性"还未瓦解，维持秩序的社会力量被打破，转型时期的社会规则混乱，新的社会秩序和规则又难以稳定，传统的治理方式依然受到欢迎，传统依然是社会治理的依靠力量。乡村不需要法律依然可以运行，尤其是农村地区"老龄化"、"空心化"现象严重，一些农民不善于也不太需要，更没有能力运用现代法律来保障自身的权益。这就不得不让人思考法律和社会的关系。法治的理想必须落实到具体的制度和技术层面。没有具体的制度和技术的保障，任何伟大的理想都不仅不可能实现，反而可能出现重大的失误①。中

---

①　参见苏力著：《送法下乡：中国基层司法制度研究》，中国政法大学出版社2000年版，第35页。

国系统的法律规范是从西方引进的，并且根据中国普遍的现状和需求而制定完成的，法制建设应该是自下而上的。目前对建设法治的重要性和必要性已有比较一致的认识，而信仰和追求的法制规范是国家的、理性的，属于一种上层法律知识建筑，属于意识形态，是形而上的，需要形而下，但是想要将法送到乡中去，这种传统的科班出身的"法"显然是艰难的，突兀的。因为这种理想式的、规范式的"法"对于处于长期属于"人治"而并非"法治"乡里来说是陌生而不可亲近的。比如法律规范、社会秩序，但法律条文和农村社会实际差距大，法律对农民而言有事则需要，无事则不需要，对法制建设却必须需要常规化和制度化。

第二节　法务前沿工程后期发展乏力反映出当前社会治理普遍存在的问题

一、传统社会治理理念根深蒂固

法务前沿工程后期发展乏力反映出以下传统治理理念根深蒂固。

静态治理先于动态治理的路径惯性。当前在农村社会治理过程中，更多侧重于静态治理，不能与时俱进。与传统社会相比，我们身处其中的是一个更为复杂、更具风险、充满了不确定性的世界。在现代化进程中，生产力的指数式增长，使危险和潜在威胁的释放达到了一个我们前所未知的程度①。而基层官员习惯于在静态的社会稳定框架中来认识社会矛盾和解决社会问题，倾向于按照既定的刚性稳定的运行机制，总希望以行政手段把一切不稳定的东西消失在萌芽状态。没有真正从源头解决问题，更无法从更深的体制机制上解决问题，这样就不能发现潜在的风险，以至于会酝酿更大的风险。面对社会矛盾易发、多发的现实，只按照静态的稳定观来解决

---

① 参见乌尔里希·贝克著，何博闻译：《风险社会》，译林出版社 2004 年版，第 15 页。

社会矛盾和缓和社会冲突，只能是在平静的海面上掩盖海下的汹涌澎湃。路径依赖理论认为，如果某种制度已经确立并运行一段时间，由于学习效应、协调效应、适应性预期以及既得利益约束等因素的影响，要想全盘推倒从头再来绝非易事①。在长期的社会矛盾化解中，行政主导的社会治理方式惯用"管控"的观念和思维模式，习惯沿用传统的依赖行政力量的思路和办法去解决问题，不善于综合运用民主协商手段、扩展沟通交流手段来解决新矛盾，不善于用新思维、新办法、新载体来解决新问题。即使是创新也难以获得持续性的治理绩效，不会借鉴和吸收国内外先进经验，观念陈旧，措施落后，应变能力不强，治理手段选择的路径惯性难以根治复杂交错的矛盾。路径依赖在治理方式上的表现就是，依靠管、控、压、罚等方式，强调"维稳"诉求高于"维权"诉求，最终导致社会治理体制创新的价值理性迷失，对稳定的社会秩序的追求很容易掩盖真正的利益诉求的表达和达成。社会治理应该以主动的建设和变革为手段，以改善社会的状况，建设一个充满幸福感的、更好的社会为目标②。

缺乏常态化机制，倾向于应急性治理。政府对社会的管理要理性适度，懂得常态与非常态管理之别并保护和爱护正当的自发性③。从各地开展的社会治理案例来看，社会治理的举措大多是针对某一具体问题，较强的针对性也在一定程度上反映了"头痛医头、脚痛医脚"的狭隘观念。这类社会治理案例具有明显的应急性，常规化治理尚显不足，不能把日常治理策略融入到基层的具体实践和事务当中，不能创新社会治理模式和手段。一旦出现社会矛盾就不加思考地采用应急性手段，诸如堵塞式等老一套的维稳策略

① 参见道格拉斯·C. 诺斯著，厉以平等译：《西方世界的兴起》，华夏出版社 2009 年版，第 81 页。

② 参见孙立平：《走向积极的社会管理》，《社会学研究》2011 年第 3 期。

③ 参见张旅平、赵立玮：《自由与秩序：西方社会管理思想的演进》，《社会学研究》2012 年第 3 期。

来应付新发生的社会矛盾，并且大多是一味地等待矛盾爆发以后再被动应急。而"应急治理"只适用于社会矛盾的存续期间，当应急的时间结构转变为正常状态的时间结构时，应急性治理将不再适用。当矛盾不太突出时，常态化治理机制实际也就流于形式。而应急性治理多属短期行为，没有全局性和前瞻性，难以与一些基层千头万绪的实际结合，实践操作性差。同时，应急性管理追求及时止息争端，迅速控制升级，实现表面上的刚性稳定，结果往往事与愿违，会激发更暴力的对抗冲突。这种"矛盾—刺激—解决"的被动治理往往效果不理想甚至适得其反，容易引发激烈的对抗。同时这样的即兴式治理举措缺乏制度规范，导致社会治理体制的法治保障不足。目前全国各地的社会治理创新探索中，临时性、即兴式举措多，虽然亮点不少，也能符合地方实际情况，但由于多数属于"碎片化"的局部试验，缺乏从战略的高度进行系统制度设计，往往出现"人走政息"、后劲不足、可持续性不够的情况。

与主体(自我)治理缺乏互动，倾向于客体治理。现代社会管理是一种规范的公共治理结构下的公民参与以及社会、市场和国家之间的良性互动机制。"公众参与"是有效进行社会治理的基础和社会管理取得良好效果的前提，离开了公众的参与，社会治理也就缺乏治理的对象和依靠力量。农村治理的核心是处理好对农村公共资源的占有和使用以及农村公共物品的提供和公共设施建设之间的关系问题。农民是基层社会治理的核心、主体和最终检验者。农民最清楚自己需要一个什么样的社会、需要政府提供什么样的服务，也最了解什么样的治理策略高效实用。而在具体的治理行动中，由于政府的动员力量有限和个体化的群众缺乏参与热情，真正参与到治理行动中的仅仅是少数人，大多数被排除在外或处在边缘位置，加之政府部门掌握大量的治理资源和主导权力，往往将治理主体和治理客体放在"管理者"与"被管理者"的位置上，故而缺乏平等的对话协调理念和机制，难以充分尊重绝大多数群众的意愿和智慧，也就不能充分调动群众参与社会治理的积极性、主动性和创造性。尤其是行政管理在一般状态下体现了政府部门的治理政绩，和民众真实的需求之间存在一定的差距。对于出现的矛盾，治理客体更强调了行政的力量，由此导致强制型管理和高压式管理等现象，甚至引发社会成员与政府部门的严重对立①。社会治理理念强调的是"权利社会"与"社会本位"，要求"政府本位"让位于"社会本位"②，社会本位不仅强调政府力量的表达，更强调了社会自身的治理功能和能力，是让民众在一定的条件下做到自我治理和服务，也是党的群众路线的应有之义。在"强国家—弱社会"关系格局中，社会的声音难以表达，社会的发育空间受到挤压，原本应该由社会内部依靠自身力量就能化解的矛盾一直被积压最终爆发。因此政府应该逐步放权于社会，培育出一个强社会③，"强国家—强社会"的关系格局，一方面可以强化国家以服务型政府的角色服务乡村——提供均等化服务，另一方面使得乡村社会通过改革创新不断完善自治制度④。

倾向于集权型管理，而不是社会组织治理。受长期计划经济体制影响，当前农村的社会治理创新实践仍然是大包大揽式的集权型社会治理模式，解决社会矛盾仍然是由上而下的有强烈行政色彩"官治"运动。党政包揽替代多元参与导致社会治理的协同格局难以形成。随着社会治理由单一中心向多中心的转变，社会治理的主体不仅是党和政府，还要依托各类社会力量的协同和公民参与。政府通过法律只提供具有否定性价值的抽象的普遍秩序和规则⑤，然而，理论上的共识在现实推进中遇到了"全能政府"惯性的障碍。

---

① 参见包心鉴：《我国社会管理面临的困境和体制的创新》，《理论视野》2011 年第 3 期。

② 参见周红云：《作为全新改革理念的社会治理》，《学习时报》2014 年 2 月 24 日。

③ 参见颜如春：《当代中国的政府与社会关系模式探析》，《探索》2006 年第 3 期。

④ 参见毛丹等著：《村庄大转型——浙江乡村社会的发育》，浙江大学出版社 2008 年版，第 181 页。

⑤ 参见弗里德里希·冯·哈耶克著，邓正来等译：《法律立法与自由》（第二、三卷），中国大百科全书出版社 2000 年版，第 460 页。

目前一些地方政府仍然习惯于对社会组织和社会成员采取自上而下任务下达与政治动员的刚性工作方式，对社会事务大包大揽，忽略了各种社会组织和公众在社会治理中的主体地位和主力作用，甚至把社会治理片面理解为对社会的管制或管理社会组织，主张对社会组织的防控要横向到边、纵向到底，将社会组织和社会成员视为社会治理的对象而不是合作的伙伴。漠视社会公众对社会治理体制创新的公共需求。其结果不仅会导致多元主体协同的社会治理新格局难以形成，同时也会因缺乏社会协同和公民参与而影响社会认同。这种传统简化的管理方式或者仅仅通过政府自身管理一切社会事务的方式已经不能适应新时代和新形势的需要。社会动员和政治参与的速度偏高，政治组织化和制度化的速度偏低，其结果只能是政治不稳定和无秩序①。尤其是在我国社会加速转型期，社会矛盾凸显，政府在大包大揽之际，实际上使社会对全能型政府形成了依赖，所有的社会问题和矛盾都指向政府，基层政府就成为面对社会诸多矛盾的主体，疲于应付。同时，现实中社会又对基层政府因诸多"不作为"而造成的不良影响产生不信任和怀疑。"高依赖、低信任"的困境，容易对基层政府提出过高的期待，无疑会加剧基层政府的负担。而没有社会组织作为中介或者是防护带，还容易使政府引火烧身。比如当前的社会运动和社会事件很容易政治化，非要有政府力量的介入才能解决矛盾。社会治理蕴涵了有限政府、法治政府、公众参与、民主、社会公正等等理念，以共同治理为本，谋求政府公共部门、私营部门、公民社会等多种社会管理主体之间进行广泛沟通与交流，通过共同参与、协同解决、公共责任机制，在社会公正的基础上提高社会管理的效率和质量②。也只有建设"高效政府"、"有序市场"、"活力社会"③才能建立社会矛盾化解的长效

---

① 参见亨廷顿：《变革中的政治秩序》，三联书店 1989 年版，第 12 页。

② 参见孙晓莉：《西方国家政府治理的理念及其启示》，《社会科学研究》2005 年第 1 期。

③ 参见李培林：《深化社会治理体制创新研究，推动中国社会学走向世界》，《中国社会科学报》2014 年 8 月 18 日。

机制。

政府绩效评估的政府中心型倾向。在经济学上，绩效评估是指靠着对照工作目标或绩效标准，采用一定的考评方法，评定员工的工作任务完成情况、员工的工作职责履行程度和员工的发展情况，并将上述评定结果反馈给员工的过程。目前，绩效评估已经广泛用于对政府官员的施政效果的评价上，并且评估体系日益完善。在西方国家，政府绩效评估以及发展成为兼具官员政绩考核、政府工作效率、政策执行效率的综合考核体系。从政府绩效评估的发展历史看，存在两类视角：政府中心型和公众中心型。西方在 20 世纪 70 年代兴起的"新公共管理运动"的核心主张是摒弃失效的传统官僚体制，转向为结果而管理，其最重要的结果之一是"顾客"满意①。将评价和考核的裁定由上级部门转移到了治理对象即普通民众身上，这样可以更加全面地体现一项政策落实的绩效。但政府绩效评估在我国的实践同样也带有一定的行政色彩，是考察官员政绩的指标，而很少涉及公众满意度。因此，我国的政府绩效评估属于典型的政府中心型。这种评估标准一方面强化了政府部门和主政者之间的竞争，使得竞争者之间必须在短期内见到成效，并且成效高于对手。另一方面使得主政者只能顾及与潜在竞争者的较量，显得有些急促，难以顾及政策的实施和民众的实际需求之间的重合性，不能及时修正补充政策的具体内容和做法。尤其是我国"压力型体制"的特点更决定了政府绩效考核的"指挥棒"作用非常显著②。创新社会治理不可避免地涉及社会治理评价及工作绩效考核问题，要掌握社会治理绩效应格外重视和强调以公众为中心的主观指标③。这个主观指标体系必须包含社会治理的公平感、社会服务的满意度和社会幸福感，分别对应公众对社会治理公平公正性认可、对社会服

①　参见陈振明：《政府再造：西方"新公共管理运动"述评》，中国人民大学出版社 2003 年版，第 9 页。

②　参见荣敬本、崔之元：《从压力型体制向民主合作体制的转变：县乡两级政治体制改革》，中央编译出版社 1998 年版，第 28 页。

③　参见张欢、胡静：《社会治理绩效评估的公众主观指标体系探讨》，《四川大学学报》2014 年第 2 期。

务的满意程度认可和对社会总体生活环境和社会功能的认可。由于多种原因，全体民众并没有共享改革发展成果，加之地方政府的社会治理更加强调"维稳"，使得政府绩效评估主观指标体系难以反映民众的真实需求。随着公众参与程度的提高，政府绩效评估必然要求从内部控制转向外部责任，从效率导向转向结果导向，从政府中心转向公众中心①。

二、社会治理的行政化色彩浓厚

在古代社会中，由于技术条件的限制，国家力量难以触及到基层社会，对基层的治理更多地依赖地方势力。伴随着社会的发展，现代政治秩序形成了以民族国家为特征的形态，政治化发展的结果就是造就一个国家行政力量对社会进行全面渗透的社会，它的形成基础是国家对社区的全面控制②。受传统宗法制的影响，中国传统社会中的农民在社会交往中遵循的是"差序格局"和家(宗)观念，这种地方性的归宿观念里面是没有国族概念和国家观念的。这样就造成在封建社会晚期的社会转型中中国社会一盘散沙的局面，难以对抗早已实现现代国家治理体系的西方国家。因此，自近代革命以来，无论是农民革命、资产阶级革命还是社会主义革命都力图在推进现代国家政权建设过程中，强化政府权力对社会经济生活各个方面的干预和控制③。尤其是共产党领导的社会主义革命运动彻底打破了原有的社会治理结构，重构了国家政权和农村社会之间的关系，将二者统一整合进国家的政权建设和社会建设之中。受早期共产主义思潮的影响和现代化建设需要集中各种力量，新生政权通过"大跃进"、人民公社化运动改变了传统社会松散的状态，逐步实现国家对乡村社会的"总体性控制"，即通过高度集中的政治经济

---

① 参见周志忍：《政府绩效管理研究：问题、责任与方向》，《中国行政管理》2006 年第 2 期。

② 参见安东尼·吉登斯：《民族、国家与暴力》，三联书店 1998 年版，第 72 页。

③ 参见杜赞奇：《文化、权力与国家：1900-1942 年的华北农村》，江苏人民出版社 1994 年版，第 156 页。

体制将农村社会的生产和农民的生活都纳入到国家对基层社会的治理之中，行政力量无所不在，行政管理无所不包①。在改革开放新时期，国家虽然吸取一定的经验教训，放松对基层的控制，引导基层自治，激发社会活力，但是依然通过强化科层制管理效率的技术治理和目标管理项目制来支配地方政府及其治理。前者是创新管理技术、治理手段，使得基层治理越来越"技术化"，将指标管理和技术治理结合在一起，将激励和惩罚结合在一起；加强量化指标结构的多重化倾向，以实现政府的公共服务职能被纳入到数字指标控制的范围②。而后者是以构建政策的目标体系和对施政者实施考评奖惩作为其运作的核心，它在行政体系内部以及中央与地方、国家与社会之间构建出一整套以"等级—政绩"和"责任—利益连带"为主要特征的制度性联结关系，实现各级政府间的上下联动和互动。总之，在"强国家—弱社会"的力量结构中，我国的社会治理运动先后表现出中央主导下的农民动员式参与、地方政府主导下的农民命令式参与模式和基层政府的行政动员式③，社会治理的理念、体制和实践都表现出了很强的行政化色彩，以行政动员替代社会动员。

国家包揽一切的人民公社废除后，国家对村庄的控制方式和治理手段则选用"选择性控制"或"有限控制"。在农村地区实行乡政村治的二元治理格局，国家行政性权力上收至乡镇一级，在乡镇以下推行村民自治，以凸显公民自治和发挥村委会的重要作用。而具体的控制方式也不再是赤裸裸的行政命令和行政手段，而是将行政命令和行政手段融入半契约性质的责任制中，增强政府服务的功能，以责任和服务来推动基层治理。但是，值得注意的是，村民自治虽然赋予基层一定的自治权限，但是依然是国家法律框架内的自

---

① 参见孙立平：《改革前后中国国家、民间统治精英及民众间互动关系的演变》，《中国社会科学季刊》1994年第1卷。

② 参见渠敬东、周飞舟、应星：《从总体性支配到技术治理——基于中国30年改革经验的社会学分析》，《中国社会科学》2009年第6期。

③ 参见徐理响：《从动员式参与到自主式参与——农村公共事务治理中的农民角色分析》，《学术界》2011年第5期。

治，行政管理是法律在基层实施的基本保障，因此村民自治对上不能取代国家行政管理，自治的逻辑在实际操作中依然遵循的是国家的逻辑，所以自治的逻辑并没有得到真正的贯彻。在自治制度无法较为成熟地贯彻时，基层组织和农民的自治权就难以保障，即在国家管理和村民自治之间产生了社区参与困境①。社区建设过程中，本应该作为社区建设主体的农民遭遇到"不参与"的境遇。由此可见，政府自上而下的行政管理与居民自下而上的村民自治不能有效对接、嵌入和互动，始终是横亘在破解农民社会参与困境中的根本性问题。

《村民自治条例》已经对村委会的行动基础、自治范围、具体事务和依赖力量有详细规定，村治是指以村规民约以及村民意愿为后盾，强调高度的自治和一定程度的民主，事关村民自身利益的社会公共事务（这里主要是指村务）由村民自己处理②。农村自治意味着村民享有对整个农村事务的参与权和决定权，尤其是对共同资源的处置权、收益权和分配权。与此同时，学界认为乡政是以国家的强制力为后盾，强调高度的行政和一定程度的集权，是国家政权下沉到最基层之所在，属于国家行政权力体系；作为强制性政权的乡政与作为自愿性自治的村治共处于国家、社会制度体制内，乡政与村治分别处于政府行政体系的内外，分别代表国家和集体的利益，其在权力来源治理方式等方面存在着较大的差别③，但在实践的过程中，乡政依附的国家政权具有外生的强制性，是农村治理资源最终拥有者和治理方略的实施者。乡政府通过将上级部门的治理任务分解、打包给村委会实现责任的分散和转移。而自治地位的村委会由于要承担上级分解下来的任务，没有资源和精力去做好自治工作。村委会本来是村民自我管理、自我服务和自我教育的"头"，

---

① 参见向德平、高飞：《社区参与的困境与出路——以社区参理事会的制度化尝试为例》，《北京社会科学》2013 年第 6 期。

② 参见张厚安：《中国农村基层政权研究》，四川人民出版社 1992 年版，第 196 页。

③ 参见张举：《乡民自治：农村治理模式的一种选择》，《理论导刊》2005 年第 9 期。

却沦为乡政府行政工作的"脚"，充当了乡政府的附庸。乡镇政权作为国家政权体系的最底层，直接面向广大的乡村社会，所起的作用应该在于深入贯彻国家意志，并成为农村利益的反映者和代言人，它应该保持国家目标和社会利益的统一性。由此可见，乡镇政权实际上是村庄治理的主体，而村干部仅仅是村庄治理的委托代理者。宏观管理体制与乡村自治的错位在"乡政村治"的格局下，村民委员会不再是单纯的群众自治组织，它实际上还承担着延伸国家行政权力的功能。村委会的管理者既要扮演完成国家和政府任务的"代理人"角色，又扮演着管理本村事务、为村民提供服务的"当家人"的角色①。可见，政府施政与村民自治之间的这种矛盾植根于集权体制传统的国家与社会的矛盾之中②。当现有的制度安排难以改变村社干部作为国家和政府"代理"人的角色时，农民就会失去有效承担社会责任的机会，他们参与社区活动的空间也会十分狭小。

而作为村委会工作人员的村干部的角色在政府管理和村民自治关系模糊的同时出现异化，导致行政权与自治权以及"为公"与"为私"的悖论。国家行政权和村庄自治权的冲突是导致乡村治理存在困境的总根源，也是村干部角色异化的总根源。

以法务前沿工程为例，县委、县政府成立实施"法务前沿工程"领导小组，出台工作方案，将"法务前沿工程"的目标任务纳入乡镇年度目标考核的重要内容，纳入全县社会治安综合治理目标管理责任书的重要考核内容，纳入综治工作与乡镇、村(居)干部绩效工资挂钩的考核内容，明确责任和任务③。完成国家赋予的政治任务是基层政府的本职需要，但自农村税费改革后，县级财政收支困难，在无力承担为辖区内的民众提供公共服务的同时还要承担上

① 参见徐勇：《中国农村村民自治》，华中师范大学出版社1997年版，第231页。

② 参见胡永佳：《村民自治、农村民主与中国政治发展》，《当代中国研究》2000年第4期。

③ 参见王国强：《"法务前沿工程"理论与实践》，《中国司法》2009年第8期。

级压下来的任务。国家行政体制与国家财政体制的不匹配导致农村社会的基层财政吃紧，无法进行有效的公共基础设施建设和公共服务供给，陷入制度与体制设计之痛①。只能通过行政命令和科层制考核机制，将任务层层下压，最终落到村委会和村干部的头上。虽然村民自治摆脱了国家的全面控制，但国家政治的统一性有所减弱，压力型体制及增压体制没有得到根本性的改善②。自上而下推进的设置方式和严格的工作责任制，使得村(居)法务前沿工作站体现出一定程度的"官办"或"半官办"色彩③。中国的乡村治理存在乡政村治二元治理格局的结构性矛盾所引起的体制性冲突及制度性制约④。

　　村民自治的逻辑是依靠村庄内部的秩序，即村庄社会内部的内生力与村庄与国家行政体制之间的秩序，基层社会治理的现代化过程，可以理解为乡村社会的再组织过程，应该是市场化的组织过程⑤。村委会和村干部对于农村的实际需求更加了解，需要采用什么样的管理办法，建立什么样的考核机制，应该由村民会议或村民代表会议自主决定。村委会是村民自治的载体，其在日常管理方面应具有更多的开放性和灵活性，上级部门的治理策略只需提供基本的原则和制度框架，而不应将具体的治理措施和考核机制规定得过多过细，严重捆缚村委会和村干部的创新空间和行动能力。基层政府的社会治理需要尊重村民自治的自身规律和发展需求，建构起充分体现农民主体地位、符合农民需求、上下贯通的新型社会治理理

---

①　参见于水、杨萍：《"有限主导——合作治理"：未来农村社会治理模式的构想》，《江海学刊》2013 年第 3 期。

②　参见于建嵘：《共治权威与法治权威——中国政治发展的问题和出路》，《当代世界社会主义问题》2008 年第 4 期。

③　参见陈荣卓、唐鸣：《城乡统筹中的农村基层司法行政服务模式创新——湖北罗田"法务前沿工程"的经验与反思》，《江汉论坛》2012 年第 4 期。

④　参见杨嵘均：《论治理理论在新农村建设中的境遇及其出路》，《江苏社会科学》2010 年第 6 期。

⑤　参见于建嵘：《农村治理的问题与对策》，《中国政法大学学报》2008 年第 4 期。

念和治理机制，最终实现自上而下的国家管理与农村社会的自我管理的有效衔接与良性互动。

行政主导的社会治理在转型时期农村社区遇到的困难反映出中国的官本位文化和政府管制型行政模式存在着严重的错位，中国缺少成熟的多元管理主体和民主协作的精神等①。长期以来，国家以经济建设为中心，强调政府对经济发展的引领作用，各级政府把主要精力放在了推动经济改革和经济发展上，而社会领域的改革和社会发展并没有引起相应的重视，从而造成社会管理体制创新不足、社会事业发展明显滞后，进而导致经济发展与社会发展的不协调。因此，农村治理的核心是处理好对农村公共资源的占有和使用以及农村公共物品的提供和公共设施建设之间的关系问题。"重经济增长、轻社会发展"使得农村社会治理的资源集中在政府手中，最终导致公共物品分配不均。基层农民难以享受改革成果，农村各项事业发展滞后，农民大量外流，加速了农村的衰落。在市场经济洗礼和现代文明浸润下，农民的主体意识和权利意识凸显，农民期待着公正公平的分配体制和享受平等的国民待遇。来自行政色彩浓厚的官方治理方法难以调动农民的积极性。

三、政府部门协调联动机制缺乏长效性

从社会矛盾的成因上看，当今社会矛盾具有复杂性、综合性、多因性等特点，多种矛盾可能源于一个因子，多个因子可能作用于同一个矛盾，矛盾的症状呈交叉感染之态。因此化解社会矛盾需要政府各部门密切配合，协同治理。因此，创新社会治理，必须建立健全与社会主义市场经济体制和新时期新特点相适应的社会管理格局和管理模式，变计划经济条件下自上而下的部门条线管理、分散管理为条块结合、以块为主的平台式管理、网格化管理、综合性管理，变过去的运动式、突击式、被动式管理为常态化、持续化、主

---

① 参见麻宝斌：《公共治理理论与实践》，社会科学文献出版社 2013 年版，第 71~73 页。

动化管理①。

现代政府是建立在科层制的分工基础上的，政府治理往往依靠的是官僚制等级结构，这种层级制的委托代理机制与封建意识相结合，导致出现权力部门化、利益集团化的现象，阻碍治理机制的正常运行。而部门利益之争，以及现行政绩的攀比机制，使这种矛盾加剧。行政部门之间往往出现条块分割、各自为政、推诿扯皮、责权不明的种种弊端。其整体工作效率不高，故如何形成部门协调的联动机制，是政府社会管理所面临的严峻考验。从我国调解体系的现状来看，多部门之间的协调共治存在以下问题：首先，多方调解机制各自为政，缺乏统筹主导的部门和主体；其次，基层调解组织及其实际调解工作者法律素养和调解能力参差不齐，由调解部门作出的协议缺乏法律保障，在执行上存在执行可能性低的问题；最后是基层司法资源匮乏与当前转型期"诉讼爆炸"的现实之间存在着日益激烈的矛盾②。调解的供给和需求之间失衡造成调解的法律效力缺失。当前，为了解决多部门治理之间存在的不合作问题，一些地方采取一种过渡性措施，比如建立"条条"与"块块"的联席会议制度，缓解了一些矛盾，但难以真正解决这一矛盾。就现状来看，部门间的协调联动机制主要存在以下问题。

首先，社会治理协调启动与协调机构的设置具有随意性。社会治理协调机制是一项涉及众多政府部门的综合性治理举措，在机制启动前必须要经过科学、综合的考察和论证。在具有可行性后进入政府决策时必须首先启动部门间协调机制。这涉及一些关键性问题，如由哪个部门牵头启动，在什么情况、地点、范围启动，而当前各地的社会治理实践大多带有很强的随机性和偶然性。从牵头部门来看，启动者往往利用政府某项改革带来的部门边缘化，以强化部门职责为由，随意启动。这种主要由政绩导向的激励机制很可能

---

① 参见公安部"社会治理"专题调研组：《关于加强创新社会管理若干问题的研究》，《公安研究》2011年第7期。

② 参见中共绍兴市委党校、绍兴市"枫桥经验"研究会编：《"枫桥经验"与新城镇社会管理创新研究》，中国社会科学出版社2013年版，第89页。

是部门的一时兴起，难以保持长久。从牵头的组织者来看，往往都是由于其治下的社会矛盾较为突出，而组织者又有一腔热心，以为人民服务为由，向上级领导以及部门间宣传问题的重要性和紧迫性，以引起上级的重视，协调机制很快就启动。从协调机制启动时机看，有可能在某个时间节点，由于突发的公共事件引发了社会舆论的普遍关注，成为街头巷尾议论的话题而启动；从启动的部门连接看，某项社会问题的解决涉及多个部门的利益，由主要部门牵头，积极地同相关部门沟通协调，或者是由某个部门负责人具有较高的责任感和使命感带头推动协调机制的启动。因此在个人责任感、部门利益和压力型政绩观共同作用下，部门间协调机制很可能在没有获得综合论证的前提下匆匆启动，具有一定的随意性、盲目性和偶发性。协调启动不仅是随意的，大量协调机构的设置也是随意的。

在机制运行中，协调过程有可能具有随意性。这主要表现在：一是在协调中，由于个人意志的作用，在协调机制开启前发起该机制的负责人可能因此获得较高地位，运用自身的影响力自觉或不自觉地代替了部门间平等协商，损害了其他参与部门参与协调的积极性。也有可能是上级部门负责人单方制定某项程序和规则，使得协调机制运行过程中由于部门地位，领导人角色的不平等影响了平等协商的精神而失效。二是协调机制缺乏长效性机制。由于启动协调的偶然性和随意性，而协调又缺乏法制化、规范化机制，一些政府部门在协调沟通中由于受益不均，出现两极分化现象，没有获益或者获益较少的部门故意拖拉、缺乏热情，直接降低了联动机制行政效能的发挥。三是协调机制建立和运行的标准和依据具有随意性，缺乏法律效力。有些主导协商机制的部门以部门规则替代法律、法规，将其他部门视为助手，随意指挥，以行政命令的方式强制其他部门配合。四是协调结果的不确定性。我国政府部门的设置及其职责范围是根据条块分割的原则确定的，形成于计划经济时代，由于强调国家全能主义，"国家办社会"的思想导致部门众多，职能相互交叉，没有按照管理要素进行科学的设置。同时条块分割的权力结构容易形成部门主义和官僚主义，也形成了个体对国家的高度依赖。因此我国政府部门的改革频繁进行，出现收缩和膨胀交替进行的困境。转型期的当代中国，部门利益化进一步加剧了部门权力的分割和部门职能的交叉。

以法务前沿工程为例，该工程的启动是由于罗田县司法改革、精简司法机构导致司法部门的边缘化，同时该县是贫困山区，大量人口外流，农村地区社会管理缺乏人才；社会矛盾凸显，民众对法律的需求旺盛；加之其领导人履新，新官上任三把火，因此开展了法务前沿工程。在县委、县政府的领导下，各部门协调联动：县委、县政府成立实施"法务前沿工程"领导小组，出台工作方案；司法行政机关负责"法务前沿工程"的具体实施；人民法院加强社区矫正和审前社会调查工作的衔接，重视和支持人民调解工作，提高人民调解协议的采信率；检察院加大对社区矫正工作的监督力度，确保矫正质量；公安部门积极配合司法行政部门，加强对社区矫正对象的监管；民政部门积极解决社区矫正和安置帮教对象生活中的实际困难，将符合低保条件的矫正、帮教安置对象纳入低保范围，对"三无"帮教对象及时纳入社会救济范围；劳动保障部门积极为没有自谋职业能力的矫正、帮教对象提供职业技能培训机会，并指导就业；宣传部门加强信息沟通和反馈，大力推广工作典型，为"法务前沿工程"的全面实施创造良好的舆论氛围和社会环境。县政法委每季度召开一次联系会议，了解工作情况，加强跟踪督办，促进部门联动。从而形成组织建设上的网络化，参与力量上的社会化，服务触角上的系统化的工作机制①。可以看出其中涉及众多的政府部门。但法务前沿工程之所以后期发展乏力，很大的原因就是个人的推动在运作过程中缺乏长效联动机制，最终由于部门负责人的调动出现"人走政息"的困境。总之，社会治理中，政府部门难以建立长效的联动机制主要是部门间资源共享和互依程度低、

---

① 参见王国强：《"法务前沿工程"理论与实践》，《中国司法》2009 年第 8 期。

部门合理性和合法性压力小、部门间信任程度不高等因素综合作用的结果①。

还有一点值得注意的是，协调联动机制设立的新的协调机构在嵌入政府权力结构中有可能打破部门分工和权力平衡，干预其他部门的工作最终走向后期发展乏力。任何一项新的机构的设立必须具有法律依据、职能分工和权限，避免出现越位，干扰其他国家权力、社区自治权利的正常行使。和其他社会治理案例一样，"法务前沿工程"这一迎合现实需求的机制创新，其新成立机构的职能延伸行为并没有直接充分的法律根据和严格的程序规则，因为在原有社会治理机制依然发挥作用的情况下如何给予制度的保障成为迫切的难题。特别是当基层司法行政机构将主要精力花在对村(居)一级法务前沿工作站的管理、指导、协调等方面，并使自身的工作融入当地党委、政府的中心工作之时，实际上其地位就从直接服务者更多地变成了间接管理者。这时，可能会出现司法部所严禁的超越职权、参与非职务活动的问题②。

四、运动式治理的困境

在由政府发起和推动的大规模的政治运动较为频繁的时代中，积累下来的治理策略在当前的社会治理中依然存在。运动式治理指由占有一定的政治权力的政治主体凭借手中掌握的政治权力发动的维护社会稳定和应有的秩序，通过政治动员自上而下地调动社会成员的积极性和创造性，对某些突发性事件或社会疑难问题进行专项治理的一种有组织、有目的、规模较大的群众参与的治理过程，它是运动式治理主体实现特定目标的一种治理工具③。由此可知，运动式治理具有治理主体的权威性(以政府为主导)、治理客体的特

---

① 参见余亚梅、唐贤兴：《政府部门间合作与中国公共管理的变革——对"运动式治理"的再解释》，《江西社会科学》2012 年第 9 期。

② 参见陈荣卓、唐鸣：《城乡统筹中的农村基层司法行政服务模式创新——湖北罗田"法务前沿工程"的经验与反思》，《江汉论坛》2012 年第 4 期。

③ 参见冯志峰：《中国运动式治理的定义及其特征》，《中共银川市委党校学报》2007 年第 2 期。

定性(具体的社会问题)、治理方式的运动性(以动员的方式进行)、治理时间的短期性(一旦问题得到化解就失去了治理意义)、治理结果的反弹性(治标不治本)、治理成本的虚高性(集中财力、物力、人力的动员与治理)、治理过程的模式性(行政色彩浓厚需要治理的规范化和量化考核)等特征。通过政治动员来调动群众,实现对治理客体的有效治理是其最基本的核心环节。

从以往的运动式治理过程来看,作为一种社会治理策略,运动式治理的运作虽然带有一定偶然性和个人因素,而有着一整套制度设施和环境。但是它和科层化的日常治理一同是国家治理制度逻辑的重要组成部分①。从文化层面上看,运动式治理是在中国特定的文化背景下产生的一种治理方式。由于我国传统文化中社会等级观念根深蒂固,统治者鼓吹"尊君爱民"的思想,导致民众的自主意识和参政意识特别薄弱,集体意识、服从意识却特别强烈。而一旦统治者遇到危机时,往往发动民众进行大规模的针对性治理运动,而民众对统治者的遵从,将热情转化成盲目的迎合,"民众表现出对理性的无动于衷,失去了批判能力,表现出明显的从众心理,大众倾向于把复杂的问题转化为口号式的简单观念"②。

新中国成立以来,运动式治理在日常生活中无处不在。宏观层面上③,中央政府的政策需要通过运动的方式下达到基层;中观层面上,针对某一个民众普遍关心的问题,国家介入进行治理,如"三鹿奶粉事件";微观层面上,如政府不参与的社会团体或企事业单位的内部整顿,都是以运动式治理方式展开。改革开放后,大多数的社会政策都是政府主导进行的,因此带有明显的运动式色彩。"中国面临着一种制度化运动的悖论,即改革意味着政治生活

---

① 参见周雪光:《运动型治理机制:中国国家治理的制度逻辑再思考》,《开放时代》2012年第9期。

② 古斯塔夫·勒庞著,冯克利译:《乌合之众》,中央编译出版社2000年版,第19页。

③ 参见冯志峰:《中国政府治理模式的发展:从运动中的民主到民主中的运动》,《领导科学》2010年第5期。

常规化，但却是以政治运动方式进行的。"①

自新中国成立以来，新生政权担负着改造旧社会、建立新社会的历史使命，国家通过大规模的国家政权建设，将社会成员纳入到国家的行政管理体制内。单位制和人民公社化运动助长了平均主义，原有的社会格局被颠覆，社会成员实现了高度的同质性和政治性。"强国家—弱社会"的力量格局将传统的治理力量同化到国家行政体制内部。国家行政治理采用简单的条块分割模式，这在单一性的治理主体和同一性的治理客体的计划经济时代具有高效的治理绩效，这时的社会治理更倾向于政治运动式治理②。改革开放后，在去政治运动化过程中，以"阶级斗争为纲"转向以"以经济建设为中心"，建立主导经济发展型政府。这种政府以发展经济为己任，各种社会力量依然处在被国家压制的状态中，同时必须包揽由发展所带来的一切后果。现代政府必然是基于专业分工原则的科层制模式，即依赖于正式官僚系统的发展，但社会成员异质性逐渐增大，社会流动频繁，新问题、新矛盾层出不穷，此起彼伏，以往的条块分割治理难以有效应对。改革开放以来的国家制度建设推动了社会治理的常规化进程，但就当前的各种社会问题与挑战的有效应对而言，常规化治理水平还不高，社会组织参与社会治理的规模也不大，由此时常出现的运动式治理仍然深刻地影响着当代中国社会治理③。

政府过度强调分工和职能分开，将不可避免地造成部门间政策目标与手段的冲突。官僚体系内部亦会不断地再分工及更专业化发展，进而形成官僚体系内部的隔阂，组织关系便呈现"碎片化"的

① 詹姆斯·R.汤森著，顾速译：《中国政治》，江苏人民出版社1995年版，第283页。

② 参见叶敏：《从政治运动到运动式治理——改革前后的动员政治及其理论解读》，《华中科技大学学报》2013年第2期。

③ 参见仇立平、张虎祥：《当代中国社会治理转型及其逻辑》，中国社会学年会论文，2014年。

状态，"韦伯式问题"导向碎裂化问题①。按照组织功能原则，每个部门都拥有其独立的领域、目标、价值与行为规范，这造成了部门之间的隔阂与冲突，使得部门间的目标和资源难以有效整合。由于政府部门之间缺乏长效的合作机制，一些社会问题长久得不到解决，随着它们越来越严重，往往形成负面影响巨大的公共事件，进而引起高一级政府部门的重视，迫于社会舆论和政绩，高一级的权威机构便协调多个政府职能部门，希望通过运动式的治理来解决凸显的公共问题，至少是缓解这些公共事件的冲击和压力。在运动式治理的过程中，上一级权威部门通过行政权威迫使下级职能部门进行合作。运动式治理是发生在官僚组织内部的集体行动，即政权系统内部打破制度常规或专业界限而进行的生产性协作②，但是这种临时性的协作不能持久地为政府部门之间产生合作提供有效的制度支持，运动式治理所形成的部门之间的短暂合作行动，并不是出于各部门的理性选择。运动式治理本身突破常规、集中资源和注意力的特点，常常为不同群体借此追求利益和诉求提供了契机，导致失控的危险和高昂的交易成本。因此，运动型治理机制的启动和运行大多是间歇的、短期的③。此外，部门间合作关系的产生和存在，其关键是各部门职能之间存在交叉，产生的行政依赖。大多数运动式治理所形成的部门间短暂的合作关系，是经由一个权威部门牵头和协调而成的，在此之前，各部门间处于各自为政的"碎片化"状态，运动式治理行动只是一次性的行为，它至多为各部门提供了一个接触和联系的机会。运动式治理不可能产生持久的部门间合作关系。政府部门间的合作关系之所以难以建立，在于部门间合作需求的缺乏，这是部门间资源共享和互依程度低，部门合理性和合法性

---

① 参见韩保中：《全观型治理之研究》，《公共行政学报》2009 年第 3 期。

② 参见冯仕政：《中国国家运动的形成与变异：基于政体的整体性解释》，《开放时代》2011 年第 1 期。

③ 参见周雪光：《运动型治理机制：中国国家治理的制度逻辑再思考》，《开放时代》2012 年第 9 期。

压力小，部门间信任程度不高等因素综合作用的结果①。

当前我国基层政府在专断性权力丧失、基础性权力又尚未确立、行政运作缺乏充沛资源的情景之下，通过对传统的"运动"资源加以简化利用而作出的权益性的行为选择，而这一治理实践本身收效甚微②。"压力型体制"③引发的"政治锦标赛"④是当前农村社会治理中形成运动式治理的一个重要的结构性背景。荣敬本认为，随着改革开放以来的放权让利，县乡管理体制开始从传统计划体制下的集中动员型体制向分权压力型体制转变，其中具体表现为分层化的政治承包制，即上一级政府将任务以各项指标的形式进行下达，下派给下级组织和个人，并责令其在规定的时间内完成，然后再根据其所完成的情况给予政治和经济方面的奖励。

显然，从以上的论述中可以看出运动式治理能否演变成常态化治理取决于运动式治理措施是否和现有治理措施具有较高的匹配和补充，当然也取决于运动式治理的政治、经济、社会成本的高低。具体而言，取决于四对矛盾。

第一是"有限政府"和"有事找政府"之间的矛盾。政府已从传统的统治全能型转向了有限型服务型政府，尤其是政府在很多由社会和市场承担的领域慢慢退出，"有限政府"将会越来越集中在"恶治"领域，即惩罚破坏社会秩序的人。而转型期社会原子化动向使得个人间以及个人与组织之间的联系中断⑤，个体直接面对政府。一旦个体需要利益诉求时，"找政府"就成为唯一的途径。而官方

---

①　参见余亚梅、唐贤兴：《政府部门间合作与中国公共管理的变革——对"运动式治理"的再解释》，《江西社会科学》2012 年第 9 期。

②　参见狄金华：《运动治理：乡镇基层政权治理策略》，《社会》2010 年第 3 期。

③　参见荣敬本、崔之元等著：《从压力型体制向民主合作体制的转变：县乡两级政治体制改革》，中央编译出版社 1998 年版，第 28 页。

④　参见周黎安：《转型中的地方政府：官员激励与治理》，上海人民出版社 2008 年版，第 87~95 页。

⑤　参见田毅鹏：《城市社会管理网格化模式的定位及其未来》，《学习与探索》2012 年第 2 期。

的意识形态也一直在宣传"群众利益无小事"，尤其是在农村社会治理中，县政府动员乡镇政府，乡镇动员村委，村委动员村内的骨干，这些都需要以一定的物质作为激励。虽然运动式治理化解纠纷的效果可能更佳，但运动式的治理方式在活动成本上要比日常性的制度化工作成本高①。

第二是有限的财政拨款与无限的服务需求之间的矛盾。提供服务是政府公共管理的重要方面，调节社会纠纷、化解社会矛盾是政府服务的组成部分，但现代政府财政是有限度的，而民众对公共服务的需求是无限的。政府需要花费巨额财力才能满足民众的需求，这将使政府陷入"入不敷出"的窘境，尤其是农村税费改革后，基层政府的财力更是捉襟见肘，甚至有的地方连村干部的财政补贴都难以按时发放，更谈不上公共服务的足额供给。

第三是条块分割与"责任发包"的矛盾。运动式治理涉及多个部门，各个部门有自己特定的职能领域，因此将治理的内容分类打包给各自相关的部门，而按照"谁主管、谁负责"的原则，上级政府将治理任务由部门责任转给了下级政府领导，而有的领导倾向于借助其所属部门进行治理。如果治理的内容和难度与所在组织利益冲突，就使得领导在面对条块分割的部门时失去协调部门的能力。

第四是非常态的运动式治理对常态化治理的侵蚀。以运动式治理干预常态化治理，必然带来相应后果：首先，它与社会发展的理性化与制度化的发展规律相悖；其次，运动式治理以行政控制凌驾于法律规范之上，导致法律规范对公共生活的规范性效力降低，弱化了法规威信，违背了法治精神；最后，历史的经验揭示了极端的运动式治理往往导致的是社会秩序的混乱②。

第三节　农村转型时期社会治理困境的原因解读

---

① 参见程曦：《"运动式治理"日常化的困境——以 L 县基层纠纷化解活动为例》，《社会主义研究》2013 年第 4 期。

② 参见黄科：《运动式治理：基于国内研究文献的评述》，《中国行政管理》2013 年第 10 期。

一、传统性与现代性之争——社会治理文化背景时代的分析

当前中国社会正处于转型加速期，社会转型建立在传统社会与现代社会这样一种社会分类的基础之上。社会管理的权威基础是二者的区别之一，传统社会的管理以传统权威为基础，具有传统性，而现代社会则以法理权威为主①。由此可见，传统性与现代性是社会转型理论的二分结构话语，礼治和法治分别是二者的社会治理形态。当下有着传统特质的中国乡土社会在现代化大潮洗礼下，乡土性特征也在发生变化，同时乡土社会结构的存续又维持着部分乡土特色，被称为"新乡土社会"②或"后乡土社会"③。

礼治秩序是中国传统乡土社会的管理伦理。乡土社会是个"无法"的社会，假如我们把法律限于国家权力所维护的原则，但是"无法"并不影响这个社会的秩序。因为乡土社会是"礼治"的社会，而礼却不需要权力机构来维护，维护"礼"这种规范的是"传统"④。但自近代以来，国家为了获得自身权力的合法性和稳定的社会秩序，推行一种"国家主导型的现代化发展模式"，即自上而下地进行了大规模的法制建设以弥补"皇权不下县"所带来的弊端。尤其进入转型期的新乡土社会，开展了"普法"宣传、"送法下乡"等活动。但国家自上而下的法制建设打破了礼治作为乡土社会秉承历史传统维持社会秩序的"独霸"局面，出现了礼治和法治的并存和冲突。一方面，外来的规范进入乡村社会之中，其为国家所赋予的合法性与正当性使得乡村社会内既存的地方性规范受到冲击，甚至瓦

---

① 参见刘祖云主编：《社会转型解读》，武汉大学出版社 2005 年版，第5页。

② 参见贺雪峰：《新乡土中国》，广西师范大学出版社 2003 年版，第23页。

③ 参见陆益龙：《农民中国——后乡土社会与新农村建设研究》，中国人民大学出版社 2010 年版，第 92 页。

④ 参见费孝通：《乡土中国 生育制度》，北京大学出版社 1998 年版，第32、58页。

解，导致传统国家的正式机制和思想基础都被破坏①。另一方面，国家制定出一些只有法理意义而缺乏实际效力的法律条文，使我们的社会成为"一个法律更多但秩序更少的社会"②，即形式上有规范而实际上无规范的状态，出现了"规范真空"状态③。

费孝通认为，从文化传统来看，中国传统文化中不乏以人为本的理念，但是缺少让民众参与的体制、机制④。在传统"君臣"的等级制中，国家制定的法律更多的是"刑法"，"刑"主要体现管制、管理，强调对违法者的惩罚，意在强化民众的服从意识和等级意识。恰如费孝通指出的，我们的遗产中找不到像美英一般的宪法和民主⑤，这种缺失"民法"的法律体系让民众避而远之。从日常生活来看，支配人们在日常生活中展开各种行为的制度，更多的是习惯、习俗和惯例以及在文化传统中传承下来的道德伦理规范⑥。正式法所代表的是一套农民所不熟悉的知识和规则，在很多情况下，它们与乡土社会的生活逻辑并不一致⑦。由此可见，转型时期的乡村社会规范出现了"破而未立，立而未行"的混乱局面。从礼治的实施效果看，礼治对法治具有重要的补充价值：第一，在内容上，礼治是对法治的有效补充。由于种种因素，中国农村社会在一定程度上，在一定领域内是超越正式法律控制的，因为政府还不能提供

---

① 参见孔飞力著，谢亮生等译：《中华帝国晚期的叛乱及其敌人》，中国社会科学出版社 1990 年版，第 217 页。

② 参见苏力：《二十世纪中国的现代化和法制》，《法学研究》1998 年第 1 期。

③ 参见刘祖云主编：《社会转型解读》，武汉大学出版社 2005 年版，第 149 页。

④ 参见丁元竹、江汛清：《社会体制的历史和逻辑轨迹考察》，《经济社会体制比较》2012 年第 3 期。

⑤ 参见费孝通：《费孝通文集》第五卷，群言出版社 1999 年版，第 68 页。

⑥ 参见刘少杰：《改革创新社会管理体制，化解风险型社会矛盾》，《科学社会主义》2010 年第 3 期。

⑦ 参见王铭铭、王斯福主编：《乡土社会的秩序、公正与权威》，中国政法大学出版社 1997 年版，第 464 页。

足够的或专业的法律服务来保持这些社区的秩序①。再者，法治调整对象的范围有限，加之其适用的普遍性，就导致了法治在调整对象、调整力度等方面存在天然的缺陷和不足，特别是处于变革的社会转型期，大量新出现的社会关系需要法律规范调整之时，法律又不能进行及时有效地立、改、废，就造成了在实际生活中法治不能满足广大农民迫切需求的状态。第二，礼治为法治解决一般民事纠纷提供了某些值得借鉴的方式和机制。由于礼治是农村的广大基层民众在其日常生活、共同劳动过程中逐渐地形成并发展起来的，其所设立或采用的解决争议的方式和惩罚措施，既具有一定的地域性又具有普遍性。第三，礼治的节约成本价值。从国家的角度来看，礼治有利于节约立法和司法成本。在立法层面上，由于礼治在其作用领域能够获得成员普遍的心理认同，其实施时需要的强制力最低。如果国家承认和吸收一些礼治规范，法律的实施就会减少阻力，就可以节省成本。而对于司法活动来说，由于司法资源是有限的，如果对那些较小的民间纠纷仍固执地坚持"严格执法"的教条，那势必构成对司法资源的浪费，从而违背社会效益和经济效益最大化的原则。对个体来说，个人选择礼治规范解决纠纷，除了经济成本的考量外，更重要的是社会成本，主要表现为人际关系的维护。对个体而言，社会关系网络是一种很重要的社会资源，从而也代表了某种利益。因此，为了维护关系机制的和谐和稳定，人们往往在正当利益之外还要考虑面子、人情等因素，以利于今后的社会交往。而"对簿公堂"对人们来说，虽然并不是没有意义，但总意味着人情关系网的撕扯、社会连带的破坏和面子的缺失②。因此，当纠纷发生时，礼治有利于人们奉行的"和为贵"的原则，有利于维护纠纷双方的长远利益和友好关系。此外，法治的推行在农村社会转型时期遭遇的困境是多方面的。

---

① 参见苏力：《法治及其本土资源》，中国政法大学出版社1996年版，第34页。

② 参见李川：《中西文化冲突下的司法审判》，见谢晖、陈金钊：《民间法》（第四卷），山东人民出版社2005年版，第453页。

　　首先，是新乡土社会中礼治的存留及其对法律生存空间的挤压。乡村的工业化并没有带来乡村的城市化，只是在一定意义上造就了一批"半工半农的村庄"①。在此经济条件下，解决纠纷主要的依靠力量还是基于传统的"地方性知识"。法治内容和范围的有限性给了礼治生存的空间。乡土社会虽然是一个法律无从生发的环境，但是它并不因为法律的缺位而杂乱无章或"无法无天"，它在传统礼俗、人情、习惯等的礼治维持下，仍然保持相对井然有序的状态。由此，我们得知，传统礼治的存在，使人们在对待和处理冲突和纠纷时，往往借助于区域内人情和礼俗，而不愿意直接求助于国家法律，这就在不同程度上挤压了法律的生存空间，使法律不能在更大范围"一显身手"，从而在某些领域内形成法律缺位现象。

　　其次，法律的制定、实施超前或滞后于乡村社会生活。其一，法律的制定具有局限性。在当前社会转型期，我国的法制建设还存在不少的瑕疵和疏漏，在立法的过程中，存在一些盲目的弊端，不是过于超前，不适应农村现状，就是法律滞后，不能及时和迅速适应变迁的农村社会关系，不符合广大乡村社会的生活实际，得不到农民的认同。另外，法律在立法思想上缺乏农民权利的优先意识。在经济社会地位上，农民实际上处于弱势，缺乏话语权。而法律对这一弱势群体并未给予应有的关注，导致了农民立法待遇的不公和现实的不合理，造成了国家法律不能反映农村社会需求的缺陷，使得农民规避法律，甚至不惜违背法律。其二，法律的制定和修改必须遵守严格和繁琐的程序，不能朝令夕改，否则就会损害法律的权威，使社会关系处于不确定状态中，从而破坏社会秩序。而法律的这种相对刚性和滞后性，却难以满足日新月异的新乡土社会对法律的需求，出现了"供给不足"的现象，即民众需要的，法律没有提供；或者是"供给不当"的现象，即法律提供的不是民众所需的。

　　农村社会治理的传统性与现代性之争的焦点是礼治与法治之争。我国当前处在传统社会与现代社会过渡时期，是半现代性，因

---

　　①　参见黄宗智：《长江三角洲小农家庭与乡村发展》，中华书局1992年版，第291～304页。

而兼有传统性的成分。农民的行动表现出多元化的特征，"利益"是他们行动取向的基础，"合法"是他们行动的特点，"习惯"是他们行动的路径①。礼法同时兼容于农民的行动和农村社会秩序的依靠力量。在农村社会秩序建设的过程中，学术界产生了一定的争论。费老指出："法治秩序的建立不能单靠制定若干法律条文和设立若干法庭，重要的还得看人民怎样去应用这些设备。更进一步，在社会结构和思想观念上还得先有一番改革。"②有学者指出，要解决农村社会失序的状态，就必须跳出西方法治模式，对中国乡土社会的本土资源进行挖掘，提出以现有的资源和固有的传统为基础，发展具有本土特色的法治，排斥西方法治理念的移植③。国家的权力、规则必然依托于乡村社会的非正式权力和规则才能有效实践④。从"文化自觉"的视角看这种观点有一定的合理性，但法治是社会现代化的标志，一味地强调文化特殊性有可能偏离了法治发展的轨道。因而有些学者主张用现代法治理念来改造乡土社会、改造传统文化，主要的措施在于加强国家立法和法的实施，以国家法律取代民间秩序⑤。这种观点正好在实践过程中遇到了法治与礼治的困境。马基雅维利说过："法律的产生和推广关键是人们需要法律，并依照法律来生活。"⑥法律和生活的相互融合和法律内化达到的法治的"礼治化"才能保证法律从文本走向实践。转型时期的法治建设不仅需要"送法下乡"，更需要"下乡取法"，"礼失而求诸于野"，挖掘礼治秩序中的有益成分，实现"现代的成长与传统的

---

① 参见于建嵘：《利益表达、法定秩序与社会习惯——对当代中国农民维权抗争行为取向的实证研究》，《中国农村观察》2007年第6期。

② 费孝通：《费孝通文集》第五卷，群言出版社1999年版，第58页。

③ 参见苏力：《法治及其本土资源》，中国政法大学出版社1996年版。

④ 参见孙立平、郭于华：《"软硬兼施"：正式权力非正式运用的过程分析》，清华社会学评论2000年特辑。

⑤ 参见邓正来：《中国法学向何处去》，商务印书馆2006年版。

⑥ 马基雅维利著，潘汉典译：《君主论》，商务印书馆1985年版，第79页。

（被）发明"①。

二、内生性与外推力之争——社会治理主体动力机制的分析

乡镇政府所依托的国家权威和村民自治所依托的社会权威无法有效协作是当前农村社会治理困境的根本原因之所在②。从社会治理动力来源看，国家权威来自于乡土社会外部，而社会自治来源于乡土社会内生性动力。这就涉及社会秩序的维持力量之间的整合和主辅关系问题。

费孝通先生认为传统中国社会的治理不同于西方社会的治理，中国传统社会是"双轨政治"，即包含着"自上而下的中央集权专制体制"和"由下而上的地方自治民主体制"；地方自治民主体制遵循的是乡村自治和自我管理③，即所谓"皇权不下县、县下皆自治"。韦伯和费老持相近的观点，认为中国的村落是无官员的自治地区④。而后来的学者更进一步，试图探讨传统中国地方自治"国家是否在场"或者国家在什么程度上在场。秦晖认为乡村治理的真正传统是"国权不下县，县下惟宗族，宗族皆自治，自治靠伦理，伦理造乡绅"⑤。后来的学者突破了官治与民治的二元对立，认为传统中国的社会治理既不是完全的地方自治，也不是完全的官治或吏治，而是一种"官督绅办"或"官督绅治"⑥。从中国乡村治理的历史来看，中国乡村一直在国家主导下运作，只是国家有"前台"和

---

① 参见郑杭生：《论"传统"的现代性变迁——一种社会学视野》，《学习与实践》2012 年第 1 期。

② 参见于水、杨萍：《"有限主导——合作治理"：未来农村社会治理模式的构想》，《江海学刊》2013 年第 3 期。

③ 参见费孝通：《乡土中国与乡土重建》，风云时代出版公司 1993 年版，第 147~158 页。

④ 参见马克斯·韦伯著，洪天富译：《儒教与道教》，江苏人民出版社 2003 年版，第 90 页。

⑤ 秦晖：《传统十论——本土社会的制度、文化及其变革》，复旦大学出版社 2003 年版，第 11 页。

⑥ 参见从翰香：《近代冀鲁豫乡村》，中国社会科学出版社 1995 年版，第 87 页。

"后台"角色之分而已。乡村治理在很大程度上取决于国家控制乡村社会的强度。"皇权不下县"的表面现象容易造成人们的错觉，使人们以为传统中国的乡村社会是一个自治的社会。实际上，"皇权不下县"只表明，行使国家权力的行政机构仅止于县一级，并不必然表示国家政权不渗入乡村社会①，士大夫阶层就是国家与农民联系的纽带。可见，学者大致认可了费老的对于传统农村社会治理的判断，即治理的维持力量是礼治，治理的实施主体是长老士绅，治理的方略是无为而治。

1949 年新中国成立后，以"农村包围城市"道路获得政权的共产党意识到农民阶级的革命力量，在农村建立起以国家为中心的、高度整合的公共权力空间格局。"要想建立一个完整的国家政治体系，政府就必须以一种前所未有的方式渗入社会的各个角落。"②这种"党建国家"和"党建社会"模式使得国家制度建设是围绕共产党领导下的人民民主专政进行的。党的领导不仅体现在重大问题的决策上，而且体现在为国家的运行提供了主要的组织基础、官僚队伍和组织方法上，从而消除了传统国家依靠非正式组织实现意志的局限，保证了国家控制的彻底性和行动效率③。在建设现代国家政权中，国家力量消解传统乡村社会的秩序维系力量，产生了重大影响。首先是通过国家政权的正式组织形式将一盘散沙的原子化的农民个体组织起来，个体具有政治化身份。其次是利用国家的正式制度(诸如法治)替代农村传统的非正式制度。传统的风俗规范被视为封建残余而加以扫除。尤其是人民公社化时期，幕后的国家政权、士绅或地主、农民的三角关系被新的国家政权与农民的双边关系取代了，不仅政权组织第一次真正地下沉到乡村，而且摧毁了非正式权力网络的根基，政权组织建设与经济组织建设合为一体，并

---

① 参见陈洪生：《传统乡村治理的历史视阈：政府主导与乡村社会力量的对垒》，《江西师范大学学报》2006 年第 3 期。

② 费正清、麦克法夸尔著，王建朗等译：《剑桥中华人民共和国史——革命的中国的兴起(1949-1965)》，上海人民出版社 1990 年版，第 72 页。

③ 参见杨雪冬：《市场发育、社会成长和公共权力构建》，河南人民出版社 2002 年版，第 49 页。

因此发展为"政社合一"的人民公社体制，国家终于将离散的乡土社会高度整合到政权体系中来①。中国成为一个各种资源和社会生活机会几乎全部由全新的、大规模的组织所垄断的社会②。实现了农村社会政治、经济、意识形态的一元化。在这种一元化的整体性政治治理模式下，国家直接面对的不是松散的个体而是组织化的社会，社会通过组织化被政治吸纳，社会治理也成为国家完全包揽的政治责任。组织社会任务的方法或秩序为一特定的终极权威所垄断，并利用一体化的命令结构来对之实施控制③。改革开放以来的"送法下乡"、"干部下乡"、"科技、文化、卫生三下乡"、"社区警务"等活动就延续了国家权力力图在底层社会重建局部支配性权力关系的一种尝试与努力④。尤其是税费改革后，基层政府成为典型的"悬浮型"政权⑤，基层政府失去财税来源，不得不依赖上级政府的财政转移支付，而农民因国家减免农业税和加大对农业投入而与政府关系变得和谐。在政府科层制管理中，国家也在不断实现"政府社会治理技术化"，表面上国家政权由于村民自治而有所收缩，实际上却通过治理技术强化对农村社区控制⑥。

这种全能型国家治理策略将国家与农村社会对立起来，体现了国家的"在场"和农民自主性的缺失⑦，在自上而下的科层制和全

---

①　参见黄宗智：《华北的小农经济与社会变迁》，中华书局 2000 年版。

②　M. Whyte（1989）. *Who hates Bureaucracy*. inStark，DandNee，V（ed），Remaking the Socialist Economic，Institutions. Stanford University Press，pp. 239-241.

③　参见刘伯龙、竺乾威、程惕洁：《当代中国农村公共政策研究》，复旦大学出版社 2005 年版，第 342 页。

④　参见苏力：《送法下乡：中国基层司法制度研究》，中国政法大学出版社 2000 年版，第 30~35、40~43 页。

⑤　参见周飞舟：《从汲取型政权到"悬浮型"政权——税费改革对国家与农民关系之影响》，《社会学研究》2006 年第 3 期。

⑥　参见渠敬东、周飞舟、应星：《从总体性支配到技术治理——基于中国 30 年改革经验的社会学分析》，《中国社会科学》2009 年第 6 期。

⑦　参见刘涛、王震：《中国乡村治理中"国家—社会"的研究路径——新时期国家介入乡村治理的必要分析》，《中国农村观察》2007 年第 5 期。

国高度统一的领导体制下，农民的自主性和乡村发展的多样化受到抑制①。而在多中心治理格局下，国家从农村的淡退，无疑需要农民自身的组织化和主动性。国家的作用最好被看作是间接的，其培育社会资本的机制是提供教育以及必要的公共物品。国家过多地介入社会内部则会削弱人们进行自治组织和协作的能力②。密尔也指出："一切政府的活动，只要不是妨碍而是帮助和鼓舞个人的努力与发展，那是不厌其多的。可是，政府一旦不去发挥个人和团体的活动与力量却以它自己的活动去代替他们的活动的时候；一旦不是对他们进行指教、劝导并有时指摘而是叫他们在束缚之下工作，或是叫他们退立一旁而自己去代替他们工作的时候，害处就开始发生了。"③

我国改革事业进入深水区，传统的社会治理模式面对转型时期的社会问题显得有些落伍。当今中国的主要矛盾是社会发展与经济发展不协调，社会体制改革尚未破题④，传统的治理理念和体制带来一系列的问题。尤其是多元价值观和民间社会的崛起倒逼政府加快职能转变，由全能型、管理型政府向有限型、服务型政府的转变。如果说 19 世纪至 20 世纪之交的改革家们倡导建立最大限度的中央控制和高效率的组织结构的话，那么 21 世纪的改革家们则将今天的创新视为一个创建以公民为中心的社会治理结构的复兴实验过程⑤。民间社会的复兴意味着人类将进入一个后国家主义的时代，非政府组织将承担起重要的社会治理功能，合作主义的治理模

---

① 参见徐勇：《现代国家的建构与村民自治的成长——对中国村民自治发生与发展的一种阐释》，《学习与探索》2006 年第 6 期。

② Fu kuyama. F (2000). *Social Capital and Civil Society*. International Monetary Fund Working Paper, p. 74.

③ 约翰·密尔：《论自由》，商务印书馆 1982 年版，第 125 页。

④ 参见陆学艺主编：《当代中国社会建设》，社会科学文献出版社 2013 年版，第 5~8 页。

⑤ 参见理查德·C. 博克斯：《公民治理引领 21 世纪的美国社区》，中国人民大学出版社 2013 年版，第 35 页。

式将取代"政府垄断"的单一治理①。社会治理由国家全揽向多中
心治理，意味着传统的社会治理体现政府意志和官员"政绩"的治
理理念将让位与民众的主动参与、提供服务的公平治理理念。

社会自治是马克思主义社会管理思想的核心。但当前村民自治
也面临着一系列体制机制困境。中国农村正处于从传统政治走向现
代政治的起点，农村民主治理总体水平较低，部分农民依然表现出
政治参与意识淡薄、政治参与理性欠缺、农民政治参与处于动员型
参与为主的状态②。他们的参与程度不是通过现代的法律制度，而
是在很大程度上停留在历史的非程序参与机制上③。这一现状导致
外部系统与内部系统之间的互动动力不足，因此，需要靠内部系统
力量来推动外部系统与内部系统之间的互动。如社会治理主体采取
激励措施调动群众参与社会治理的积极性④。

从农民个体来看，市场经济的发展激发了人们的经济欲望。农
村社会从头到脚，从外到内，从物质到意识，从观念到价值，都被
彻底地卷入到了现代性的大潮之中，村民成了只注重短期经济利益
的原子化的个人，成了丧失价值生产能力的经济动物⑤。而城乡互
动加速了地方性规范解体、村庄异质性增强、社会认同感下降、村
庄内生性权威严重式微、乡村秩序难以维系、村落共同体逐步瓦解
等后果，并最终致使农村社区内生性组织衰败和社区成员原子
化⑥。同时大量农民外流造成了农村政治参与主体的流失，农村地

---

①　参见张康之：《论"后国家主义"时代的社会治理》，《江海学刊》2007
年第 1 期。

②　参见季丽新、王培杰：《农村民主治理：困境与出路——20 个省级
行政区的 68 个村庄调查》，《中国行政管理》2013 年第 2 期。

③　参见陈强虎：《村民权力虚化：特征、原因及对策分析》，《中国农
村观察》1999 年第 3 期。

④　参见于秀琴等：《"点线成面"的社会治理联动机制研究》，《当代世
界社会主义研究》2014 年第 1 期。

⑤　参见贺雪峰：《论农村基层组织的结构与功能》，《天津行政学院学
报》2010 年第 6 期。

⑥　参见田毅鹏：《"村落终结"与农民的再组织化》，《人文杂志》2012
年第 1 期。

区只剩下老人、妇女和儿童等弱势群体，农村建设前景堪忧。农民群体自身缺乏自我表达和自我组织的能力，尤其是精英的大量外流使得农村社会的组织更多的都是正式组织，无法很好地代表广大农民的利益[①]。

而从农村社会组织方面看，在市场化和乡村制度变迁的巨大冲击下，农村社区内生性组织遭遇了"内卷化"过程，表现为：生存空间被挤压、总体性功能衰竭、自主性消解和社区公共性衰落等[②]。首先是村级组织正陷入一种行政色彩强化、实际功能弱化的尴尬境地[③]。分散化的农民、精英的流失、农业凋敝使得"空心化"的农村缺乏社会组织生存土壤。当前政府大力培育农村社会组织，但其效果甚微。一方面此类组织对本利益群体利益代表的程度和解决问题的能力都比较有限，具有精英主义、工具主义和侍从主义特征[④]。尤其是这类组织带有行政色彩让普通民众缺乏热情，一些组织发起者依靠个人关系，通过组织谋取私利现象严重。农村社区内生性组织的形成不是外力推动的结果，而是社区中农民相互交往、积习而成的产物，是农民自下而上"自我组织的自发过程"[⑤]。概言之，社区内生性组织是村民们"默认一致"[⑥]的产物，其形成主要基于社群的需要（特别是对社会规范的需要）。

---

① 参见于水、杨萍：《"有限主导——合作治理"：未来农村社会治理模式的构想》，《江海学刊》2013年第3期。

② 参见马良灿：《农村社区内生性组织及其"内卷化"问题探究》，《中国农村观察》2012年第6期。

③ 参见赵树凯：《乡村治理：组织和冲突》，《战略与管理》2003年第6期。

④ 参见张汉：《统合主义与中国国家-社会关系研究——理论视野、经验观察与政治选择》，《人文杂志》2014年第1期。

⑤ 参见福山著，刘榜离等译：《大分裂：人类本性与社会秩序的重建》，中国社会科学出版社2002年版。

⑥ 参见滕尼斯著，林荣远译：《共同体与社会——纯粹社会学的基本概念》，北京大学出版社2010年版，第340页。

三、条块分割与整体性治理——社会治理权力架构的组织分析

近年来，随着中央政府逐步放权，地方政府自主权力不断扩大，同时我国政府的规模也在急剧扩大，政府部门繁多且部门间关系越来越复杂。长期以来的条块分割治理的策略导致了部门间各自为政、部门主义、权大于法等，这些问题严重削弱了政府的行政能力，降低了政府公信力，不利于政府整体效能的发挥。条块分割是科层式管理体制的固有顽疾，各部门容易产生"九龙治水"的混战状况。社会治理涉及公安、法院、司法、宣传、社会保障等部门，具体工作中，各部门之间协调难度很大，制约了政府社会治理能力的提高。现有的社会治理体制，使得各级部门在社会治理中越位、缺位、不到位的现象大量存在，社会治理体系不健全，政府部门权责不清，难以满足综合性、整体性治理的现实需要。多部门职能交叉，体制不顺，信息不能共享，缺少参与社会经济发展综合决策的手段，缺乏严格的统一管理，综合协调能力不足。体制改革的核心是提高事权的匹配性，强调"以事确权"，而非"以权圈事"，打破行政管理中事权不对等条块分割现象，实现权力配置的有机整合。

韦伯在研究官僚制时主要有两个出发点：一个是理性化，另一个就是分工与专业化。自从亚当·斯密将劳动生产力的增进，看作分工与专业化的结果之后，它便成为现代社会的一个重要标志。"官僚制是建立在高度分工和专业化基础之上的，为了有效处理纷繁复杂的事务和解决各种各样的问题，各个部门均有一套稳定且详细的技术规范要求，因此，组织在各个领域都必须配备专家和技术人员，以适应工作需要。"①在他看来，按照职能分工的官僚制组织，有利于职员技能的专业化，进而有利于提高组织的工作效率。但是值得注意的是，政府过度强调分工和职能分开，将不可避免地造成部门间政策目标与手段的冲突。"官僚体系内部亦会不断地再分工及更专业化发展，进而形成官僚体系内部的隔阂，各机关组织朝向分立法方向发展，组织关系便呈现'碎片化'的状态，'韦伯式

---

① 丁煌：《西方行政学说史》，武汉大学出版社 2010 年版，第 26 页。

问题'实导向碎裂化问题。"①按照组织功能原则，每个部门都拥有其独立的领域、目标、价值与行为规范，这造成了部门之间的隔阂与冲突，使得部门间的目标和资源难以有效整合。所谓政府管理的"碎片化"，是指政府部门内部各类业务间分割、一级政府各部门间分割以及各地方政府间分割的状况②。

从当前我国政府部门间协调的现状来看，存在着协调启动、协调机构设置、协调过程的随意性以及对协调的监督与追责的缺失等问题③。社会转型期，我国政府也在着力由管理型政府向服务型政府的转变，努力向公众提供综合性的服务，因此在不断地密切各部门的分工协调。"分工协调"做得越好，行政效率就越高。相反，协调机制不健全，就必然出现互相牵制掣肘、扯皮推诿的现象，导致工作效率低下④。实际上我国政府部门间协调效果不理想，其中存在着两个突出问题：一方面，临时性协调机构过多，临时性协调机构的运作不规范，对正常的部门职权的行使造成了负面影响。这其中最典型的就是临时性协调机构的地位以及对整个政府权力结构的影响。如何嵌入到部门权力格局和职能分工是一个有待研究的问题。另一方面，协调机制不健全，协调不规范，所以还需要健全部门间的协调配合机制。政府必须加强同政府内部门之间的协调合作，否则，政府部门之间各自为政不但不能满足复杂形势下公民的各种公共服务的需求，反而会降低政府的效能和服务质量。另外，作为政府权力运行机制的重要组成部分，我国政府部门间的内部行政协调机制一直缺乏强制性的约束和规范。行政部门各自为政、相互扯皮、政令难行的现象屡有发生，政府对社会的综合治理能力不足、行政权限割裂、效率低下，对社会组织和个人的合理诉求、政

①　韩保中：《全观型治理之研究》，《公共行政学报》2009年第6期。

②　参见谭海波、蔡立辉：《论"碎片化"政府管理模式及其改革路径——"整体型政府"的分析视角》，《社会科学》2010年第8期。

③　参见徐超华：《政府部门间协调机制问题初探》，《武陵学刊》2010年第3期。

④　参见乌杰：《中国政府与机构改革》，国家行政学院出版社1998年版，第170页。

府职能无法及时跟进等。这些问题的出现有政府部门职能设置的原因，更多的是政府部门间的协调能力不足、协调机制不健全导致的。条块分割的行政管理体制以及部门利益及其扩张的诉求，所谓的条块分割就是部门的条条的专业管理和地方政府块块的综合管理交叉以条条分割块块。在这样错综复杂的权力交叉格局之下，权威资源被大大地分散，加上管理权限往往归属不清，极易产生部门保护主义倾向，导致机构从自身利益出发对相关部门采取不配合甚至是抵制的态度，严重破坏政府决策的执行力和效力，因此政府在许多事务上都需要建立部门间协调机制来解决问题。另外部门利益及部门要求扩张的诉求也是部门间协调机制不断膨胀的一个原因，部门往往借领导之力、假协调配合之名而谋自身利益，这在行政管理实践和政治博弈中是屡见不鲜的。无论是垂直式、水平式还是垂直水平并用的部门间协调机制。实际上都是某一方面的短期协调方式，不是全方位的合作关系，也不是长期的协调配合机制，一旦工作完成后，部门之间的协作关系一般也宣告结束，或者是只在某一方面进行配合，而没有将彼此间的协调配合渗透到各个层面①。

从我国政府部门间的合作与竞争关系看，政府部门间存在的问题有：第一，部门本位的思想依然存在。受部门本位思想的影响，即使两个或多个部门处于合作关系之中，大方向上是朝向共同的目标努力，但是在各自的政务领域，仍有以各自的发展目标优先的现象。一旦合作中一方的利益目标得以提前实现，就很可能出现不配合其他合作方完成后续工作的情况。第二，合作关系缺乏非制度化约束。地方部门间的合作应该建立在利益共享、互惠的基础上，合作关系中的双方或多方部门在条件允许的情况下，通力合作，尽可能地为合作方提供信息和资源，实现互惠互利，共同为目标实现而努力。除了制度化约束外，良好的行政文化、正直的公共责任价值感、融洽的合作关系都是有待发展的。第三，缺乏法制化的对话沟通平台。合作的基础是信任，在政治理念中的信任，要有法律为依

①　参见李积万：《我国政府部门间协调机制的探讨》，《汕头大学学报》2008 年第 6 期。

托，才能够更有生命力。

从部门协调机制建立的必要性来看。当前，我国的社会管理和社区治理正面临着极其复杂的社会背景和新问题、新矛盾和新风险。利益主体和利益诉求日趋多元导致社会矛盾日益复杂，如何统筹兼顾多元利益考验着政府和社会驾驭复杂局面的智慧。我国当前多元化的社会利益格局下各主体利益诉求内容的异质性和多样性、诉求行动的动态性和不确定性、诉求方式的竞争性和博弈性，这样的多元利益格局如何实现统筹兼顾，绝对不是简单的问题。群众的权利意识迅速崛起导致政府权威的降低，如何做好新时期的群众工作考验着政府赢得群众信任的能力[1]。当前社会矛盾的交织性、复合性使得已经突破了某一个部门的职能权限，需要各部门通力协作才能解决。民众的需求多样性和综合性使得某一个部门提供的服务已经难以满足民众的全方位需求。新时期的群众路线，也要求政府部门抛开官本位思想，抛开部门主义的狭隘思想，以一个开放、合作的姿态为民众提供全方位的公共服务。

佩里·希克斯是整体性治理理论的首创者，他在《整体政府》一书中阐述了整体性治理理论的含义，希克斯认为整体性治理就是以公民需求为导向，以协调、整合和责任为机制，运用信息技术对碎片化的治理层级、治理功能、公私部门关系及信息系统等进行有机整合，不断"从分散走向集中，从部分走向整体，从破碎走向整合"[2]。"整体政府"超越了强调"分权"为口号的新公共管理运动，强调由"分化走向整合"，恰好迎合了解决跨界跨域问题的要求。新信息网络技术的发展，降低了政府部门间横向联系的成本，使组织不断向扁平化发展，为实现部门间关系"整合"、"一站式服务"等理念提供了技术支撑。整体政府改革的实施可以是一个小组、一

---

① 参见郑杭生、黄家亮：《当前社会管理和社区治理的新趋势》，《甘肃社会科学》2012 年第 6 期。

② 竺乾威：《从新公共管理到整体性治理》，《中国行政管理》2008 年第 10 期。

级地方政府，也可以是一个政策部门①。其涉及范围可以是任何一个政府机构或所有层级的政府，也可以是政府以外的组织。它在高层的协同，也是旨在加强地方整合基层的协同，同时也包括公私之间的伙伴关系。整体政府从传统官僚制管理机制的弊病以及"新公共管理"的负面影响出发，力图重建政府整体价值的文化和哲学，通过横向和纵向协调的思想与行动以实现预期利益。

而对当前政府部门在社会治理中实践"整体性治理"理论的途径主要有这些：一是利益或者职能相关的部门通过协调达成协议以明确相互间的边界②，避免越权带来的部门权力结构的失衡；二是在部门共同参与的领域成立专门的组织机构进行协调，推动部门间的合作，这个组织要能在领导人地位、运作章程上有所突破，保障组织运行的长效运行；三是根据组织领导原则指定某个机构来协调特定范围内所有部门的活动，要注意公平和透明原则，减少参与部门中途退出带来的组织运行中断；四是建立一定决策程序使利益或者职能相关部门都有机会对其中任何部门的提议进行审议和提出意见，要及时对意见进行反馈，整合到部门章程中，最终实现协调联动机构的长效化和常规化。

四、权力主体分化的困境——社会治理依靠力量变迁的分析

费孝通曾指出，中国农村的传统社会是一个与西方"团体格局"不同的"差序格局"社会，即个人通过血缘、地缘等纽带形成一个个圈子，圈子越靠近中心表明圈内人与中心的关系越紧密，而中心对圈内人的影响也就越大。这里圈子的中心指的就是农村精英。可见，农村精英作为"中心"，在传统乡村社会中具有重要地位，并发挥维持农村社会秩序、进行社会管理的作用。目前，尽管在现代化浪潮下农村社会发生了重大变化，但其社会结构的"差序格

---

① 参见曾维和：《"整体政府"论——西方政府改革的新趋向》，《学术界》2008 年第 3 期。

② 参见张紧跟：《当代中国地方政府间横向关系协调研究》，中国社会科学出版社 2003 年版，第 9 页。

局"依旧存在，并且越是在欠发达的地区，这种"差序格局"就越明显。因而，法务前沿工程的这一制度设计是对中国传统社会结构的深度洞察和创新。

1937年，在《转变中的中镇》一书中，林德夫妇对中镇社区权力不平等分配的描述，引起了众多学者对"社区权力"的极大关注。以亨特为代表的精英论者认为，社区权力掌握在少数由上层人士构成的"单一"或整合的精英手中；以达尔为代表的多元论者认为社区权力非常分散，各个团体和个人都在特定领域有发言权，享有一定的权力①。无论是精英论还是多元论阵营的学者研究权力都离不开精英，精英是社区权力的载体，只不过精英论者强调的是整合的精英，而多元论强调的是非整合的精英，前者得出的结构模型是单一的金字塔，后者得出的是复合（多个）金字塔，但金字塔的低端都是无权大众。此外，西方政治社会学理论还包括社团主义，该主义是多元主义模式的延伸，它倡导一种商业组织、政府和劳工间的合作关系②。对于中国农村社区权力结构的研究肇始于皇权的研究，发展成士绅理论。黄宗智论证了士绅的地位和作用，提出国家、村庄、士绅的三元模式③，而运用同样的材料，杜赞奇提出了权力的文化网络概念，分析了两种不同类型的地方精英：庇护性经纪和盈利型经纪④。

而20世纪90年代国内学者才真正对社区权力结构进行明确的、系统性的研究。陈光金将农村精英分为政治精英、经济精英和社会精英，通过对这三种精英的权力分配状况归纳出四种权力结构，即金字塔型结构、宗派型权力结构、联合型权力结构和不规则

---

① 参见夏建中：《国外社会学关于城市社区权力的界定》，《江海学刊》2001年第5期。

② 参见徐炜、曾琼：《西方政治社会学理论模式述评》，《武汉大学学报》2006年第6期。

③ 参见黄宗智：《华北的小农经济与社会变迁》，中华书局2000年版，第156页。

④ 参见杜赞奇：《文化、权力与国家》，江苏人民出版社1995年版，第42页。

型权力结构①。金太军建构了国家—村庄体制内精英—普通村民的三重权力结构分析框架②。仝志辉、贺雪峰把中国农村精英分为传统型精英和现代型精英。前者是指那些以名望、地位、特定文化中的位置乃至明确的自我意识为前提而形成的精英，后者是指在市场经济中脱颖而出的经济能人③。周沛按照韦伯对权威的分类方法，把农村社区的权威结构划分为法理型(村干部)、传统型(家族族长)和魅力型(经济能人)三种④。

法务前沿工程村(居)工作平台的工作人员主要来自三个方面。一是司法所干警，二是村(居)干部，三是人民调解员与社会志愿者。人民调解员与社会志愿者一般由村离退休老干部、老教师、村民代表、无职党员与村里"明白人"组成，他们是法务前沿工程中最为骨干的力量。可见，法务前沿工程发动了农村社会的各种精英群体，包括政治精英、经济精英、文化精英和宗族精英。由于时代变迁、社会转型，各种精英力量此消彼长。政治精英依然处于强势地位；经济精英的崛起成为社区权力的重要因素，不断的挤占其他精英权力，并且有与政治精英合谋主导社区事务的趋势；宗族精英和文化精英等的后期发展乏力使得社区权力结构处于失衡状态。当前农村主导型社会关系缺失，而社会权力结构的各个主体各自面临着困境。

第一是政治精英。作为国家与农民联系的中介，村干部作为社区政治精英，其地位随着国家对农村改革的推进不断变动。农业税全面取消后，乡村治理普遍缺乏有效的内生财政基础⑤。基层政权

---

① 参见陈光金：《当代中国农村社区精英的权力与社区权力结构研究》，《中国21》第8卷2000年第5期。

② 参见金太军：《村庄治理与权力结构》，广东人民出版社2008年版，第14页。

③ 参见仝志辉、贺雪峰：《村庄权力结构的三层分析》，《中国社会科学》2002年第1期。

④ 参见周沛：《农村社区中的权威结构》，《社会》1999年第1期。

⑤ 参见钟涨宝：《农村社会学》，高等教育出版社2010年版，第75页。

从过去的汲取型转变为与农民关系更为松散的"悬浮型"①，村级组织及基层政权发挥政治干预作用能力迅速弱化。但在资源相对充裕、社会高度分化的城市社区，国家力量都无法退出，而对于资源匮乏、日益原子化的农村社区，国家力量必须增强。因此，我们可以认为社会转型和新农村建设背景下的农村社区是为了解决人民公社化后农村社会社会发展和社会治理问题自上而下建构起来的国家治理单元。作为国家治理的主体，政治精英的地位不能削弱，但当前的政治精英大多是改革之初形成的，其知识水平、组织领导和管理理念等都难以适应新农村建设需要，农村社区政治精英亟需输入新的血液。

第二是经济精英。改革开放后，农村地区也处在大变革、大调整的时期，农业的多元化导致传统的农民阶级也出现剧烈分化，农村社区权力主体呈现多元化倾向，社区资源由过去集中于国家力量慢慢分散到各种群体之中。其中引人注目的是掌握经济资源的农村经济精英的兴起，而村民选举和村民自治的制度设计也为其参与乡村社区政治提供了一个渠道，经济精英通过参与村委会的竞选，改变村级权力的结构②。国家控制力的下降使经济精英群体在消失了几十年后又在农村有了新的发展空间。20世纪以来，国家总是根据基层政权建设的变化来选择与不同的农村精英合作治理农村社会，在后税费时期，在"社会主义新农村建设"中，国家选择"富人"来合作治理乡村③。但经济精英组织化程度低造成的内部个体化弱势，其次是社区事务参与不足导致的边缘化的外部群体弱势，使得普通民众渐渐对经济精英避而远之，经济精英处在边缘化的位置。如果放任经济精英对社区事务的参与，只会产生两种极端。第一种是经济精英的边缘化进而不断流失，经济精英从外部获得社会

---

① 参见周飞舟：《从汲取型政权到"悬浮型"政权——税费改革对国家与农民关系之影响》，《社会学研究》2006年第3期。

② 参见项辉，周威峰：《农村经济精英与村民自治》，《社会》2001年第12期。

③ 参见贺海波：《选择性合作治理：国家与农村精英的关系变迁》，《社会主义研究》2014年第4期。

资本，仅仅把村庄当作生活的空间范围，而对社区发展漠不关心。农民精英外出经商或务工使得本就缺乏组织资源的农村社区结构呈现进一步疏松的趋势，更加削弱冲击了现有的村民自治①。由此导致农村经济发展缺乏活力，农村社区事务缺乏资源。第二种是经济精英只参与具有丰厚利润的社区事务，对公益事务缺乏热情，只会造成经济精英和其他民众的对立。

第三是宗族精英。宗族精英发源于"差序格局"的传统社会结构中。但经过土地革命和"文化大革命"的冲击后，传统家族或宗族势力随着家族文化的衰落以及家族组织的瓦解，目前已经在农村社区权力结构中失去中心地位。改革开放后，一些家族文化现象，如修族谱、修祠堂、集体祭祖等活动兴起，但很难说宗族观念和宗族组织就已经复兴②。因为现代经济理性观念深入人心，个人独立性已经远远超过宗族的庇护，宗族组织难以重建以往的约束力。因此缺乏组织资源和在现代经济、法律制度等多重制约下，宗族势力难以对农村社区权力结构产生重构。高丙中认为宗族群体是内生的组织资源，家族组织归根结底是利用传统组织资源的一种当代社会的公民组织③。从宗族组织转型为公民组织，宗族精英的权力角色逐渐弱化，但是宗族关系建立在血缘的基础之上，具有深厚的心理基础，是农村社区凝聚力的核心之一。现今，市场经济的引入，使得宗族成员的思想更加理性化和个人化，也更加具有自主意识，进而他们所组成的宗族群体也逐渐呈现现代公民组织的特点，特别是在推动村民自治的方面会发挥很大作用。这种新型的组织正契合了当今我国力图建设"大社会小政府"的理念，如果能够在政治上给予合法身份的认可，在经济上给予物质力量的支撑，必然有利于促进宗族群体和宗族精英在农村社区层事务的潜在力量的有效发挥。

---

① 参见甘庭宇：《农村社会结构变动下的乡村治理机制探索》，《农村经济》2012 年第 11 期。

② 参见陆益龙：《农民中国——后乡土社会与新农村建设研究》，中国人民大学出版社 2009 年版，第 105 页。

③ 参见高丙中、夏循祥：《作为当代社团的家族组织——公民社会的视角》，《北京大学学报》2012 年第 4 期。

例如，历史和宗族因素形成的非正式制度，促进了宗族在村庄公共物品的自我供给中起到了积极有效的作用①。

第四是文化精英。中国农村历来存在着一种"大传统"和"小传统"互动的独特的文化形态。前者完成于学校或寺庙等正式的社会生活中，后者则在无文的乡村生活中，形成具有乡土特色的村落文化。两个传统并非是相互独立的，二者一直相互影响和连续互动。村落文化是目前中国农村最具特色的文化形式，是对中国农村社会及人的行为最具概括力和解释力的一个概念②，而掌握了地方性知识的文化精英对于依然没有完全实现现代化进程的农村社会秩序具有重要影响。但当前传统文化的隐退，文化精英不断地式微，农村人口流动的加剧和城市文化对农村地区的渗透使传统的文化精英群体难以形成对农村社会秩序的重要作用。

---

① 参见温莹莹：《非正式制度与村庄公共物品供给》，《社会学研究》2013 年第 1 期。

② 参见李银河：《生育与村落文化》，中国社会科学出版社 1994 年版，第 68 页。

第五章 农村社会治理的理论建构和实践出路

第一节 法团主义视角下法务前沿工程的解读

"国家"与"社会"的关系问题，一直是学术界讨论的热点，是深刻理解各种社会问题的出发点，同时也可以为构建社会治理理论提供启发。特别是近几十年，中国政治、经济和社会体制发生了巨大变革，社会矛盾和社会问题层出不穷，更引发了众多学者探讨国家与社会关系的热情。其中西方学者根据中国不同时期的社会特点，构建和应用一些理论模型对这一问题领域进行了深入的研究，为之后的相关研究提供了可以参照和借鉴的经验成果。由于中国社会区别于西方社会所独具的特殊性，所以学者们在分析的过程中，存在很多认识上的分歧，同时也发现西方社会的理论分析模型在某种程度上的不适用性。前文已经述及，在 20 世纪 50 年代到 80 年代期间，"极权主义"一直是左右许多研究中国的西方学者思想的固定模式。从分析中国的正式制度再转向社会各阶层的精英冲突和社会矛盾，无不受到极权主义分析框架的影响。极权主义的分析思维是一种单向的、直线的思维，所关注的是政府对于社会的超强控制，特别是对意识形态方面的主导，所以这种理论框架对中国社会也只是一种基本的定性，并没有进行深入的分析①。但是 20 世纪 80 年代以后，中国社会在市场经济的冲击下，发生了巨大变革，

---

① 参见张静：《法团主义——及其与多元主义的分歧》，社会科学文献出版社 2005 年版。

逐渐进入转型的阶段。转型时期社会结构的分化，多元主体的迸发，以及社会第三域的崛起等，极大地冲击了西方学者的分析视野，极权主义模式的影响逐渐降低，不再只单纯地关注国家的主体性作用，国家和社会的互动关系逐渐成为学界研究中国主要的理论主题。在这一理论主题的指引下，"公民社会"和"法团主义"悄然兴起，成为研究中国新的理论模型。前文已经对法团主义的相关理论进行了介绍，但是笔者在本篇试图将法团主义与公民社会理论进行比较，来重新审视中国的国家与社会关系，从而探讨法团主义对中国社会研究的适用性。

一、"公民社会"和"法团主义"制度连接

社会的转型，促进了个体自主意识的觉醒、多元利益主体的竞争，成为这一阶段社会的主要特征。"公民社会"的理论预设正是在这样的背景下应运而生的，并一度成为分析中国社会治理实践的主要理论模型。

"公民社会"也有学者称之为"市民社会"，是在多元主义理论的推动下逐渐兴起的。多元主义把社会看作政治的基本立场，认为社会上的权力分布是分散的，是非单一团体控制的。个体通过竞争进入到团体中，利益团体成为表达政治利益的主要行动单位，从而对政府施加压力①，公民社会为多元主义提供了实践场域。不同的学者由于分析目的的不同，对于公民社会也有不同的界定，有的强调其经济内涵，有的则关注它的政治内涵。在国家与社会的关系层面，公民社会强调的是国家与社会的分立，在个体权利的解读上，公民社会更多的是作为一种分界体制。而 C. 泰勒则对公民社会的特征进行了更加准确的概括，他认为在最基本的层次上，公民社会首先是不受国家支配的社会团体，国家和社会都应该有自己清晰的定位，特别注重社会自主性和独立性的培养。其次是不受国家支配的社会团体和社会，可以自我协调和自我建设，通过利益团体的竞

---

① 参见刘安：《市民社会？法团主义？——海外中国学者关于改革后中国国家与社会关系的研究述评》，《文史哲》2009 年第 5 期。

争到达一种稳定的状态，在这一点上，十分强调契约和共识在调节利益之中发挥的作用。最后，公民政治权利的平等，可以通过参与公共事务去影响政府的决策①，它强调的是公民与国家的互动关系。所以，由此我们发现，公民社会首先假定国家与社会是分立的，要对国家、社会、公民进行清晰的界定，然后强调国家的权力是由社会赋予的，公民可以自主地参与国家的决策。可见，公民社会是以公民的自主权利为核心的，强调社会与国家的平等地位，限制国家对社会的干涉。而持公民社会理论的学者认为，中国社会的转型所带来的一系列变化，诸如大量具有自主性的非官方的民间组织的涌现，以及体制内组织对于成员关系的调整和基层政府独立性空间的增长等，都体现了社会力量在逐渐增大，国家与社会呈现出一种零和博弈的状态，即国家强则社会弱，社会弱则国家强②。在这样的博弈之下，一种新的平衡机制正在形成。怀特认为中国的这种变化预示着"准公民社会或半公民社会"正在形成，因此可以对它的未来发展作某种直线预期③。

但是经过对中国社会的全面透析发现，这种预期并不符合中国的实际。社会上多元主体的出现，确实使得社会的力量在逐渐壮大，但是一些主体，特别是一些社会团体仍然是处在国家的控制下，在很大程度上对国家有依赖性。这就在某种程度上契合了法团主义的核心理念。

"法团主义"对中国的研究是 20 世纪 90 年代针对"多元主义"质疑提出的探讨国家与社会关系的理论模式。这一模式针对现阶段中国的发展特征提出了新的解释框架，有的学者认为是最适合解释当前中国与社会发展关系的理论模式，从而越来越受到更多学术界的青睐。

---

① 参见张静：《法团主义》，社会科学文献出版社 1998 年版。
② 参见顾昕：《公民社会发展的法团主义之道——能促型国家与国家和社会的相互增权》，《浙江学刊》2004 年第 6 期。
③ 参见孙沛东：《市民社会还是法团主义？——经济社团兴起与国家和社会关系转型研究述评》，《广东社会科学》2011 年第 5 期。

追溯法团主义的渊源，最初是源于传统封建社会向近代资本主义社会急剧变革的转型时期，从而引起了近代社会的总体性危机或普遍性的社会失范①，所以经典社会学家，开始寻找一种新的理论范式来重建社会团结。在之后的一段时期内，法团主义在解决资本主义社会中出现不同程度的秩序问题，特别是劳资群体的秩序问题时而发挥作用。并且20世纪80年代至90年代，波兰、匈牙利等社会主义国家在社会转型的过程中，法团主义也成为一种新的尝试。所以有的学者认为法团主义与社会主义存在很大的亲和性，它们都强调秩序和纪律以及国家集体主义原则，试图通过国家机器来对经济活动进行控制。

法团主义作为一种观念和意识形态，曾被一些思想家随处套用，斯密特对其进行了制度化解释，多数学者认为法团主义的思想渊源主要是欧洲的天主教义和民族主义以及社会有机体论②。最初面对混乱无序的社会，法团主义试图将社会上大量存在的相互独立的个体整合起来。进入组织化资本主义后，法团主义试图解决的是劳资团体内的利益协调和整合。持法团主义理论的学者们认为多元主义主张通过多元主体之间的竞争来达到一种政治均衡的状态是难以实现的，因为自由竞争很可能导致垄断，最终强势团体操纵弱势团体，从而操纵国家政策③。法团主义则认为国家是一个积极主动的行动主体，超然于这些多元化的团体，并将它们整合到国家决策中，让每个团体都有公平的表达自己利益的机会。同时能够对公利和私利进行协调，其兼具利益代表和公共责任的履行职能④。所以法团主义强调的是将劳资群体为主的社会团体整合起来，并制度

---

①　参见涂尔干著，渠东译：《社会分工论》，生活·读书·新知三联书店2013年版。

②　参见张静：《法团主义——及其与多元主义的分歧》，社会科学文献出版社2005年版。

③　参见李略：《市民社会和社团主义——国家与社会关系的分析模式》，《中国社会科学季刊》2009年第25期。

④　参见莱斯特·M.萨拉蒙等著，贾西津等译：《全球公民社会——非营利部门视界》，社会科学文献出版社2002年版。

化、正式化地吸纳到国家决策中，即是一种自下而上的尝试，也是自上而下的承担公共责任的职能。

因此法团主义可以被确定为一种利益代表机制，在这种体制中，（社会中）各个构成单位都被组织到数量有限的，具有单一性、强制性、非竞争性、等级化秩序性及功能分化性等特征的各部门中，这些部门得到国家的承认或认证（若不是由国家创建的），并被授予在各自领域内的垄断性代表地位，不过作为一种交换，国家对它们的领袖选择和需求表达享有一定程度的控制权。①

由此可见，法团主义所坚持的方法论是偏向于制度主义的，通过国家发挥主动性与社会合作，寻求在利益团体和国家之间建立制度化的联系渠道。所以它更能反映现代社会日益组织化和分工化的现象。由于现代社会利益分化现象的多元化和复杂化，任何一个单独的组织和个体都无法去决策一项影响社会公共决策的事务②，所以就需要将这些分化的利益主体以制度化的手段控制在有序的范围内，降低因为自由主义过度而导致社会团体之间的冲突，从而达到社会的有效整合。

另外，在法团主义构想下的公民社会是介于国家与社会之间的一种中介的领域，由代表公共权威的一系列中介单位构成，可以为公民社会提供社会行动的法律空间，促进公民社会的制度化发展。而法团主义认为公民社会中的利益团体可以代表公共权威，承担公共责任，能够站在社会立场上来组织社会成员。同时国家不是退出市场，而是担任双重角色，能够发挥积极性作用，来推动公民社会的发展。

虽然在对中国的国家与社会关系的讨论中，出现了公民社会和法团主义两种理论分野，但是两者也有共通之处，都认为社会冲突在增加，冲突的方式在变化，而且都认为控制是必要的，但是在讨

---

① Schmitter, Philippe C（1974）. Still the Century of Corporatism? *The Review of Politics*. Vol. 36, No. 1.

② 参见俞可平：《中国公民社会：概念、分类与制度环境》，《中国社会科学》2006 年第 1 期。

论国家与社会的关系中，多元主义无论在理论上还是实践上都占据着主导地位①，它认为社会与国家应该是分立的，公民社会是一个自主活动的领域②。在法团主义的分析框架中，在转型时期，为了保护公民的利益，公民应该有正式的、制度化的自由保障，国家与社会之间应该保持距离。所以法团主义更强调国家与社会的整合，反对过分的自由化，也反对社会主义所主张的社会改造③。

根据西方社会的发展方向来看，公民社会是许多学者认为最为理想的社会存在类型④。笔者认为中国社会的发展方向是否会朝着公民社会的方向发展有待讨论，至少在目前社会转型的大背景下，公民社会理论还不完全适合来指导中国的社会治理，只能作为一种理论参照对中国的社会建设给予一定的启发。相对来说，法团主义的理论，在一定程度上符合中国社会的实际。并且在前文中已经论及，学者们根据对各个区域的研究所得的经验材料，丰富了法团主义理论，并构建出了符合特定区域的法团主义的模式。因此，根据具体的实际对法团主义进行变通，在中国具有很大的适用性。

二、法团主义与中国社会治理理念的契合

在当前社会转型的大背景下，经济体制转轨和社会结构转型所导致的利益主体的多元化和结构功能的分化的格局，激发了一系列社会矛盾和社会风险，也使政府、社会面临着新情况和新挑战。首先是个体公民意识的觉醒，对自己各种权利的自主性追求，如何满足群众的多样化的个体性需求，成为当前政府亟待思考的问题。在西方，资本主义社会所推崇的自由主义经济的发展，在很大程度上

① 参见陈家喜：《市民社会抑或统合主义——西方学者关于中国商会研究的战争》，《中国研究》2009年第3期。

② 参见安戈、陈佩华：《中国、组合主义及东亚模式》，《战略与管理》2001年第1期。

③ 参见邹谠,：《二十世纪中国政治：从宏观历史与微观行动的角度看》，香港牛津大学出版社1994年版，第5期。

④ 参见邓正来，J. C. 亚历山大编：《国家与市民社会——一种社会理论的研究路径》，中央编译出版社2002年版。

激发了个体意识的觉醒，特别是到后现代社会，逐渐成为一个时代的特色，所以西方社会对于个体权利的保障给予了高度的重视。然而在中国，由于市场经济的侵入，原有的集体化经济的弱化，群众权利意识的崛起，主要表现为对个体产权的争取，对公共事务的参与等，都促进了个体从群众这种群体色彩较浓的角色转变为具有主体意识的公民的角色。公民所诉求的是个体权利的平等，在当前复杂的社会情形中，这就必然造成利益诉求的多元化、诉求方式的不确定性等诸多问题。因此国家建立与公民之间良好的互动方式成为统筹多元利益的关键。其次，风险社会的到来，给人们带来的各种未预期的风险，造成社会安全感的普遍降低，在很大程度上阻碍了社会安定和谐有序秩序的构建①。从人类社会发展的阶段特征来看，经济的快速发展，社会转型的加速，都必然会带来各种各样的风险。中国目前的社会不仅要面临和其他国家一样的全球性的风险，如食品安全、恐怖袭击、自然灾害等，还要面临自身转型所造成的各种风险，如就业、住房、养老保障等，都是现阶段民众所面对的重大困境。再次，网络社会的崛起，一方面加快了社会信息传播速度，另一方面也造成了社会极大的不稳定，所以网络的双刃剑作用也可以对国家各方面的社会管理和治理带来机遇与挑战②。由此可见，中国在转型时期面临着极为复杂的形式，西方的单纯强调国家和社会的对立的、只强调社会协调和控制的公民社会理论无法有效地指导我国的实践。因为西方社会一直充斥着国家与社会的二元对立，这是一种历史的常态。而从中国的历史传统来看，国家与社会一直处在一种交融、混沌的状态，国家在很大程度上处于主导地位③，国家与社会的极端的对立是不存在的。所以面对当前的社会转型的大背景，结合历史传统，就需要重塑我国的国家与社会的

① 参见郑杭生：《合作共治与复合治理：社会管理与社区治理体制的复合化》，《社区》2012 年第 20 期。

② 参见陈锋：《连带式制衡：基层组织权力的运作机制》，《社会》2012 年第 1 期。

③ 参见项飚：《跨越边界的社区》，三联书店 2000 年版。

关系，构建契合当前实际的社会治理理论，同时建立在原有社会管理体制上的社会治理实践也要有所创新，从而达到理论与实践的统一。

从目前可以借鉴西方的理论经验来看，法团主义在某种程度上是与当前中国社会治理实践创新的理念有契合度的，主要表现在以下几点。

第一，从管理到治理转变过程中，政府角色的转变。在当今世界中，"治理"的理念被应用于国家、政府、社会的运作逻辑中，在我国，社会治理已经逐渐代替社会管理成为政府主要的执政理念。郑杭生教授认为，社会治理在于国家力量和社会力量，公共部门与私人部门，政府、社会组织与公民，共同来治理和管理一个社会[1]。

从现代社会结构的基本框架来看，政府组织、市场组织、社会组织是现代社会三种制度安排。在一般的理想类型中，处理国家与社会之间的关系所具体用到的操作逻辑是从统治到管理再到治理。统治强调政府的权威，合法性权力只来自政府，运作过程也是单向的，排斥民主参与，政府包揽一切。在管理类型中，权威主要来自政府也可以来自市场和社会，就运作过程而言，管理类型也是自上而下为主，自下而上为辅，具有主辅性，对市场和社会进行监控，具有半民主性。在治理类型中，三大部门均可成为权威来源，运作过程具有自上而下和自下而上两种相结合的特点，具有双向性[2]。在治理类型中，三大部门协调合作对公共事务进行管理，在社会治理中，更能发挥三大部门或三大主体各自的优势，有利于彼此的良性互动，更有利于避免各自的弱点，从而避免和减少各自的越位、错位和虚位。三大主体的职能各有分工，在社会资源的配置中发挥的作用也各有不同。所以在治理理念中强调政府与其他部门合作，

---

[1]　参见郑杭生：《"理想类型"与本土特质——对社会治理的一种社会学分析》，《社会学评论》2014 年第 3 期。

[2]　参见郑杭生：《"理想类型"与本土特质——对社会治理的一种社会学分析》，《社会学评论》2014 年第 3 期。

并能发挥多元主体共同的作用。

法团主义主张国家与社会的合作，政府要发挥积极主动的角色，不应该退出市场和社会，强调合法性权力来自国家、市场、社会，社会的多元主体的利益诉求方式应该采取自上而下和自下而上双向结合的方式。法团主义框架视利益集团与权威当局的联系为一种制度化的上传下达的渠道，而不是一种压力。这种双向传递的通道，有两方面的作用，即自上而下的传递是为了可以发挥政府的主导协调作用，维护集体的利益，有利于推动公民个体参与国家事务，发挥主体性，而自下而上的传递可以为基层群众提供多样化的利益诉求渠道，从而有利于表达个体的权利和要求。所以从管理到治理的转变，治理的理念以及双向结合的治理方式都在一定程度上体现了法团主义的内涵。

第二，多元治理中的政府角色的转变，治理强调的是多元主体的合作，但是也定位了当前政府的角色，即不能退出市场，要发挥统筹协调的作用。法团主义的核心理念就是要突出政府的协调而不是控制作用，两者所强调的政府、市场与社会的合作，是保障利益团体的层级化关系，以避免竞争垄断而造成的伤害。目前转型期突发情况层出不穷，任何一个利益主体都不能脱离政府而达到对整个社会的全面协调和整合，所以相应地，国家在转变治理方式中，一方面吸取了西方社会在社会治理方面的经验，认为国家、社会、公民等要共同参与治理社会，要积极动员社会各方面的参与，实现政府与社会的治理和调节，促进社区自治和居民之间的良性互动①。另一方面，立足当前国情，发挥政府的"主导作用"并不与社会治理相矛盾，而是以一种更加主动和宏观的角色去参与到社会治理中去，政府的这种"主导作用"不是单向的自上而下的利用强权进行控制，而是要到达国家与社会之间的合作，真正体现中国传统文化所提倡的"善治"的政治图景。

第三，国家治理背景的复杂化和社会组织的法团化。从社会结

---

① 参见俞可平：《引论：治理与善治》，见俞可平主编：《治理与善治》，社会科学文献出版社2000年版。

构的角度来透视国家和社会关系的整个宏观图景，不难发现，城市、农村和基层政府呈现出一种复杂化和法团化的特征，这是当前社会治理所面临的宏观场域①。在城市社会中，国家与社会是相互依存的，一些处在第三域的社会团体，仍然具有原有国家单位体制的特征，所以在很大程度上还是需要依赖于政府才能获得生存和发展，特别是一些事业单位，在很大程度上还是一种政府主导的运作机制。同时社会上的一些经济精英迅速崛起，产生现在所谓的"新型社会阶层"，但是他们并不是通过给政府施加压力而获得利益，而是以各种方式与政府建立关系，从而来保障自身的利益，所以对政府有着很强的依赖性②。而在中国农村社会，广泛分布着一些具有法团化特征的非正式团体，其中一些有影响力的团体往往是兼具体制内外两种身份、以宗族作为纽带的同宗集团，这种集团的领导往往既是村干部又是宗族首领，他们既作为族人利益的代表，是宗族的实际管理者，兼有国家干部和宗族首领两种身份。即使在宗族色彩不浓的农村，这种跨体制内外的集团也广泛存在，例如大邱庄、华西村、南街村就是既作为国家的基层组织又作为各种社会经济活动的参与团体，他们的领导人都兼具村内成员利益代表和国家基层领导两种角色③。而在基层政府方面，基层政府既是国家的代理人，又在很大程度上有着自主性和独立性。特别是在乡镇企业的崛起和发展中，地方政府为了推动经济的发展，通过动员政府和地方社会的资源来支持集体企业的发展，从而形成了地方政府和社会联合的局面④。

　　因此，法团主义在很大程度上是与当前社会治理的一些理念相关并且契合的。无论是在治理的意涵上，还是治理的方式上都体现

---

　　①　参见顾昕：《公民社会发展的法团主义之道——能促型国家与国家和社会的相互增权》，《浙江学刊》2004 年第 6 期。

　　②　参见孙秀林：《村庄民主及其影响因素——一项基于 400 个村庄的实证分析》，《社会学研究》2008 年第 6 期。

　　③　参见潘维：《当前"国家治理"核心任务》，《人民论坛》2014 年第 9 期。

　　④　参见赵树凯：《乡镇治理与政府制度化》，商务印书馆 2012 年版。

了法团主义的诸多特点。另外，从治理必须依托的主体来看，在中国传统社会和现代社会中，都在一定程度上形成了法团化的组织。在由地方精英主导的传统社会里，皇权止于县从而赋予地方政府很大自治权力，而地方精英也与其他社会成员组成各种军事、经济、宗族组织，这种地方性的法团组织存在于中国的传统社会，并且在农村社会中存续。同时，在城市中的社会组织，大部分由单位制组织演变而来，单位制的特征是国家主导一切，并且能够将社会纳入到政府管理中去，从而在这种体制下，许多社会组织都对政府有着很强的依赖性①。组织中的领导者也大多具有体制内的背景，需要政府进行大力扶持以保证社会组织的发展，从而就形成了强国家下的法团组织，而且当前社会处于转型期，政府仍然掌控着主要的资源，即使产生了很多新兴团体，但各方面都要依赖政府才能促进组织有效运行和发展，从而有利于群体与国家的联合。

总之，在当前社会转型时期，社会结构的分化和多元利益主体的出现，都呈现出一种法团主义的迹象。特别是在地方基层政府中，社会结构凸显了许多独有的特征，如许慧文认为历史上的中国形成了一种自身独特的、互相分割的、类似细胞状的地方结构，尽管表面上国家全面控制整个社会，但分割的地方主义结构一直存在甚至有所加强。农村社会在转型时期表现出来的分化特征，强化了农村治理的力度。通过以上分析可知，法团主义理论对我国目前的社会管理和治理是有积极的借鉴作用的，尤其是在目前农村社会治理层面，更应该结合具体的实际探索出适合当前社会发展的新思路。

三、法团主义对农村治理的创新实践——法务前沿工程的解读

在拥有着50%以上的农村人口的中国②，农村社会成为不可或

---

①　参见狄金华，钟涨宝：《变迁中的基层治理资源及其治理绩效——给予鄂西南河村黑地的分析》，《社会》2014年第1期。

②　数据来自中华人民共和国国家统计局2010年第六次全国人口普查主要数据公报(第1号)。

缺的场域之一。前文已经论及，在当前社会转型的背景下，国家已经对农村社会治理给予了高度的重视，通过分析农村的具体情况，也对相关政策进行解读，制定出符合中国农村特色的治理体制和卓有成效的措施。另外，在理论层次上，农村基层社会所出现的法团化现象，对农村社会治理模型的构建有了一定的启发，法务前沿工程，是创新社会管理和治理的一个大胆的尝试，其目标和过程都体现了中国农村社会治理转变的新思路和新理念。从法团主义角度，可以对其进行如下几个方面的解读。

1. 意涵解读

"法务前沿工程"是一项探索国家与乡村社会如何互动的政府工程。在实施过程中，充分体现了政府与基层社会的合作，同时也进一步突出了政府的主导作用。法务前沿工程的实施取得了良好的社会效果，是当前社会治理的创新措施，对我国的农村社会产生了深远的影响，具有重大的历史意义。且在很大程度上是与法团主义维护社会秩序、兼顾多方群体的利益、突出效率的目标是契合[①]的。主要体现在以下几个方面：

第一，组织中介作用的体现，密切了国家与基层社会的联系。在传统乡村，对于某些农民而言，国家认同感差，国家意识淡漠，与国家进行互动的频率基本为零，这就造成国家意志与乡村生活的格格不入；另一方面，有些农民遇到矛盾纠纷就直面国家，增强了国家与农民之间的紧张关系。法务前沿工程实施的意义就在于，它因地制宜，为国家与乡村的互动搭建了最佳平台，拉近国家与人民群众的距离，增强了农民们的国家认同感与对党的信任感。同时，正如前文所说，法务前沿工程既化解了一部分社会矛盾，又对社会不稳定因素进行了卓有成效的监控与预警，从而巩固了中国共产党的执政地位，确保社会长治久安。

以往的工作，主要都是以经济和发展为主，很少会注意到官民之间的沟通，而官民之间的沟通在最近这几年成为了被重视的重要

---

① 参见陈家建：《法团主义与当代中国社会》，《社会学研究》2010 年第 2 期。

工作，国家和各省市在官民沟通方面都制定了一些制度，并进行了有效的实施，使"官"走近民众，贴近民众，体察民众的疾苦，能更好地满足民众的要求，制定让农民受益的制度体系，国家制定的一些政策在民众中已经得到了一致的好评。

法务前沿工程实际上也为官民沟通搭建了一个新的平台，司法所通过法务工作站将村干部、律师和村民有机联系起来。以前，村干部主要负责村里的日常事务和一般的人民调解工作，实施法务前沿工程之后，村干部包括村里的中心户都要定期接受县司法局的法律知识和如何开展"法务前沿工程"的培训，通过培训提升村干部和村民的纠纷解决能力，以便于把矛盾化解在基层。只要村法务工作站的工作人员需要协助涉及实施"法务前沿工程"中的法律咨询、维权、调解等工作，司法所将会全力配合，做到调解有人参与、维权有帮助、咨询有回音。在法务前沿工程的平台上，增加了村民与村干部接触的机会，减少了村民上访的频次，提高了调解纠纷的效率。法务前沿工程所起的作用是"一箭双雕"的，在帮助村民解决纠纷和矛盾的基础之上，又促进了官民的沟通，使村干部更为接近村民，更能了解村民的需求，改变了以往的上传下达和处理一般的日常事务的现状，通过"法"又促进了村干部与村民之间的"情"。法务前沿工程实际上也是村民自治的一种体现，有效的官民沟通才能达到真正的村民自治，因此，法务前沿工程也是官民沟通的新媒介，使村干部和村民在情、理、法中都能得到有效的沟通，同时，这也是社会主义新农村建设的一个新的体现。

第二，推进依法治国进程，创新社会治理方式。随着我国经济腾飞与社会转型，推进依法治国进程的脚步正日益加快。而乡村作为农民生活的基本社区，是践行依法治国理念的重要单位。法务前沿工程正是从依法治国的着眼点出发，将依法治村落实到位，在乡村生活中强调懂法、守法、用法、依法的重要性，它对推进依法治国进程具有至关重要的意义。

法务前沿工程也通过一套完整的制度化工作体系，规范了社会管理方式。法务前沿工程通过普法宣传、人民调解、社区矫正、安置帮教、法律援助等工作的开展，创新了社会治理方式，以贴近人民群众的方式对社会生活进行有效管理和服务，为社会治理的制度化、规范化开创了一条新路。

法团主义视角强调突出法律的制度保障作用，以公正性、公平性来保障个体的权利。① 法务前沿工程以推进基层司法建设为目标，调解村民个体之间的矛盾，为维护村民的权利建立制度保障，成为依法治理的创新实践。

第三，提供多元利益诉求渠道，加强个体间的团结与整合。法务前沿工程的中心工作之一是人民调解，即把乡村之中产生的矛盾就地化解，避免矛盾激化，为老百姓提供了实用、方便的利益诉求渠道。当今社会是一个有机团结的社会，在这样的社会里，由于分工细化，个体间的异质性不断加强，同时社会成员间的相互依赖性也越来越强。如果说在传统的机械团结的同质社会里，中国圣贤就提出了社会和谐的构想，那么在现代的有机团结的异质社会里，和谐社会的建构更是历史条件下的重要课题。法务前沿工程致力于解决各种矛盾和问题，并着力将这种矛盾化解在组内、村（居）内；它旨在维持个体间的团结与整合，为这种团结与整合创造条件。可见法务前沿工程十分重视团体的功能，并在保证个体利益的基础上促进个体之间的团结与合作。显然，这是与法团主义的目标相符合的。

2. 制度基础解读

法务前沿工程的实践是一种有效的推进国家的制度化的过程，从参与群体到组织基础，都体现了法团主义的特征，即一个强势的主导国家；对利益群体自由与行动的限制；吸纳利益群体作为国家系统的一部分，让他们实现成员个体的利益，加强国家与社会之间的合作②。

（1）地方精英群体的参与。

法务前沿工程是以制度化的手段吸纳和整合农村社会精英，从

---

① 参见吴建平：《理解法团主义——兼论其在中国国家与社会关系研究中的适用性》，《社会学研究》2012 年第 1 期。

② 参见张静：《法团主义——及其与多元主义的分歧》，社会科学文献出版社 2005 年版。

而有效治理农村社会，农村社会精英在社会组织缺乏的农村具有举足轻重的地位和作用，如何发挥这些精英的作用是政府治理农村社会的关键所在。不少地方忽视了这些精英的力量，出现了一些矛盾激化的群体性事件，在这些事件中就不乏农村社会精英的身影。法务前沿工程尽可能多地将乡村精英纳入到志愿者的队伍中去，完成了对乡村精英的整合。把村民信任的老党员、老干部、老教师、老战士、德高望重老人和热心服务民众的个体工商户吸收成为法务前沿工程志愿者。这些志愿者通过培训以后，成为所在村湾的"明白人"，与乡、村干部一道，广泛宣传法律知识，积极调解邻里纠纷，主动反馈各种信息，热情做好矫正帮教工作，成为村湾、社区一支快速有效的治理工作力量。为了激发志愿者的积极性，该县还选聘优秀的法务前沿工程志愿者转任公益性岗位，担任司法协理员。

由于罗田县的很多乡村中外出人口所占比例较大，村里大部分常住人口基本上都是老人和小孩，从而形成了特殊的"空心化"现象。法务前沿工程中之所以选取"五老"作为志愿者，原因在于对村民来说，他们不仅是有知识、有文化、见识多的乡村精英的代表，更是与他们常年生活在一起，对他们生活最为了解的一群人，在村民中获得的信任度最高。精英群体与村委会的紧密合作，连接了乡村社会与基层政权。精英群体在某种程度上还是乡村社会中基于血缘地缘关系的差序格局的体现。但是在目前的乡村社会中，一些非正式的社会组织力量还比较薄弱，所以这种精英群体在法务前沿工程中就发挥了类似于社会组织的某些功能，如志愿参与到法务工程的政策宣传中，帮助调节村民之间的纠纷和矛盾等。

所以法务前沿工程中这种积极利用精英群体力量来参与基层社会的治理，为国家和社会之间的沟通提供了一种创新的渠道。在法团主义的视角解读下，这种创新渠道是可以为法团主义理论的实践构建制度层面的基础。

（2）基层政权的自主性。

在中国目前现行的政府体制中，基层政权包括县、乡两级政府和基层村委会,是国家在乡村社会的代表,在法务前沿工程的实践中发挥着主导作用。发达国家社会治理的经验表明,社区是实施社会治理的基本单位和最重要载体,同时,罗田县地处山区,交通不便,且村落之间分布较为分散,这无形之中增加了县、乡两级政府对基层农村社区的管理难度。在现有体制下,农村社区由于经费与人员的限制,以及指导思想方面重视经济建设而忽视社会治理,造成农村社会治理的缺位与不及。罗田县法务前沿工程的设计者与领导者正是充分认识到社区在社会治理中的重要性以及罗田县农村社区的基本特点,着力打造法务前沿工程的村(居)平台,充分发挥社区在社会治理中的重要作用。村(居)一级法务前沿工作平台的建立,使社会治理的空间距离由远变近,社会治理不再远离社会,服务(社会治理)就在农村之中和农民身边,社会治理的心理距离被拉近,由"他们"而"我们",从而使社会管理工作由难变易。法务前沿工程村(居)工作平台的工作人员主要来自三个方面:一是司法所干警,二是村(居)干部,三是人民调解员与社会志愿者。人民调解员与社会志愿者一般由村离退休老干部、老教师、村民代表、无职党员与村里"明白人"组成,他们是法务前沿工程中最为骨干的力量。村内纠纷都会由他们经手——对于能够解决的小纠纷,他们会积极化解于湾内,对于大一些的纠纷,他们会及时向上汇报,做好信息传达、矛盾化解。同时,他们也会在日常生活中对村民进行法律宣传,协助做好安置帮教与社区矫正,为村民提供法律咨询服务。法务工作站与"村两委"(村支部委员会和村民委员会)一套人马两块牌子,"两委"主要负责人兼任站长。村干部在工作平台中起承上启下的枢纽作用。他们一方面对志愿者和人民调解员化解不了的纠纷进行调解,并对调解员进行法律培训,定期对村民进行法律宣传,另一方面反馈平台工作信息,并接受司法所的工作指导。司法所干警由国家公职人员构成,他们主要对各村的法务工作站进行法律宣传、人民调解、安置帮教、社区矫正、法律援助、法律服务方面的业务指导,并对一些大纠纷、复杂问题进行综合调解。由此可见,法务前沿工程的工作机制既体现了国家意志,又使乡村社会力量发挥了积极作用。这一方面使国家对乡村社区的治理变得简单可行，另一方面也满足了乡村社区对于自我管理的需求。

法务前沿工程的一大特色是乡镇司法所发挥的主导作用，司法所作为县域政府的一个部门，在法务前沿工程中，一方面向上传达政策意志，提出工程实施的具体建议，另一方面，向下动员基层组织即村委会和农村精英群体、志愿者参与到实践中，起到了衔接和统筹的作用，在很大程度上体现自身的自主性，具有很强的法团主义特征。

综上，在当前中国多元主体并存的社会背景下，社会治理政策的制定需要经过利益群体长期的斗争与妥协。西方的经验表明，一个成功的社会治理体制的建立往往更需要依靠社会与公众的参与，即要着重体现"社会协同、公众参与"的方针。然而，中国幅员辽阔，各地方之间差异巨大，如何结合各地自身的实际状况，充分调动社会力量与公众的积极性，让他们参与到社会治理中去，从而建立灵活有效的自下而上的社会治理体系，是我国推进建立健全中国特色社会主义社会治理体系的创新点和难点所在。

前文提到"公民社会理论"是建立在西方社会原子化的社会结构特征的基础之上的，对于中国的社会治理政策的制定有一定的参照作用，但是并不完全符合中国的实际。相比之下，法团主义所强调的政府与社会自上而下和自下而上的合作，能够使得信息畅达，政策制定更加快捷①。在农村社会治理创新法务前沿工程的实践中，也验证了法团主义理论模式的适用性。通过对法团主义其意涵和制度基础的解读，发现法务前沿工程中的运作机制在很大程度上趋向于国家法团主义理论模式，这对以后的社会治理模式的创新提供了一定的启示。

---

① 参见安戈：《中国的社会团体、公民社会和国家组合主义：有争议的领域》，《开放时代》2009 年第 11 期。

第二节　农村社会治理的法团主义视角的
限度和本土理论的构建

西方社会的治理理论和实践是在公民社会的基础上形成的，公民社会的日益壮大与政府形成对抗，造成了社会的治理危机。而在中国，"全面深化改革"之所以能成为当今时代的主题，原因主要在于它预设了国家、市场、社会三者的关系的变化①。从改革开放至今的社会重建都是在市场化这个单向运动的背景下展开的，而目前社会治理体制的改革则是要在市场化的推进和社会的保护这两种相反的双向运动的基础上展开。所以国家就要重新定位自己与社会和市场的关系。国家是处在主导社会的地位，还是与社会合作，抑或是处在市场和社会的平衡力量的中间，都是需要厘清的问题。通过对前文的分析可知，相较于市民社会或者公民社会等理论来说，法团主义理论的一些核心理念对中国的研究是更具有适用性的，在一定程度上有助于对当前国家与社会关系的重新审视，从而指导当前社会的治理的实践。特别通过对法务前沿工程的解读可知，这种新型的治理实践体现了法团主义的某些特征。

而反观西方社会，国家与社会有着确定的边界，社会是在资本主义市场经济的基础上发展起来的，所以国家始终是处在与社会对立的层面，然而从中国的国家与社会关系来看，在中国的历史长河中，国家与社会是不存在确定的边界的②。这就引发了我们对发端于西方社会基础上的理论在中国本土社会适用性的思考。通过前文对法务前沿工程后期发展乏力的原因和中国农村社会治理困境的分析，我们发现法团主义的理论模型与中国的实际情况有一定程度的脱节，无法完全用之厘清中国的国家与社会的关系，特别以法团主义去分析农村社会治理存在多方面的限度。

①　参见杨华：《隐藏的世界》，《中国政法大学出版社》2012 年版。
②　参见朱光磊：《当代中国社会各阶层分析》，天津人民出版社 1999 年版。

一、法团主义视角分析的限度

1. 逻辑起点的差异：城乡中的第三域

法团主义自发端于西方的社会以来，最初的问题指向是致力于建立资本主义秩序，特别是调整劳资群体之间的秩序，在解决劳资矛盾的实践中，通过维护劳工利益的社会组织逐渐兴起，来解决资本主义组织化时代秩序问题①。法团主义在时代的促发下，强调通过国家干预，将以劳资群体为主的各社会团体整合起来，并制度化、正式化地吸纳到国家决策结构中，让它们不仅是一种社会性组织起来的利益代表团体，自下而上地承担利益代表和维护职能，而且也让它们兼具公共机构的角色，自上而下地承担履行公共责任的职能，从而实现国家与社会之间的有机整合②。不可否认的是，随着市场经济的引入，中国的劳资矛盾虽然也有所凸显，但是不同的是，国家对市场经济具有强大的调控作用，在企业中都设有工会，以加强企业的组织基础，对劳资矛盾有一定的缓冲作用。所以中国的工会这种类似于西方社会的解决劳资矛盾的自治团体，对国家有着很强的依赖性③。但是，在转型时期，多元利益主体的出现，除了工会这种团体的存在外，随着其他社会团体的逐渐兴起，社会力量的增强，国家和社会关系发生了很多变化。法团主义一时间被认为是最适合分析当前社会特征的理论，受到许多学者的热捧。

以法团主义分析中国社会，多以中国的社会团体的发展为分析起点，分析的场域也是在城市空间内，是在市民社会基础上所构建的一种利益表达机制，在本质上是在西方社会原子化与个体无差异的基础上发展起来的理论模式，对于西方社会的发展分析更具有适用性。而用法团主义理论来分析中国的社会，要考虑到其分析的限

---

① 参见刘昱伶、李向渊：《法团主义——一种国家与社会的关系模式》，《成都大学学报(社科版)》2007年第5期。

② 参见吴建平：《理解法团主义——兼论其在中国国家与社会关系研究中的适用性》，《社会学研究》2012年第1期。

③ 参见王向民：《工人成熟与社会法团主义：中国工会的转型研究》，《经济与社会比较》2008年第4期。

度问题。在中国，特别是社会转型时期，城乡二元体制长期存在并日趋明显，社会团体的大量发展多发生在城市中，而在传统观念根深蒂固的中国乡村中，虽然也出现了一些具有现代化的社会团体，但是还不足以影响农村社会的秩序的运作。所以法团主义分析中国社会的逻辑起点更适用于城市社会，在乡村社会治理中，用法团主义来作为理论指导，只能作为一种参照，不能完全照搬。

　　从中国乡村社会发展的过程来看，建立在自给自足的小农经济基础上的经济运作模式以及传统乡约、礼法的道德约束体制，在中国的农村社会中持续了数千年，国家与乡村社会一方面没有明确的界限，一直是社会处在极度弱势的地步，国家处在强权的地位，进行着自上而下的权力灌输，另一方面，王权止于县，又造成了国家难以真正深入到乡村基层社会①，从而使乡村治理出现两难困境。为了应对这种局势，政府不断进行着农村社会治理实践的探索。新中国成立初期，国家推行了人民公社的体制，力图打破与乡村社会的隔膜，发展乡村经济，巩固新生的民主政权，在其二十余年的实践中，取得了良好的成效，稳定了乡村的秩序，为中国工业的发展奠定了基础②。但是，农民负担过重，经济发展速度过慢，农民劳动的积极性有所倦怠，缺乏参与国家经济社会发展的热情，成为社会治理的一大难点。随之，国家实行分田到户、联产承包的政策，激发了农民参与促进经济发展的积极性，伴随的也有农村自治组织的发展。中国自治组织不同于西方意义上的社会团体，更多的是意指基层自治组织，基层自治组织是连接国家和乡村社会最关键的纽带。但是在转型时期，基层自治组织更加具有自主性，以公司化为导向，以利润为目标，逐渐变为基层政权的经营者③，有选择地进行政策执行，以运动化和活动化的方式去贯彻国家的意志，从而出

---

　　①　参见郁建兴、高翔：《农业农村发展中的政府与市场、社会：一个分析框架》，《中国社会科学》2009 年第 6 期。

　　②　参见吕德文：《中国乡村治理六十年》，《社会科学科学报》2009 年第 2 版。

　　③　参见赵树凯：《乡镇治理与政府制度化》，商务印书馆 2012 年版。

现脱离社会需求、体制异化的现象。所以，在中国的乡村社会格局中，严格意义上的社会团体是不存在的，基层政权是国家的代表，但又没有充分发挥国家的调节作用。另外脱生于血缘关系的宗族组织逐渐没落，虽然近几年有复兴之势，但对农村社会治理发挥的作用是微乎其微的。所以以法团主义视角下的社会团体为逻辑起点来分析乡村社会是存在一定限度的，通过对罗田县法务前沿工程我们也可以进行具体的解读。

在法务前沿工程的实践中，涉及两个基层政权组织，一个是乡镇司法所，一个是村委会。虽然在乡镇司法所之上还设有县司法局，但县司法局只是一个形而上的机构，真正发挥核心作用的是乡镇司法所，乡镇司法所负责对地方工作站提供相关的业务指导和培训、协助以及扮演跨部门协调的联系中介等工作，是整个"法务前沿工程"的中枢。而村委会则是法务前沿工程具体开展操作的平台，其成员由司法干警、村干部和社会志愿者等组成；村工作站是整个"法务前沿工程"司法所延伸其职能、下移其权力的载体，承担着整个工程的具体操作，关乎工程的成与败。但是，由于村工作站是依托村委会建立的，即它们属村民自治性组织，乡镇司法所和村委会是基层政权的组织，在法务前沿工程的实践中，体现了一种自上而下的国家政策的推动作用，仍然显现国家在农村社会中的代表作用，与西方社会所指的处在政府和社会的第三方组织是有区别的，不构成法团主义理论的逻辑分析起点。同时，在以农业发展为主的农村社会中，劳资矛盾占的比例很少，更多的还是滋生于传统农村社会的人情利益矛盾，所以也不构成法团主义理论分析的问题指向。

2. 制度的脱耦：趋向于国家法团主义还是社会法团主义

在一般的学术讨论中，许多学者都认为与法团主义相对立的是市民社会，其实这是一种理论的混淆。因为从制度层面来说，法团主义模式是在市民社会基础上发展起来的一种利益代表机制，与其相对立的应该是多元主义。从法团主义的角度出发，衍生出来两种理论观点，一是社会法团主义，它是指社会组织通过自由竞争、联合而获得利益代表的垄断地位，从而获得国家的认可，被吸纳到国家的决策结构中。二是国家法团主义，即是指建立在发育并不完全的市民社会的基础之上①，国家创立某种联合会来吸纳现有的协会，国家抑制萌发的多元主义，强制实现社会和平，从而实现国家法团主义。

法团主义这两种类型，即国家法团主义和社会法团主义，其真正的差别在于形成这两种模式的特征有所不同。在国家法团主义模式中，其是经过国家自上而下的强力干预而形成的，即通过种种行政化或者明文规定的方式，国家赋予某些社团以特殊的地位，而竞争性的社团则根本不给予合法地位。相反，在社会法团主义模式中，某些社团享有的特殊地位是通过自下而上的竞争性淘汰过程形成的，同时竞争性社团的出现在国家的法律监管体系中并没有得到禁止，只不过由于国家的力量强大，已经获得国家支持或承认的社团拥有丰厚的经济、政治和社会资本，新兴的社团无法撼动其垄断地位而已②。

许多学者认为，在转型时期的中国社会，社会上的各个利益团体，都与政府有着很强的依赖性，不能成为独立的运作主体去解决社会问题，并在宏观上主导整个社会的运行过程。同时，在中国的历史长河中，政府在社会发展和变革的过程中，一直扮演着重要的角色，于是认为中国的这种现象趋向于国家法团主义。主要有两个方面的原因：

第一，虽然公民意识在一定程度上有所萌发，但是在目前的社会条件下，公民的这种意识还没有形成与政府国家对抗的力量，也没有发展演变成为西方有独立运作机制的公民社会。市场经济的进入，变革了中国的经济体制，融入了资本主义自由经济的成分，但是这种经济成分是为社会主义的宏观经济发展运行服务的，所以政

---

① 参见刘依平：《法团主义、公民社会以及中国民主转型》，《行政与法》2013年第1期。

② 参见张宝辉：《组合主义、全权主义和民主转型》，见扎哈理亚迪斯主编，宁骚、欧阳景根译：《比较政治学：理论、案例与方法》，北京大学出版社2008年版。

府仍然在发挥关键性的调控作用，倾向于国家法团主义的特征，国家为社会的发展制定政策，调控社会的发展方向以及利益主体的运行机制①。而社会法团主义，是国家法团主义发展到成熟阶段一条切实可行的路径，也是国家推进社会治理建设可能要经过的阶段。所以通过国家法团主义走向社会法团主义是社会治理模式可能发展的方向。因为在当前中国社会转型的时期，社会对国家的依赖性还很强，国家不可能退出社会，但是要实现这条道路就需要一个重要的条件，即国家的深入转型。

第二，从中国的社会团体的建立过程和特征来看，表面上具有强烈的法团主义特征。首先在任何社会领域或类别中，社团数量有限甚至唯一，从而具有非竞争性。例如中国存在全国性社团和地方性社团，国家规定全国性社团不准建立分会，而地方性社团也不能加入全国性社团，以防止竞争。其次，社团以等级体系的方式建立，社会团体不得设置地方性分支机构，社团的申请或成立都要经过国家的认可。最后国家对社团实行双重监管，体现了国家对于社团的控制权②。中国的国家与社会的关系始终是在国家法团主义的框架中，在日本、韩国、泰国等，都出现了国家法团主义向社会法团主义的转型，社会发展取得了长足进步，国家法团主义向社会法团主义的转型似乎成为一种社会发展的必然趋势。

而目前中国社会的治理特别是在农村社会治理中，表现出的诸多特征较为符合国家法团主义的特征。在法务前沿工程中，乡镇司法所和村委会等基层政权的代表，发挥了极为关键的主导作用，基层政权的这种自主性在一定程度上契合了法团主义的特征，成为凸显中国法团化的主要组织单位，因此可以借鉴西方法团主义的理论为指导，从而具体应用到农村社会治理的实践中。但是由于中国特殊的国情，在解决农村社会治理问题中，还要立足于本土的实际情

---

① 参见刘建军：《"跨单位组织"与社会整合：对单位社会的一种解释》，《文史哲》2004 年第 2 期。

② 参见李大珉：《中国社会行政管理》，中国国际广播出版社 1998 年版。

况，制定出切实可行的政策，来重新建构农村的治理体制。基层政权是探索国家与社会关系的重要基层组织和单位，近年来由于国家与农村社会在政策传导途径上存在着很多问题和阻碍，导致基层群众和政府存在很多冲突，使得当前农村社会在治理上面临着严峻的局势。由于基层政权越来越以利润为导向，运行机制也呈现公司化的特征，基层政权的这种碎片化和运动化的角色，与权威结构上的"碎片化"密不可分。它与上级政府、各政府部门以及基层社会之间难以实现有效的整合，也就导致了基层治理的"失序"。同时乡镇政府在功能、结构乃至运行机制上，与正式制度之间的偏离可以概括为"制度异化"，这种"异化"既表现为基层政权在公共政权的价值和权威上的异化，也表现为与基层社会之间的异化①。

法团主义理论下的基层自治团体是在国家的主导下，与基层社会是合作共进的关系。而在法务前沿工程的实践中，我们不难发现，乡镇司法所作为国家的代表，其职责是在一定程度上扩大的，是在国家的主导下，对村委会这种基层的自治组织，起到完全的调控指导作用，所以在这种基础上建立的体制，对乡村社会来说是一种自上而下的渗透和灌输体制，这与法团主义所强调的自上而下和自下而上双向结合的体制是有所脱节的。同时，费孝通强调的农村社会的那种固有的熟人社会和差序格局并没有因为转型时期市场经济的侵入而瓦解，仍然对乡村社会的秩序有很大的影响，所以国家法团主义这种理性的机制与乡村社会这种依托于人情的机制仍然是脱节的。另外，国家虽然没有完全渗透到乡村社会中，但是就目前来说，仍然在农村社会治理中扮演着重要的角色，所以也不能像社会法团主义所倡导的完全由社会自下而上地自主发展②。

3. 社会基础的反思：法团主义理论模式的解释力不足

在理论预设中，要使法团主义成为真正的实践，就需要有一定的社会基础。不仅需要宏观的外部环境的契合，还有国家和社会力

---

①　参见赵树凯：《乡镇治理与政府制度化》，商务印书馆 2012 年版。
②　参见邹傥：《二十世纪中国政治》，香港牛津大学出版社 1994 年版。

量的良好的平衡，同时还要有一定的组织基础①。在西方学者的论述中，法团主义的问题指向是建立在解决劳资矛盾的基础上的，所以首先外部环境方面，就是要求有一个开放的世界经济体系，能够在全球的视野下去发展自己的经济，比较自己的利益诉求，同时促进公民自主意识的觉醒。其次，在国家和社会方面，国家与社会的力量不能处在一种对立博弈的状态，国家的力量不能太弱也不能太强，而是要与社会有机合作。对能够有助于解决劳资冲突的社会团体有一定的控制力，但这种控制力又要处在一个恰当的力度上。法团主义要求国家必须有适当力量，但又并不要求国家具有最终的控制权力，而是国家与群体之间的相互依赖性，即法团主义结构的兴起恰反映出国家不是强势性的，而是有一定的软弱性②。最后，在公民群体上，一方面要有自主争取自己权利的意识，但不是以激烈或者暴力的手段去获取自己的利益，而是以合作共赢的方式，去达到双方的利益协调。要特别指出的是，法团主义并不是一成不变式的劳资利益协调模式，相反，它往往会因为某一方的退出而终止，换言之，劳资群体都能够以强大的退出压力来与政府讨价还价③。但是这并不意味着法团主义放弃了竞争和谈判，而是有效地利用了国家的参与和调节作用，避免社会失序和动荡。在解决劳资冲突的过程中，不难看出，法团主义理论模式在最个体的层次仍然体现了市民社会的特征，但是这里所指的市民社会不是泛指存在着非政府经济基础上的市民社会，其独特性在于，其为建立在一些由国家主导的垄断性的社会团体组织，并能够被整合到国家的控制之下，但是还具有一定的自主性，并能给国家的力量产生一定影响的市民社会。

　　前文已经述及，在中国，虽然近年来出现大量自治性的社会团

---

①　参见吴建平：《理解法团主义———兼论其在中国国家与社会关系研究中的适用性》，《社会学研究》2012 年第 1 期。

②　Geddes, Barbara（1995）. *A Comparative Perspective on the Leninist Legacy in Eastern Europe*. Comparative Political Studies, Vol. 28, No. 2.

③　参见胡悦晗：《利益代表与社会整合———法团主义视角下的武汉工会（1945—1949）》，《社会学研究》2010 年第 1 期。

体，但是都对政府有很强的依赖性，从注册到自主性活动，都要依托国家的力量才能有效运行。国家对社会组织所实施强大的控制力，其出发点是为了调节冲突，促进社会秩序有序运行，这里的社会组织代表着多元利益主体的诉求，不仅仅是劳资群体这一类群体。所以社会组织的力量比较分散，对国家的影响也处在较小的范围内。特别是在社会组织不发达的乡村社会中，社会组织缺乏自给自足生长的土壤，一些脱离于本土社会的自治性组织如宗族，在传统的乡村社会中，是调节乡村社会矛盾，维护乡村秩序的重要的群体。但是随着转型时期的到来，村民个体意识增强，原来依托于血缘关系的宗族群体逐渐退出了政治的舞台，对乡村社会治理的参与度有所减弱。传统的主导乡村治理的宗族精英，被现代化的经济精英、政治精英等取代，逐渐走向没落。所以要在农村中，建立法团化的社会团体还需要很长的探索过程。①

　　在罗田县法务前沿工程的推行过程中，虽然十分巧妙地利用到了传统的基层社会中的精英群体的参与，比如"五老"等志愿者群体。在罗田社区矫正体制中，每个社区矫正对象都有三个矫正志愿者，这些志愿者与一般的社会志愿者不同，他们都是社区矫正对象的熟悉人。这些志愿者包括，该矫正对象所在村的村干部、中心户长、党员、退休干部、村民代表以及该矫正对象的亲属。其中，村干部和矫正对象亲属是必要的，另外一个一般是中心户长，这些都是当地的精英人士和"明白人"，这些特殊的志愿者与专家、大学生等高学历志愿者相比，具有自己的优势：首先，因为志愿者与帮教对象是熟人，因此他们更容易取得对方的信任，利于帮教活动的顺利开展。其次，志愿者可以根据帮教对象的具体情况，提供一些个别化的服务。最后，大多志愿者与帮教对象日常生活中的接触很紧密，可以第一时间知晓帮教对象的思想动态，有助于法务工作站和司法部门及时地了解矫正对象的情况，更好地引导其改造思想。

　　地方社会精英群体和志愿者的参与，在罗田县法务前沿工程的

①　参见张建军：《政府权力、精英关系和乡镇企业改制——比较苏南和温州的不同实践》，《社会学研究》2005 年第 5 期。

实践中，发挥了基础性的作用。但是这些仍然体现的是个体的自主性，力量比较松散，缺乏系统性和组织性，所以在实际运作中缺乏持续性，与法团主义理论视域下的构成市民社会的社会团体的特征相去甚远。而且基层政府作为代表国家意志的垄断性团体，特别是税费改革后，缺乏对农民日常生活实践的参与，造成了国家与基层社会的隔阂①，法团主义的操作机制对中国乡村社会治理实践的探索的分析存在一定的限度。

二、农村社会治理的本土化理论建构

在广袤的中国乡村社会，社会转型所带来的阵痛正在逐步加深，也给目前农村社会治理带来很大的难度。切合本土化特征且能够实际运行操作的治理理论的形成是应对当前社会治理困境的关键，在中国几千年的历史长河中，如"德治"和"善治"对当前的社会治理思想有很大的启发，而在现代化的发展背景下，在西方社会基础上发展总结出的社会治理理论的构建对中国的实践也有一定的参照作用。通过前文的分析可知，现在许多学者都倾向于当今中国的社会更契合于法团主义的特征，所以在一定程度上要以法团主义为依据，特别可以以国家法团主义为理论落脚点，在立足本土情况的基础上，对中国的国家和社会的关系进行重塑，从而构建出自己的理论的传统，并以社会法团主义为发展方向，推动基层民主社会的崛起②。另外在理论上，也要突出中国的特色和本土化色彩。

1. 传统性和现代性并存的现代农村社会

在转型时期，"城市化"大刀阔斧的推进是当前中国社会改革的一个显著特征，在城市化的过程中，越来越多的农村人口转变为城市人口，农村社会中原有的生活秩序被打破，被现代化的理性机制所取代。然而，这种城市化的实践并没有真正动摇传统农村社会

---

①　参见李芝兰：《"倒逼"还是"反倒逼"——农村税费改革前后中央与地方之间的互动》，《社会学研究》2005 年第 4 期。

②　参见顾昕：《公民社会发展的法团主义之道——能促型国家与国家和社会的相互增权》，《浙江学刊》2004 年第 6 期。

的最深层的秩序，一方面是由于中国农村社会分布地域的广阔，另一方面，农村社会的本土性或者乡土性的社会传统，已经在几千年的历史长河中，深深扎根于乡土社会的土壤中。所以现在的乡村呈现出传统性和现代性并存的社会特征。在进行农村社会理论的探索中，就需要对现代农村社会进行一个全面的透视。

（1）"差序格局"下的乡土社会。

马克思主义认为理论来源于实践并指导实践，进行理论的构建和梳理首先就是要分析理论的实践场域——乡土社会，"乡土性"是对广大农村社会的一个较为形象的概括性描述。

"乡土社会"是构成中国传统社会的基石，是学者们进行实践和理论研究的最佳场域，也是认识中国社会不可逾越的场所。中国传统社会是指"从秦汉到清末这一段两千年的中国而言的"，"属于工业革命之前的、传统性的农耕社会"①。中国传统社会具有以下几个方面的特征：以农业为基础产业；全国80%的人口居住在农村；社会的主要组织形式是家庭组织和血缘关系；以自给自足的自然经济为基础，具有较强的分散性和封闭性；社会管理以传统权威为基础，家长制管理是其主要管理方式；社会分工和分化程度很低，社会的同质程度较高②。费孝通以"差序格局"对传统中国社会的社会结构进行了深入的解读，是乡土社会研究中对于传统社会最经典的概括，随后的学者都是围绕这一中心展开研究的。

"差序格局"是针对西方社会的独立于个体之间交往的团体格局提出来的，认为我们的格局不是一捆一捆扎清楚的柴，而是好像把一块石头丢在水面上所发生的一圈圈推出去的波纹，每个人都是他社会影响所推出去的圈子的中心，被圈子的波纹所推及的就发生联系，每个人在某一时间某一地点所动用的圈子是不一定相同的。③它生动形象地概括了中国传统社会结构和人际关系的特点。在"差序格局"的社会结构中，个人的行为取向是以"己"为中心的，

---

① 参见金耀基：《从传统到现代》，中国人民大学出版社1999年版。
② 参见刘祖云：《当代中国转型》，湖北人民出版社2000年版。
③ 参见费孝通：《乡土中国》，北京大学出版社2012年版。

"这并不是个人主义，而是自我主义"①。费孝通认为个人主义是团体格局建立的基础，在团体中，每个成员都是平等的，且团体也不能抹杀个人，而中国的以己为中心的自我主义，预示着一种等级差序，"差序格局"体现了儒家的伦理关系。闫云翔认为差序格局实际上是对乡土社会中人伦关系的深刻描述，"人伦"之所以能说明差序，在于"伦"规定了差序格局的内容，即差等②："伦重在分别，在礼记系统里所讲的十伦，鬼神、君臣、父子、贵贱、亲疏、爵赏、夫妇、政事、长幼、上下，都是指差等。""不失其伦是在别父子、远近、亲疏。伦是有差等的次序"，"其实在我们传统的社会结构里最基本的概念，这个人和人往来所构成的网络中的纲纪，就是一个差序，也就是伦"③。所以差序格局理论下的中国乡土社会在横向上体现的是社会结构格局的等级划分，在纵向上体现的是以己为中心具有等级差异的人际关系网络。同时建立在血缘与地缘基础上的差序格局是具有很大的伸缩性的，以"己"为中心不断向外推，使得乡村社会成为一个没有陌生人的"熟人社会"，这是费孝通对于中国乡土社会性质所提出另外一个理论模型。"乡土社会的生活是富于地方性的。地方性是指他们活动范围有地域上的限制，在区域间接触少，生活隔离，各自保持着孤立的社会圈子"，所以"乡土社会在地方性的限制下成了生于斯、死于斯的社会，在这种社会里，在人与人之间的关系上也就发生了一种特色，每个孩子都是人家眼中看着长大的，在孩子眼里周围的人也就是从小看惯的。这是一个'熟悉'的社会，没有陌生人的社会"④，在"熟人社会"中，人与人之间是高度认同和彼此信任的，在"己"之外，"家庭"是人们在日常生活中的行动单位。而"宗族、自然村确实有可能是农民'自己人'心理认同的一个重要单位，是超越单个家庭的

---

① 参见费孝通：《乡土中国》，北京大学出版社 2012 年版。
② 阎云翔：《差序格局与中国文化的等级观》2006 年第 4 期。
③ 参见费孝通：《乡土中国》，北京大学出版社 2012 年版。
④ 参见费孝通：《乡土中国》，北京大学出版社 2012 年版。

农民认同与行动单位"①。所以在传统的乡土社会中，宗族是维持乡村社会秩序的重要组织单位。

（2）转型时期的农村社会。

在现代中国转型时期的大背景下，中国农村社会一方面要融入现代性的洪流中，传统的乡土理念受到很大的冲击；另一方面，市场经济的引入，使得农村中，多元利益主体、原子化、现代化的农村社区逐渐出现。费孝通笔下的建立在"差序格局"上的"熟人社会"正在发生着巨大的变迁。贺雪峰将这种变化概括为三个层面：一是农业税的取消极大地改变了国家与农民的关系。二是大量农民工向城市的涌入，改变了农村社会基本的社会结构，之前相对封闭的村庄结构变得开放，农民的收入来源也多元化了，从而使得农村社会的传统结构更加难以维系。三是农民价值观发生了变化，之前构成农民人生意义的价值取向发生了变化②。在比较"熟人社会"的基础上，他认为传统的熟人社会的秩序是靠公认的地方性知识来维持的，地方性知识包含价值和规范，是农民行为的释义系统和规范系统，在这种地方性知识的影响下，人们的实践逻辑的特征是中庸平和。而当前的中国农村，在市场经济的影响下，人们越来越趋向于价值工具理性，利益成为衡量人与人之间亲疏远近的重要标准，他将其概括为"半熟人社会"，认为半熟人社会有三个特征：第一，村庄社会多元化，异质性增加，村民之间的熟悉程度降低。第二，随着地方性共识的逐步丧失，村庄传统规范越来越难以约束村民行为，村庄中甚至出现了因为信息对称而来的搭便车，并因此加速了村庄内生秩序能力的丧失。第三，村民对村庄的主体感逐步丧失，越来越难以仅靠内部力量来维持基本的生产生活秩序，村庄越来越变成外在于村民的存在，二者的社会文化距离越来越远③。

---

① 赵晓峰：《公私观念与村庄政治》，北京社会科学文献出版社 2013 年版。

② 参见贺雪峰：《新时期中国农村社会的性质散论》，《云南师范大学学报》2013 年第 3 期。

③ 参见贺雪峰：《新时期中国农村社会的性质散论》，《云南师范大学学报》2013 年第 3 期。

这是对转型时期中国农村社会一个颇为形象的概括，也会在中国农村社会长期存在，对中国农村社会治理具有借鉴意义。"半熟人社会"现象的出现，不否认传统"熟人社会"差序格局的存在，只是在转型时期，这种差序格局具有了现代内涵，卜长莉认为，首先是差序格局的中心点发生了变化。现代社会中，"单位组织"替代"家庭"成为人们获取资源最基本的单位，这在城市生活中比较明显。所以"单位组织"也被容纳到了离"己"最近的关系层内。因此，"单位"组织中的人具有了双重依靠，而他们进一步推出去的关系网又是建立在这双重性的基础上的①，在农村社会中，则还是家庭在资源获取中起着关键性的作用。其次是利益成为衡量人们关系亲疏远近的一个关键性的标准，利益性的差序格局在当代中国具有一定的普遍性。这种人际之间的差序是以自我为中心，即围绕个人或一定群体的利益而建立的。最后，差序格局所构成的人际关系网络具有固定和流动的双重性②。另外，在现代的中国农村社会中，传统的以宗族为治理主体逐渐转变为以基层政府为主的多元治理主体，也构成了"差序格局"的现代内涵。

综上，虽然在转型时期，中国农村社会发生了巨大的变迁，但是差序格局所依赖的社会条件仍然根深蒂固于中国的乡土社会，在现代性和市场化的影响下，传统的差序格局被赋予现代内涵，在解释当前农村社会结构和人际关系上仍然具有较强的解释力。所以在此基础上，笔者对现代农村社会进行了重新的审视。在现代农村社会中，虽然农民个体权利意识逐渐觉醒，但是在进行利益诉求的过程中，更加趋向于以"群体"为代表，如近年频繁发生的群众"上访"等，个人力量在利益博弈的过程中，仍然处于微弱的地位，从而依赖于"群"，而"群"则是建立在共同利益的基础上，将传统差序格局的以"己"为中心建立在血缘和地缘基础上的人际关系扩展

① 参见翟学伟：《人情、面子与权力再生产》，北京大学出版社2013年版。

② 参见卜长莉：《"差序格局"的理论诠释及现代内涵》，《社会学研究》2003年第1期。

开来，这种群体只有在农民遇到利益冲突时会形成，而在日常生活中，仍然处于离散的状态，这与西方建立在个人主义上有组织化的团体格局是有区别的。因此，转型时期的中国农村社会是传统性和现代性并存的，社会结构和人际关系介于"差序格局"和"团体格局"之间，具有二重性。

国外和本土农村社会治理模型新解读：

农村社会治理在面对转型时期农村社会表现出的传统性和现代性并存，社会结构和人际关系是介于"差序格局"和"团体格局"之间的二重性新特征时，如何建构出一个符合农村实际且具有一定适用性的理论模式，是有效指导农村社会治理实践的关键。学术界对此也是众说纷纭。主要表现在两个方面。

一方面，在国外视野下，西方学者提出法团主义的理论分析模型，认为当前中国农村社会的治理仍然是以政府为主导的模式，政府与农村社会是合作共存的关系。在前文的分析中可知，法团主义理论是其典型代表，它建立在西方的团体格局的基础上，而目前中国的社会结构基础有所不同，显然不能完全解释中国农村社会的实践。传统社会的乡土性特征，还未形成类似于西方的团体社会，另外国家力量难以深入到基层社会，所以国家与基层社会的合作存在一定的困难。有学者进一步提出，国家法团主义比较契合当前农村的社会治理，特别是由于当前基层政府表现的类似于公司化的地方法团主义。国家法团主义在一定程度上可以指导中国社会的治理实践，但其是较符合城市的社会治理，对于农村的社会治理，还不具有完全有效的指导作用。在西方社会理论的指导下，许多学者认为中国社会最终的发展方向还是公民社会，顾昕在此基础上提出"推进公民社会发展之道在于打破国家与社会零和博弈的陈腐观念，代之以国家与社会相互增权的新理念。国家发挥能促性角色，走向社会法团主义，推进民间组织在社会公益领域中发展，反过来可以有效增强国家推动社会发展的能力"①。从国家法团主义走向社会法

---

① 顾昕：《公民社会发展的法团主义之道——能促型国家与国家和社会的相互增权》，《浙江学刊》2004 年第 6 期。

团主义需要国家转型的深化，中国社团空间以及民间社会的发展，有待于观念的变革。在社会经济发展、社会服务与慈善、卫生与保健等领域，还有巨大的空间有待社会团体和其他种类的民间组织来填充，但是国家挂靠和唯一性的规定，极大地限制了民间组织的发展，国家与社会相互赋权有助于发挥国家的能促型角色，推进国家与社会的关系向法团主义转变。他突出强调了"国家"与社会相互促进和合作的关系以及发挥社会组织在社会治理中的作用，这对于当前农村的社会治理理论的构建具有一定的借鉴意义。

另一方面，在本土视角下，农村社会治理一直是学术界的热点主题，学者们也进行了长期的探索。除了前文提到的一些经典的治理理论外，目前来说对于本文具有很大借鉴作用的农村社会治理理论，还有以下三点。

第一，费孝通在"差序格局"基础上提出的"双轨政治"的理论模型。它是中国传统的乡村社会治理的一个理想的图式。在这一图式中，分为上下两级。上一级是由皇权、州府、县官组成，下一级是由乡村领袖和农民组成。中间有一个协调节点，也就是连接两级的中介地带，一般由建立在血缘基础上的宗族—士绅来充当中介地带，有的学者称为"第三域"①，与代表国家的县政府打交道。国家尽可能避免正式介入地方事务，避免使用程式化的监察和文书工作等官僚政治手段，而是依赖半正式的准官员来维持乡村社会的治理实践秩序。因此在"第三领域"里践行的是"集权的简约治理，所以在双轨政治的模型中，国家与社会是分割的"②。

第二，受到差序格局和双轨政治的启发，赵晓峰从农民的公私观念入手构建了一个三元的分析框架，即以"大公"（国家与普遍主义）、大私（宗族、自然村与特殊主义、整体主义）、个人与家庭（群我主义、个人主义）来分析中国现代农村社会的治理结构。同时，他还把农民的公私观念操作化为三个关键的层次（大公、大

① 参见费孝通：《乡土中国》，北京大学出版社2012年版。
② 参见黄宗智：《长江三角洲小农家庭与乡村发展》，中华书局2000年版。

私、小私),并认为传统中国农民及其家庭的行为逻辑是"以群为先,以己为轻"的群我主义行为逻辑,国家(大公)的规范追求的是普遍主义的权威性、神圣性及有效性,介于"大公"与"小私"之间的"大私"(宗族、自然村)的行为逻辑相对于国家来说是特殊主义的,相对于个人及其家庭来说则是整体主义的①。由此得到的启发是,在农村社会治理中有效运用自己人的力量,即大私的力量来进行乡村治理,符合农民个人和集体的行为逻辑,能有效地推进农村社会治理。

第三,建立在地方政府法团化基础上的"行政—政治—社会"的分析模型,这是由折晓叶提出的。她分析了当前农村社会中基层政府的法团化的特征,特别是县域政府在分税制改革后呈现出新的运作模式,融资平台和项目平台在很大程度上是针对中央政府规制的一种应对策略。通过对县域正在发生的大规模城市化项目经营现象的考察,提出"行政—政治—公司"三位一体统合治理分析框架,用以解释地方政府在这一过程中的作用。借助"项目平台",通过行政审批权获得对土地等核心资源的垄断权力,通过政治动员发挥主导力量,通过公司制承担经济发展主体的角色,县域政府的权力、意志、绩效三者空前地互为推动,产生出新的活力。这种统合治理模式渗入城乡建设的各个层面,使得政府的能量和作用远远超出以往研究对其的定位,"这种角色的演变,正是县域城市(镇)化既突飞猛进又困境重重的重要原因"②。这种分析框架,是建立在农村推进城市化的背景下政府在项目运作过程中所扮演的角色的演变,从这一主体出发阐述了当前农村社会治理的模式。

2. 农村社会治理理论的本土化建构

从新中国成立至今,当代中国研究也有六十多年的历史,特别是改革开放三十年来,中国社会经历了前所未有的变迁。经济的飞

① 参见赵晓峰:《公私观念与村庄政治》,北京社会科学文献出版社2013年版。

② 折晓叶:《县域政府治理模式的新变化》,《中国社会科学》2014年第1期。

速发展所伴随而来的是政治、社会、文化等各方面的问题，引发了更多的学者参与到中国的研究中来，也因此取得了更多的经验材料和成果。纵观六十多年的中国研究，周晓虹教授将其概括为历史学路径下的分析模式（冲突—回应模式、传统—现代模式、帝国主义模式）和社会科学路径下的分析模式（国家—社会模式），他认为前者的分析是从西方中心论出发，建立在把中国当作客体来阐述中国是怎样受到西方影响而变化的，后者则是以西方的国家与社会对立为理论分析依据。因此他强调西方经验的研究是舶来品，不能完全把握中国的现实，应该以中国为主位，采取主客体并置的研究范式①。不难看出，跳出西方经验的框架，立足本土化的中国研究，已经成为当前学术界的主流。中国农村自然是本土化理论实践和构建的最佳场所，构建本土农村的社会治理理论，也应该采取"主体性"的视角，厘清中国农村社会的中西之间的差异和传统与现代的区别。

第一，从国家和社会的关系来看，在西方，从古罗马时期城邦制建立以来，国家与社会一直处于一种对立抗衡的状态。这种"二元对立"所预设的是"社会"作为一种客观事实的存在，即涂尔干所指出的有一类非常特殊的性质的事实，只能用"社会的"一词来修饰它，可名之为社会事实，这样称呼它最为合适，因为十分清楚，它既然没有个人作为基础，那么只能以社会为基础。而"社会"②这个概念是在近代以后才传入中国的，在这之前并没有明确的词语对社会进行概括，诸如"民间"、"野"、"江湖"也只是近似社会的代名词，社会也没有明确的范围和边界，社会以一种多元的形式而存在，其中"民间"和"野"多指主流社会，而"江湖"则是与正统社会相对立的一个秘密社会，这个秘密社会不一定有完全统一的组织形式、固定的法律规范，但它有形形色色的人物、五花八门的团体、相对稳定的规矩和道义原则、稀奇古怪的语言，它们共同构成

---

① 周晓虹：《中国研究的可能立场和范式重构》，《社会学研究》2010年第3期。

② 涂尔干·迪尔凯姆：《社会学方法的准则》，商务印书馆1995年版。

了江湖这一充满神秘色彩的奇异世界①，中国社会的伸缩性和并包性，使得国家与社会自然也是处在一种交融的状态。

"中国社会只有两种正式而确定的组织，那就是国与家，即国也不过是家的扩大，家的主是父，国的主是君。忠孝是人的大节，大节有亏，其他都是不值一提的。"②梁漱溟即认为传统中国的国家观念非常淡漠，"家"或"家族"构成了社会基础，在"天下"观的统领下则构成家国同构或家国合一的社会结构特征。"家国同构"的社会结构特征，充分说明了国家与社会之间的关联③，梁治平认为"家"与"国"的分离在某种意义上也构成了西方社会私域与公域分立的基础，公域或者说公共领域亦即"家"与"国"之外的"市民社会"；而中国传统社会的家国同构或者说家国一体则消除了"市民社会"出现的可能性④。所以对于萌发于西方社会的"国家—社会"相互对立的二元结构上的理论对中国研究的适用性问题，学术界一直众说纷纭。但是，可以确定的是，在本土理论的构建中，绝不能忽视中国历史上对国家与社会关系的阐述与西方的区别，笔者认为以一种"主体本位加之多元的视角"对当前农村社会治理理论的构建更具有操作意义。

第二，从社会结构来看，西方社会的团体格局是社会力量的反射，特别是近代资本主义经济的发展，个体之间竞争的加剧，社会矛盾的迸发，在客观上促进了社会组织力量的增强，并逐渐在社会发展进程中发挥了举足轻重的作用。随着时间的推移，社会组织组建具有科尔曼所谓的法人团体的特征，西方社会的团体格局开始形成，并构成稳定西方社会的结构基础。而在中国，费孝通的"差序格局"即是类比于西方社会团体格局所提出的对传统中国社会结构的经典概括，但"团体格局"和"差序格局"是建立在不同时空之下

---

① 参见刘平：《近代江湖文化研究论纲》，《文史哲》2004 年第 2 期。

② 李安宅：《仪礼与礼记之社会学的研究》，上海人民出版社 2005 年版。

③ 参见梁漱溟：《中国文化要义》，学林出版社 1987 年版。

④ 参见梁治平：《寻求自然秩序中的和谐——中国传统法律文化研究》，上海人民出版社 2002 年版。

的比较，西方社会历史发展过程中是否出现过"差序格局"，中国是否必然走向团体格局，这是一个值得思考的问题。对"差序格局"进行宏观解读，可以发现，在春秋战国时期，由于宗法制和分封制的存在，在统治阶级内，君主分管天下，诸侯分管国家，士大夫分管家，冯友兰认为这种权力等级金字塔的"差序"与所对应的"己—家—国—天下"四者之间似乎就顺理成章地构成了内在一致的连续统一。而费孝通的差序格局是从伦理角度提出来对中国社会结构的分析，它所侧重的是"己—家—国"三者之间的关联，其中家和家族处于核心地位，己和国则处于次要地位，这种同心圆似的差序格局，在传统社会的平民阶层表现得更加明显。虽然在现代社会，城市中社会组织数量迅速增多，许多学者认为这预示着一种类似团体格局的出现。正如前文所述，笔者认为城市中的这种社会组织一方面大部分是具有经济性质的组织，另一方面仍然是具有国家单位体制的特征，对国家具有很大的依赖性，在城市社会结构表现出的团体格局的特征实则是悬浮在差序格局之上的，不具有确切概括性。而在农村社会中，社会组织的力量更加薄弱，差序结构的内生性的影响仍然长期并隐性存在着。

第三，从政治文化角度来看，西方社会建立在"自由"和"民主"的基础之上，提倡个人主义。许烺光认为个人主义的自我依赖属性由"竞争"和"创新"构成，竞争和创新会带来进步，也会给社会带来威胁："我们人认为竞争是在遵守规则和骑士风度中进行，没有了解到每一个成功幸运者的背后有着成千的失败者，当失败意味着失去自尊时，竞争变成了狗咬狗的行为。""我们以为创新是在科学进步和艺术成就中进行，没有注意到创新的同时也意味着对常态、习俗和道德规范的叛逆。"①竞争和创新导致冲突，特别是在西方团体社会的格局下，以美国为例，社团作为社会最重要的团体，个人想取得成功就必须获得一个团体成员的身份，个人之见的竞争和冲突又进而扩大到团体内，所以西方社会的政治文化是充满着竞

---

① 许烺光：《"维他命"分析模式下的文化比较研究——许烺光海外研究综述》，《社会学研究》2011 年第 4 期。

争和冲突的。而在中国社会，以儒家思想为核心的政治文化，强调
"和谐"兼容并包，提倡"中庸"，反对冲突。在传统文化中"和谐"
有多种形态，《易经》《尚书》都对和谐提到了"合和"文化，儒家经
典《中庸》开宗名义更是提出了"中和"的观念。"和谐"的内容丰
富，包括人与人之间的和谐，如《论语·子路》中说："君子和而不
同，小人同而不和。"个体与群体的和谐，《荀子·王制》中主张"人
能群"等以及人与自然之间的和谐，中国古代哲学所谓的"天人合
一"，最基本的涵义就是自然界与精神世界的统一。传统社会以
"礼"来调节社会秩序，在现代社会重视道德伦理稳定社会的作用，
推进和谐社会的建设，都体现了中国政治文化中的"和谐"理念。

从以上分析可知，中国历史上的国家与社会之间的合作和包容
的关系是一种常态，"家国同构"的历史传统使得整个社会只有上
下之分，国家与社会没有明确的边界，只有当社会出现分裂和冲突
时，国家才会以一种权力抵抗的形式凸显出来。而在西方，国家与
社会是时时对立的，国家与社会需求合作也是建立在此基础之上的。
所以，笔者认为图 5.1 的国家与社会的关系图更符合本土的现实：

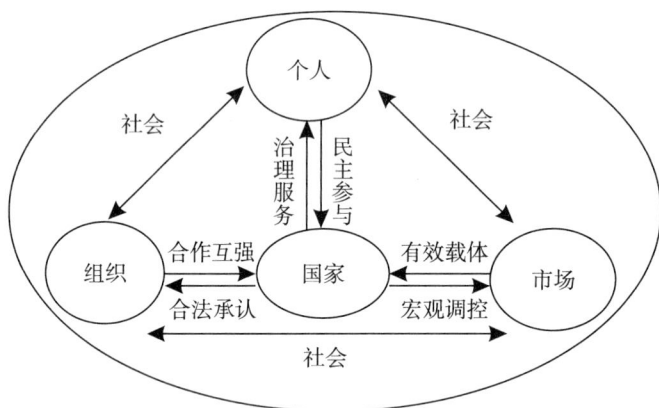

图 5.1　中国的国家和社会互动关系

通过图 5.1 可知，个人、组织、市场是构成现代社会的基本要
素，并呈现出一种互动的关系。国家居于社会的中心，分别与个

人、组织、市场也存在一种双向互动的关系。其中个人自下而上参与到国家的管理中，国家自上而下对个人进行治理和服务；国家对市场进行宏观调控，而市场是国家功能实施的有效载体；在组织层面，国家通过合法承认并购买服务发挥组织的治理作用，组织发挥自身优势，与国家产生合作互强的效应。国家与社会这样一种包容和合作的关系，促进了国家与社会的有效互动，保证了中国历史的悠久与持续维系。

在认知到中国的国家与社会是一种兼容并包的关系基础上，笔者认为应该以一种主体本位的视角来构建中国社会的治理模型。治理模型的核心要保障国家与社会的协调和合作，这就需要在制度层面建立"自上而下"和"自下而上"的双向沟通机制。"自上而下"需要保证政策的畅通和信息流通的合法性，"自下而上"就需要保证民生和精英的合法性。另外在融入中国传统和谐文化理念前提下，采用多元主体分析框架来构建本土社会的治理理论，法务前沿工程实际就体现了这种"双向沟通"的创新治理模式，可用图 5.2 进行解读：

长期以来的中国农村社会，所推行的是与计划经济相适应的社会管理模式。这种模式所强调的是政府对社会渗透和包揽一切的"一元主体"作用，从而导致传统的农村社会处于一种被动的地位，而随着市场经济的引入，传统的社会管理模式逐渐表现出很大的弊端和不足，从而转向以社会治理理念为核心的模式。在图 5.2 中，可以发现：

第一，破除传统的社会管理模式的路径依赖，建立以社会治理理念作为整个理论模式的基调。传统社会形式的多元化、家国同构的政治结构以及差序格局的存在，是深埋于中国农村社会最基本的特征，即使在现代社会的冲击下也无法消解。所以笔者所建构的理论模型，突破传统的政府对社会的单一管理，而强调基层社会的自主性以及与上层政府的互动。

第二，建立在双轨政治基础上的"自上而下"和"自下而上"的互动机制。双轨政治在传统上是由士绅和官府代理人充当中间沟通人，而我们理论框架则是在国家与社会协调合作的基础之上，以乡

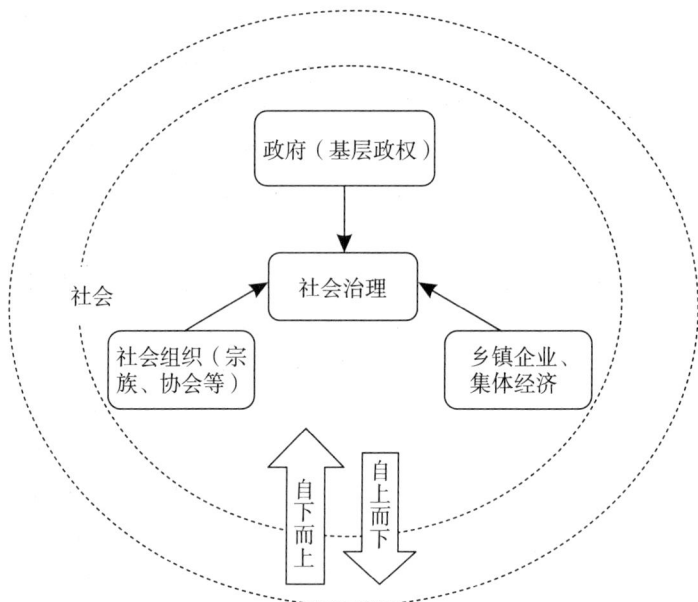

图 5.2　农村社会治理模型

村社会治理为中心，政府即基层政权，乡镇企业和集体经济，以及社会组织即宗族、协会等发挥治理作用，自上而下通过政策传导，法律实施等保障信息沟通的畅通，保障民生和精英的合法性，真正实现社会与国家对农村社会的合作共治。

　　第三，多元主体的参与和互动。首先，处在宏观层次上的是国家，这里的国家是指狭义的国家，是代表国家力量的中央政府。其次在中观层次，是由县政府、乡政府和村委会构成的基层政权，其中县政府又是沟通中央政府和乡政府等基层自治组织的中介，负责传达中央政府的政治意志和政策，代表市场的乡镇企业以及包括宗族在内的社会团体、基层自治组织。也即农村的村委会是负责具体的政策制定，乡镇企业是推动乡村经济发展的重要力量，社会团体则促进农村社会第三域的发展。最后，在微观个体层次，就是要发挥精英群体的带动作用，在当前农村社会发展中，个体力量微弱，在利益博弈的过程中，社区领袖人物的魅力仍然发挥着作用，乡村精英是与农民关系最亲近的人，所以精英群体的力量是不可小觑的，突出了"以人为本"的社会治理理念。

在这个框架的指导下，我们可对法务前沿工程进行重新审视。法务前沿工程是由县司法所结合罗田县农村实际提出的实践工程，向上级申报，获得批准后，再推广到下层的具体实践，是一种自上而下和自下而上相结合的方式。在具体实践中，又利用了基层政府和社会精英群体这两种力量，呈现了一种"上下沟通、左右联动"的组织网络，具有创新性。特别要强调的是在当前农村社会治理中，要推动多元主体的参与，最重要的是要发挥基层政府的主导作用，在法务前沿工程中就同时突出了县域政府和村委会这两个基层政权自主性。基层政权的这种自主性在很大程度上体现出了法团主义的特征，成为凸显中国法团化的主要组织单位。所以可以借鉴西方法团主义的理论，具体应用到农村社会治理的实践中，当然也不能忽视基层政权在某些方面存在的问题，这也是法务前沿工程搁置的重要原因之一。

长期以来，国家一直以发展经济为中心，以农补工的政策的倾斜，使得农村的发展长期处于滞后的阶段，特别是20世纪90年代中后期，农村社会矛盾凸显，政府在整治农村负担过重方面力度不够，使得农民陷入了内外交困的境地，农村出现严重的治理危机。虽然在2002年之后，国家的政策对农村有所侧重，一方面，以工业反哺农业，促进农村经济的发展；另一方面，高度重视保护农民的权利，取消关于农村发展过程中的歧视性政府规定，有效地促进了农村治理的调整与恢复。基层政权是乡村社会治理的主体，在乡村治理体制的改革中扮演着重要的角色，在社会转型的大背景下，基层政府有着很强的自主性，并不仅仅是国家的代表，可以自行选择执行国家的政策，也是连接农民和上级政府的关键性纽带。然而，基层政权的这种自主性行为，缺乏正式的制度性规范，对政府政策表面上拥护，但是实际上却不会彻底地执行和贯彻，特别是政策的其他主体公众和社会组织，对于制度的运转却很少介入。虽然赋予其监督性的职能，但监督的内容却由政府来选择，哪些部分隐藏或者哪些部分公开，都是由基层政权来决定的，监督主体所面对的只是经过加工和过滤后的内容，从而造成了农民和基层政权，基层政权和国家之间的隔阂，阻碍了国家与农村社会的互动①，使农村社会治理面临很大的困境，从而导致部分乡镇基层政权不仅没有实现国家政权建设的目标，帮助国家权力渗透到社会，反而离间了国家和社会，成为一个具有很强自主空间的利益共同体，基层政权借用国家的名义侵蚀地方公共利益，造成政权在基层与地方社会分离，从而引发了乡村社会失序②。

基层政权的功能如何有效发挥，如何沟通国家与乡村社会，是笔者提出该理论框架试图解决的问题。笔者认为农民对于政府的信任并不必然随着生产的发展而上升，农村面临的根本问题在于如何构建稳定的基层生活共同体，对于乡镇政府来说，不仅需要维护基层社会的公共秩序、组织提供基层社会所需的公共产品和公共服务，也需要设置沟通渠道以便社会公众表达其利益诉求，通过制度来整合和吸纳基层社会政治参与，实现国家与社会之间的良性互动。所以笔者认为重点是构建一个双向的沟通渠道，才能保证政府治理的效率性。

第一，突出基层政权的这种自主运作机制。将基层政权这种自主性运作机制吸纳到国家的政策框架内，是可以将农村社会治理有效推进的，基层政权在推进社会治理中，不仅维护基层社会的公共秩序，组建基层社会所需的公共产品和公共服务，也需要设置沟通渠道以便社会公众表达其利益诉求，通过制度来整合和吸纳基层社会的政治参与，实现国家和社会的两性互动。要转变政府的角色，关键是建立基层政权机构的共同体③。这个基层政权的共同体如前文对这个框架的分析由县域政府、乡政府和基层村委会组成，基层政权真正成为了国家的代理，这是一种由上而下的运作。为了保障

---

① 参见赵树凯：《乡镇治理与政府制度化》，商务印书馆2012年版。

② 参见张静：《法团主义——及其与多元主义的分歧》，社会科学文献出版社2005年版。

③ 参见赵树凯：《乡镇治理与政府制度化》，商务印书馆2012年版。

这种运作的有效运行，不仅需要政府部门之间的紧密配合，同时国家要建立完善激励机制和监督机制，促进基层政权参与治理的积极性。

第二，基层政权一方面要成为国家在地方的代理，另一方面也要成为基层社会的代理。所以笔者构建出基层政权与乡镇企业和宗族群体的三者之间稳定连接的框架，在乡村社会中，乡镇企业是承担着推动农村经济向前发展最基础的力量，是深入到农村基层社会最基层的经济组织，特别是在东部沿海地区，在配置农村生产资源，乡镇企业更是发挥了不可替代的作用。政府将乡镇企业吸纳到基层运作的共同体内，是从经济上对农村社会进行的一种嵌入，当然这种嵌入是在构建完善的监督机制的基础之上才能实现的，而这种监督机制的实现就需要依托以宗族为中心的社会组织。政府将自己的一部分责任分配给这些组织团体，同时由它们自行建立监督政府的机制，使得基层政权在公共服务和文化上融入到村民的日常生活实践中，有利于获得社会成员的信任和认同。笔者所提出的这个框架的目的除了重塑国家与社会的关系，同时还是为了避免基层社会群体对基层政权产生不均衡的影响。这些影响受制于非制度化因素的制约，具有不确定性，使得基层政府受利益所左右，缺乏必要的超越性，特别是在与乡镇企业的互动中，形成共谋合作的局面，在基层社会的利益格局中与民争利，诱发了大量的社会矛盾。

第三，如果要获得村民对基层政权共同的认可以及发挥它的作用，就不能忽视乡村精英群体的力量。在前文已经论述过，在当前村民利益个体多元的社会背景下，精英的个人魅力不仅可以在某些方面起到示范作用，同时可以凝聚村民的个体力量，所以由政府—乡镇企业—宗族构成基层共同体，就要重视精英个体或群体的重要作用。

综上，中国的国家与社会自古以来就是一种合作协调的关系，所以笔者认为许多学者致力于建立市民社会的理论是与中国社会的实际有所偏颇的，而法团主义所倡导的国家与社会的合作，似乎有一定的契合性，费孝通说："有人说中国虽然没有政治民主却有社会民主，也有人说中国政治结构可分为两层，不民主的一层压倒民主的一层上边。这些看法都有一部分近似，说近似而不说确当是因为这里还有一种权力，既不是横暴性质，也不是同意性质，既不发生于社会冲突，也不是发生于社会合作，它是发生于社会交替的过程。"①借用费孝通的说法，法团主义看似与中国的实际相似，实则不能完全用来解释本土的"国家与社会"的协调合作关系。进而在农村治理实践中，要实现国家与社会的合作沟通，就需要动员多元主体的参与，建立一种"自上而下"和"自下而上"的双向沟通渠道，在法务前沿工程中，以"法律实施"为核心，体现这种双向渠道保障作用，既有利于保证农村精英参与社会治理的合法性，提供向上传递信息的可能，又保障了民生与个体权利，是当前农村社会治理的一项创新实践。

第三节　农村社会治理实践的可能出路

农村社会的稳定和发展，是维护整个社会秩序和提高国家综合实力的关键。从政府单纯的自上而下的对农村的"社会管理"到有针对性的"社会治理"，农村社会治理的模式一直在随着时代和农村社会的变迁而变迁。在新中国成立初期，国家为了发展经济，巩固政权，在农村建立人民公社的体制，在人民公社存续的二十多年里，农村为工业的发展作出卓有成效的贡献和牺牲，并维持了社会秩序的稳定。但是农民的生活水平却没有得到相应的提高，仍然处于温饱水平。为了提高农民的生产积极性，国家实行了分田到户的政策，极大地促进了农村经济的快速发展。到了 20 世纪 90 年代，"政社逐渐分离"，村民自治开始成为重新组织乡村、实行村庄治理的有效途径，"村民自治"和"乡村政治民主化"成为社会各界关注的热点话题。在转型时期，面对农村社会矛盾频发，学界逐渐将西方政治学的"治理"概念引入到乡村社会治理模式的建构中。有的学者按照政治学的理想模型提出"乡镇—村政—社有"的理想的

---

① 费孝通：《乡土中国　生育制度　乡土重建》，商务印书馆 2011 年版。

乡村治理模式，乡镇就是把乡镇作为一种自治体，村政是指把村庄作为政府的代表机构，成员纳入到公职人员的行列中，"社有"通过立法成立村社组织①。这种理想的治理模式，只是在乡村自治实行之初提出来的，在实践中必然遇到诸多法律和政策的困局，在一个阶段内，要改变困局中的各种制度性和结构性问题，可以说困难重重②。随着徐勇提出了"县镇—乡派—村治"的乡村治理模式，在一定程度上反映了乡村社会的现实，但是并不是严格的村民自治，而是由国家政权建设所推动和支撑的基层社会管理方式的变革。而现阶段，国家在推进新农村建设的过程中，要立足农村实际，认真解读国家与基层农村社会之间的关系，要把国家力量和村民自治结合起来，做到统筹兼顾，多主体治理，这也是当前社会治理体制改革的核心内容之一。

法务前沿工程是农村社会治理创新实践的特色项目，在罗田县政府和司法局的推动下，形成了很大的社会反响，也切实帮助农民解决了很多实际问题，在农村社会治理理念、治理手段和治理依托的载体上都具有创新性，是值得推广和借鉴的治理实践。然而，法务前沿工程虽然取得了很大的成效，但是却只短短持续了六年的时间就被搁置了。其中原因在前文中也有所分析，一方面是由于农村社会传统理念根深蒂固，农民自身法治观念不强，导致推行有困难，另一方面是由于政府体制的条块分割治理。这也透视了当前农村社会治理中的困境，即"地方性知识"与现代法制的脱节；农村社区精英群体分化与流失。结合前文所构建的农村社会新的理论模型和前人的研究成果以及在法务前沿工程的启发下，农村社会治理实践可能有以下几条出路。

一、情、理与法的时代新要求：从守礼到用法

马克思主义哲学中讲到发展是永恒的，凡事都会"变"，"变"

---

① 参见沈延生：《村政的兴衰与重建》，《战略与管理》2010 年第 6 期。
② 参见陆益龙：《农民中国：后乡土社会与新农村建设研究》，中国人民大学出版社 2013 年版。

是永恒的。当今社会是一个物欲横流的社会，发展较快，变化多端，农村的发展变化也要适应如今的发展趋势。我国农村的传统思想仍然根深蒂固，村民大多数都安分守己，而且农村社会是一个熟人社会，人们之间更为注重的是情和理。在遇到冲突或发生摩擦后，大多数通过非正式手段解决问题，找当地的年长的、比较有威望的人来调解，如果调解无效，有可能会将个人之间的矛盾扩大为家庭之间的矛盾，甚至是两个村庄之间的矛盾，这样的事情不仅在农村而且在城市都很常见，并非夸张之词。农民的受教育水平较低，尤其是一直生活在农村的农民，生活在一个相对封闭的环境中，他们处于社会发展的末端，更为注重的是传统的"礼"，对"法"却是一无所知或一知半解，这也是在城市务工农民的犯罪率较高的原因之一，他们并不知道自己的犯罪行为所带来的严重后果，也不知道自己所要面对的是怎样的惩罚。

在当前社会转型的大背景下，依法治国被提到国家发展的战略高度。但是目前中国农村社会面临着传统秩序与法制化的互动、兼容和统一的问题，乡村社会虽然一直处在变迁的过程中，但是社会的一些结构要素特别是乡村社会的基本生活方式和人际关系等基本特征并没有发生根本的变化，仍然保持着稳定性的特征。农民由于受到知识、文化传统和现实条件的制约，他们对法律的理解、态度和互动方式，可能与法律所期望的方式或格式化的方式并不一致，且可能相冲突，这样，农民就不情愿去接受法律原则，法律系统的权威也就不能在乡村社会发挥统一的功能[1]，然而不可否认的是"地方性知识"在处理农村社会矛盾时仍然发挥着很大的作用。如前文所述，农村的传统思想较之于城市来说更为根深蒂固，村民更为注重传统的"礼"，尤其又是一个熟人社会，大家都是以礼相待的，在产生矛盾时，他们首先考虑的是情，然后讲的是理，在受礼无效、情理无用时会撕破脸硬碰硬，他们很少有人考虑到法律调解。"在乡土社会的礼治秩序中做人，如果不知道礼，就成了撒

---

[1]　参见陆益龙：《农民中国：后乡土社会与新农村建设研究》，中国人民大学出版社2013年版。

野，没有规矩，简直是个道德问题，不是个好人。一个负责地方秩序的父母官，维护礼治秩序的理想化手段是教化，而不是监狱。"①所以在推进农村社会治理的过程中，"法制化"作为稳定农村社会秩序的重要手段，必须要依托"地方性知识"的配合，提高"法治"效率，使得农民能够自觉自愿地利用现代法律手段来维护自己的权利，同时也不会与地方社会的传统相冲突，法务前沿工程就是一项帮助农民从"守礼"到"用法"的创新实践。

在法务工程实施前，罗田县认真分析了农村社会发展的新形势、新情况，自觉把司法行政工作纳入维护社会稳定的大格局中，契合当前社会"全面深化改革，创新社会治理"的理念。在具体的实践中，由镇司法所主导，利用村委会这个连接乡村社会和基层政府的平台开展相关工作。"法务前沿工程"立足于乡村司法工作的建设，归根结底是一个司法工程，它的实施使司法部门与乡村地区的互动关系产生了巨大变化。但是在互动过程中，由于法律与乡村社会长期处于阻隔状态，所以在此过程中也出现很多问题。首先代表国家力量的司法部门基层，尤其是村一级的单位涉入性不强，大部分地区的基层司法工作仍主要停留在县区或乡镇一级。法律的渗入仅仅是到乡镇，在一定程度上改变了法律的援助状况。最基层的农村社区仍然处于"悬置"状态，村民为了寻求法律援助常常需要到乡镇甚至县区才可以，这不仅对保护基层群众的法律权益造成了阻碍，也令法律和司法部门的影响未能达致广大乡村社会，从而在罗田县仍然依靠"地方性知识"来调解纠纷和矛盾。而且单纯依赖国家司法力量，长期缺乏社会方面的有效介入使司法部门与乡村社会之间形成了僵化的管理与被管理关系，同时由于村一级司法力量的薄弱，这种管理与被管理关系的维系也显得更加苍白。

而"法务前沿工程"开展后，利用传统性地方知识和现代法律的双向结合，密切了法律与乡村社会之间的关系。农村的后发展一直是我国社会发展的一个主要特征，传统的农村社区由于流动性较

---

① 参见费孝通：《乡土中国　生育制度　乡土重建》，商务印书馆 2011年版。

弱，同质性较强，地域社会主要是由血缘与姻缘构成，传统的习惯法或民间法在维持社区的良性运转上占据着主导的地位，乡村地区依赖于有关社会交往行为规范的习惯法来约束行为、维护秩序，而社会缺乏具有统一强制性的国家法的介入。近年来，由于社会发生了转型，习惯法的功能再也不能满足人们进行社会互动的需要，农民想要通过法解决问题的需求日胜一日；但碍于上诉经济成本的高昂和自身知识水平低下，农民"用法"的理性选择受到限制。同时，受制于地理、交通等条件的限制，农村群众居住分散，信息不畅，寻求法律服务也十分不便。

"法务前沿工程"近距离地开展法制宣传和司法援助工作，指导了基层依法治理和民主法制示范村的建设，满足了广大人民群众的法律需求。"法务前沿工程"克服了过去普法工作开开会、发发资料、做表面文章的弊端，它面向基层、立足基层，以村（居）自治组织为依托，整合司法所干警、村（居）干部、社会志愿者等各种力量，在法制宣传、法律咨询、化解民间纠纷等方面都能发挥积极作用，有利于把矛盾激化率降到最低限度，把纠纷苗头化解在最基层。农民法律意识的增强，法律知识的增加有助于农民依法办事，维护自己的权益，大大减少甚至消除违法犯罪事件的发生，防患于未然，同时，在实践的过程中，深入到基层社会，针对弱势群体和有需要的群体进行援助。"法务前沿工程"通过一系列的普法宣传活动和法律援助工作，使国家法律逐渐走入乡村社会并发挥影响力，与习惯法共同组成了维护乡村社会秩序稳定的规范体系。国家法律下乡的同时也是基层司法部门在乡村社会重新发挥作用的过程，必要的司法机构以及行使职能的专业人员保证了法律行使的通畅。经历了长时间的司法空白，乡村社会终于逐步脱离过去"无法"的状态，而被逐渐纳入到我国的法制建设中来。

"传统地方性知识"所构建的礼俗规范是维持中国农村社会不可或缺的基础，为村民日常的行为实践逻辑提供合法性参照。是依托于"面子"人情、关系构成的约束体系，拥有审判权威的是那些有知识、有文化、年长的地方精英，审判结果往往会受到大家的一致认可。人们所遵循的这些"地方性知识"类似于"潜规则"般，在人们的日常生活中起着潜移默化的作用，内化于人心，根深蒂固。但是随着市场经济的引入，个体利益化的驱动，似乎表面上打破了这种潜规则，但是本质上还是维持农村社会稳定不可或缺的力量。而法律所主张的是"公平正义"，法制建立在理性的基础上，与"人情"是相对的，这就必然引起双方的冲突。在农村社会治理中的"法治"强调现代法律与地方性知识相互配合，这样才能提高法治效率，收到事半功倍的效果，所以最重要的是不能忽略地方性知识的力量，要注意持续性和有效性，真正做到德法相结合。法务前沿工程是时代发展的必然产物，既然有法，就必须做到人人知法、守法和用法，法务前沿工程不仅是对生活在农村的农民的一种法律援助，也是对即将去城市务工农民的一种普法教育，能在一定程度上降低城市的犯罪率。

二、"送法下乡"和"下乡取法"的双向结合

"法治"是当前社会治理的核心内容之一，其中"法"多指的是来自于西方社会的现代法。现代法在传入中国的过程中，通常所采取的是一种"自上而下"的灌输的方式，在农村社会治理中，这种方式所构建的是基层司法体系，"今天的司法下乡是为了保证或促使国家权力，包括法律的力量，向农村有效渗透和控制"①，从而保证法律实施的有效性。显然，在这种方式的主导下，并没有很好的定位作为实践主体的民众的角色，他们仍然只是法律实施的对象，实现立法目的的人为手段，"严格地说，法律实施是指法律在社会中的运用、强制贯彻，即法律自公布后进入实际运行。这是个活动过程，它包括法律执行机关执行法律和一般公民遵守法律"②，这种单向的推行法律的方式，忽略了民众的主体性。这是阻碍基层法治无法有效进行的原因之一。

---

①　苏力：《送法下乡：中国基层司法制度的研究》，北京大学出版社2011 版。

②　夏锦文：《法律实施及其相关概念辨析》，《法学论坛》2003 年第 6期。

赵晓力类比费孝通的"文字下乡"对这一方式进行了评价。在最初的乡土社会中是没有文字的，费孝通认为"文字的功能是为了时空交流"，"不能当面讲话的时候，才需要文字来代替，乡土社会从空间上来讲是面对面亲密接触的社会，从时间上来讲是今天与明天、这一代与下一代的生活没有多大变化的社会，用不着文字来补充记忆力的不足，这样的社会当然没有文字的需要"①，在不需要文字的乡土社会，地方性知识替代了文字的功能。随着时间的推移，在一些乡村社会中乡土性仍然存在，但是文字却早已下乡。根据费孝通的观点，出身于庙堂和城市的文字却被送下了乡，是出于城市和庙堂的需要，是为了城乡人民能够进行交流。乡下人不识字，便被称为"文盲"，"意思是白生了眼睛，连字都不识"②。当然，法律的这种方式，也是同样的道理，民众不懂法，便被称为法盲。但是，苏力在实地研究的过程中发现，在这种送法下乡的过程中，非但国家制定法和民间法的文化隔阂依然存在，在执行送法下乡的人员和派遣他们的人员之间，也产生了文化的隔阂，从而法盲逐渐扩大。

反观中国传统社会，"礼"是和谐文化的核心。无论人们对"礼"持有何种见解和评价，"礼是传统文化的核心"已是学界公认的事实，古人以"中国有礼仪之大"而自豪③，今人以为礼是传统文化的根本④。

因此在中国古代社会中，"法治"是与"礼治"紧密结合的。从法的意义上说，礼从习惯逐渐演变为习惯法，在法典时代到来时，礼的制度有些被淘汰，有些继续存在，也有些演变为社会制度。从法律的角度说，礼制在氏族社会后期及夏商西周时期已经具有了习

---

① 赵晓力：《基层司法的反司法理论？——评苏力〈送法下乡〉》，《社会学研究》2005 年第 2 期。

② 参见费孝通：《乡土中国　生育制度　乡土重建》，商务印书馆 2013 年版。

③ 参见《左传》、《战国策》、《礼记》等史籍及后人的注疏，可以看出古人认为区分文明与野蛮民族的标志主要是看其是否有"礼"。

④ 参见邹昌林：《中国礼文化》，社会科学文献出版社 2000 年版。

惯法的性质。梅因对习惯法的定义是："法律寡头政治现在所主张的是要垄断法律知识，要对决定争论所依据的各项原则有独占的权利，我们在事实上已到了习惯法时代。"①"习惯法"具有深厚的民众基础，体现了礼的价值目标，所以这是一种"内生性"的法。"法"产生于基层社会中，当出现利益纠纷和社会矛盾的时候，法律就会应运而生，美国的法律就是如此，即被称为习惯法，它会根据民众的需求而逐渐调整法律条文，建立法律制度，以保障不同民众个体的需求。所以建立在习惯法上的法律制度是一种自下而上的保障机制。

而现行农村社会中推行的法律，是通过国家强制力自上而下保证实施的，是国家为了巩固权威所建立的保护民众权利的手段，具有系统性和体制性，体现了法律对现代社会的管理。现代社会充满利益博弈与纷争，也会有众多矛盾出现，法律作为一种仲裁手段，对出现的矛盾进行有效调节，对利益博弈进行有效平衡，从而履行了管理社会的功能。所以"法"的产生具有内生性和外推力两种方式。由于中国所具有的独特的乡土社会的特征，要将"内生性"和"外推力"有效结合起来，所以，在推进法治化的过程中，要把"送法下乡"和"下乡取法"进行双向结合。

通过许多学者对当下农村的研究经验可知，经济改革已深入进行了三十多年，市场化程度不断增强，一些新的价值观被不断引入。农村也不再封闭，而是愈发开放，在这个过程中，农民不断接触新事物、新观念，同时也不断产生新问题。因此，引法律入乡村，既能规范农民的行为方式，为他们提供行为准则，让他们在新的社会环境下合理行动，从而保证乡村社会的基本秩序；又能对乡村生活中的纠纷、矛盾进行有效调节，对失当行为进行有效矫正，达到对乡村社会的管理与控制，所以当前农村已经具备了"送法下乡"的客观条件。苏力认为："今天的司法下乡是为了保证或促使国家权力，包括法律的力量，向农村有效渗透和控制。因此，从一个大历史角度来看，司法下乡是本世纪以来建立中国现代民族国家

① 梅因：《古代法》，商务印书馆1984年版。

的基本战略的一种延续和发展。"①而由司法部门提出、推动并实施的工程被明确定义为"法务前沿工程","法"体现了工程的核心内涵。"法务前沿工程"的宗旨是以"法"为主要手段,并以多种手段为辅助,进行农村社会管理创新,保证社会管理的公正与效率,这里的"法"指的是国家法,是一种统一的、具有高度规范性的现代化管理手段。

如前文所述,在传统中国农村中,由于正式的国家政权只延伸到乡、县一级,致使国家法往往只能在乡、县及以上的行政单位中发挥重要作用,而在乡村中,却是"家法"、"地方法"、"乡规民约"在发挥重要作用,国家法往往处于缺位状态。随着现代化浪潮的迅速推进,农村已发生了重大变化,原有的地方性法律已不能很好地适应当前情况,切实运用统一而又规范的现代性国家法律来管理乡村迫在眉睫。所以有效的社会治理是要符合农村本土的现实,要深入到农民群众最需要解决的问题上,去建立法律体制,让法律更加贴近实际生活,符合乡村社会秩序的实际。"法律建设过程中的立法、司法和执法过程及法律行为模式,在追求法律系统自身合理性的同时,还需要追求现实合理性,即法律原则、程序及由此产生的结果,与现实社会的基本期望结构要达到一定的均衡或一致。如果法律内容和运作模式过于背离具体生活实践,那将难以达到法制化的理想目标。"②

在现阶段,农民与国家的矛盾尤为突出,由征地、拆迁、补偿等问题所引起的乡村群体性事件屡屡发生。究其原因,还是因为农民缺乏制度化表达利益诉求、解决矛盾纠纷的渠道,总体而言,我国农民表达利益诉求的制度化方式只有上访这一种。但是,上访却不是一条积极而有效的道路,一是因为上访所需要的成本高,有些农民承担不起;二是因为地方政府都对上访持高压态势,层层灭火

---

① 苏力:《送法下乡》,中国政法大学出版社2000年版。
② 陆益龙:《农民中国:后乡土社会与新农村建设研究》,中国人民大学出版社2013年版。

的工作方式仍然屡见不鲜。① 在这样的情况下，未解决的问题会越来越多，社会矛盾会越积越深，对于社会稳定十分危险，美国社会学家科瑟也指出，一个社会中必须有化解矛盾的"安全阀"机制，即通过制度化的手段建立人民群众表达利益诉求，发泄心中不快的渠道，这样一个社会才能够良性运转下去。法务前沿工程的推广，正是为农民们提供了一个表达利益诉求、解决矛盾纠纷的制度化渠道。

　　法务前沿工程的中心工作之一是人民调解，即通过志愿者、村干部等法律工作者群体对日常乡村中的种种纠纷（如土地纠纷、邻里纠纷、征地纠纷、补偿纠纷）进行调解。这种做法有两点好处：一是为农民们提供了触手可及的表达利益诉求的渠道。志愿者深入到每一个村民小组，当村民们遇到纠纷时，会主动找到志愿者，表达他们的意愿。这改变了以往某些农民说理无门的尴尬境地。正如一位农民所谈到的那样："现在总算有了一个说理的地方。现在遇到什么问题，只要去找那些调解员，一般都能解决得很好，心里的疙瘩一下子就解开了。"二是缓解了矛盾双方的紧张关系，使纠纷双方的人际关系重归于好。参与人民调解工作的志愿者，都在当地具有较高的社会声望，人际关系好，因此，当他们作为第三方进入矛盾调解的过程中时，矛盾双方或多或少都要卖个面子，各自退一步，矛盾也就此得到了缓解。"矛盾双方就是不给对方面子多少也要给我一点面子，这样问题解决起来就方便了一些。"一位资深志愿者这样谈到。而且，那些通过法律途径往往会破裂的人际关系，如果通过志愿者调解，纠纷双方一般都会达成谅解。由此可见，法务前沿工程一方面是为农民提供了一个制度化表达利益的渠道，另一方面也在解决纠纷的过程中通过志愿者的人际关系与社会威望使矛盾缓解，从而保证了乡村生活的和谐、有序。

　　所以，从"法务前沿工程"可以例证，将现代法律意识、法律

---

　　① 参见胡荣：《农民上访和政治信任的流失》，《社会学研究》2007 年第3 期。

规范与法律手段自上而下引入乡村，与适应基层社会农民的利益诉求的自下而上的法律途径结合起来，在实践过程中将"法律社会化"和"社会法制化"有机结合起来，从而打造农村社会治理的新格局。

三、从制度性构建到主体性实践

利益主体的多元化和复杂化，是转型时期中国社会的基本特征之一，在农村社会中，也存在多元的利益主体，例如农民、乡镇企业、基层政府以及以宗族为核心的乡村社会团体等都参与到利益的分配和博弈当中。所以在农村社会治理中，实现制度从制度性构建到主体性实践，多元主体的参与是非常必要的。

第一，国家是推进农村社会治理的核心力量。在农村社会中，代表国家力量的是县镇政府和基层的村委会，县镇政府处于连接基层政府和村委会的中观层次，负责传达国家的中央的政治意志指导社会政策的实施，基层政府的部门设置相对于基层政府要完备得多。法务前沿工程的核心力量就是在乡镇司法所这个隶属于司法系统的县域部门的引导下开展的。在前文分析到，司法所在法务前沿工程的推行过程中，占据权力调控的重要位置，向上传递法务前沿工程的政策构思，向下指导基层村委会的实践，同时还负责相关政策的执行。随着时间的推移，权力逐渐增长，甚至承担了政府其他部门的某些职责，未能做到与其他部门的有效配合，这也是导致法务前沿工程后期发展乏力的原因之一。由此可知，在现阶段农村社会治理中，要对县政府以及隶属的各个部门进行合理的定位。一方面，要充分认识到县政府的自主性的客观存在，对上级政府的政策进行选择性的执行，使得上级政府的政策无法有效的贯彻，阻碍乡村治理的进行。但是反过来，这种自主性也体现了县域政府对国家公共管理的参与需求和热情。另一方面，在基层政权层次，村委会作为乡村社会最基层的治理力量，在农村社会治理中，有着自身天然的优势。村委会成员由于长期与农民生活在一起，对于他们的各方面情况都非常熟悉，相对于其他政府部门来说，是农民比较信任的组织，基层政权是农村社会治理参与中必须要动员和重视的力量之一。

如何发挥县域政府和基层政权的力量，是有效推进农村社会治理的关键。一方面，不仅要发挥县域政府的自主性，对于县域政府及其各部门提出的好的想法和建议给予支持之外，还要积极促进政府各部门的配合工作，防止其中某一个部门权力过大，在治理实践的推进过程中，无法调动各方面的力量。同时，要加强政府的绩效考核和司法监督，可以利用新闻媒体等手段，确保政务信息的透明度。另外，利用司法手段、绩效考核，建立惩罚机制，使得农村社会治理有效有序进行。

另一方面，在村委会这一层次，首先要根据每个村庄的具体情况，合理进行村委会的权力配置，同时在选拔村委会的组成人员的构成上，不仅要考虑知识文化水平，还要考虑村民的认可程度以及对于参与治理实践的热情。其次，要建立激励机制，村委会作为村民自治组织，在治理实践中要保持高度的参与热情，就要建立激励机制。在税费改革之前，村委会在税费收缴的过程中，与村民的互动度最高，税费是考核村委会绩效的标准，所以村委会成员参与农村社会发展的热情度较高。而税费改革后，村委会与村民之间的距离越来越远，缺乏农村治理的积极性，在当前市场经济的大背景下，建立一定的激励机制是必要的。最后，是要加强对基层村委会的监督。古语云"天高皇帝远"，村委会腐败已经成为当前社会中一个极大的问题，特别是在一些较为发达的农村地区，村委会利用自己的权力，在一些项目开发中，谋取私利，上级政府由于缺乏有效的监督，阻碍了农村社会治理政策的有效推进，同时也降低了政府的公信力，拉大了农民与国家之间的距离。所以加强对基层村委会的监督是极为必要的。

第二，"宗族"在中国有着数千年的历史，其作为构建传统乡村社会政治经济文化基础的不可忽视的因子之一，在现代性改革潮流中，也受到了不同程度的打击和影响。特别是在近代民主革命进程中，宗族观念的根深蒂固，使得国民重家族而轻国家，使得团结一致推进改革受到阻碍①。正如毛主席所言，族权是束缚中国农民的四大绳索之一，所以一度成为打击的对象，自20世纪初开始尤其是20世纪中叶以来，农村宗族就已经被国家主流话语描述成为一种落后、封闭、愚昧的封建糟粕，并通过国家政权在政治上、组织上和思想上给予沉重打击。与此同时，国家通过强大的政治舆论宣传将这一观念牢固化，使人们对宗族形成了一种负面的思维定势。

　　然而，20世纪80年代，中国乡村的经济基础在家庭联产承包制的推行下，发生了极大的变革。经济基础决定上层建筑，随之带来的外出务工人员的增多，乡镇企业的崛起以及小城镇的发展，使得原本就存续在乡村社会的宗族观念呈现复兴的趋势，村民们通过各种形式参与到宗族复兴的活动当中，成为当前中国农村变迁和发展过程中的又一重大的社会事实。在传统社会中，宗族虽然建立在血缘关系的基础之上，却是作为一种政治共同体成为扮演国家管理地方的重要角色，所以，宗族与国家的关系在历史的发展流变中，一直是一种相互博弈的状态。值得注意的是，这种博弈并不是一种平等的博弈，因为宗族发展繁盛的大部分时期的国家，都是封建专制统治的代言人，表面上，宗族对地方的管理，是国家对地方行政的推出，实则是通过宗族来达到一种强权的渗透。相较于传统社会中的宗族，社会转型背景下，受到多元因素的冲击的现当代复兴的宗族，并不是一种传统的复制，也不仅仅局限于某一地域，而趋向于多元化，是一种正在经历多方转型的特殊的共同体。对于宗族的这种新的变化，有的学者将宗族视为一种利益群体，因为现在维系宗族的核心力量已经发生了很大的变化，不再是传统的农村由那些资格老和年长的人作为核心和纽带，而是转变为现在一些有能力、有权势、有金钱的人作为维系宗族的核心，这在一些宗族色彩比较浓厚的地区比较明显。而在一些地区，外出打工人员较多，人员流动性较强的地区，宗族色彩不那么浓厚，则转变为一种文化载体，

---

① 参见肖唐镖：《当前中国农村宗族及其与乡村治理关系——对新近研究的评论和分析》，《文史哲》2006年第4期。

承载着农村社区的记忆。但是不能否定宗族在农村社区中，仍然发挥着很大的作用，例如法务前沿工程中的五老就是如此，将宗族纳入到社会治理主体中，发挥其力量就要在保留其传统的优秀文化基础之上，推动其向现代社会组织转型。建立正规化的组织，吸纳农村社会中的成员，去自觉承担社会责任，帮助农民调解纠纷，提供利益诉诸渠道，利用农民自己的力量来治理社会，推动其他社会组织的建立。

第三，乡镇企业是农村社会中一个经济实体，一方面不仅促进了农民的经济发展，增加了农民的收入，提高了他们的生活水平。另一方面，乡镇企业大量吸收了农村剩余劳动力，有效地维持了农村社会的稳定。乡镇企业的迅猛发展是在 20 世纪 80 年代到 90 年代，1982—1988 年乡镇企业工业产值的增长率平均为 38.2%，乡镇企业的巨大成就被认为是中国经济增长和渐进式改革的重要成果。建立在集体产权之上的乡镇企业组织，在与村庄的互动过程中，在型塑地方性权力方面发挥了很大的作用。从产权关系的角度分析，在市场经济引入初期，乡镇企业的资源获得主要通过村委员会，依托的是集体性资源，没有其他可替代途径，村庄主导着乡镇企业。而现阶段，市场机制不断完善、健全，村庄集体对土地和劳动力的控制也逐渐下将。"市场经济时期，企业家所掌握资源的可替代性要小于村庄所掌握资源的可替代性，企业家人力资本的生产力要高于村庄权力资本的生产力"，"企业的谈判地位要高于村庄的谈判地位，村企关系主要表现为企业主导型，在村企合一的模式下，村企关系往往表现为村庄依附于企业，形成'公司型村庄'"①。所以，要把乡镇企业纳入到农村社会治理主体中，就要明确它与村庄之间的关系。要积极促进乡镇企业的发展，为其提供政策支持，特别鼓励合法、集约、现代化经营，结合村庄资源发展特色乡镇企业，促进地方经济的发展。在农村社会治理中，鼓励经济绿色合法有效发展，为农村社会的公共物品和基础设施的建设贡献力量。

---

①　郑风田等:《村企关系的演变：从"村庄型公司"到"公司型村庄"》，《社会学研究》2012 年第 1 期。

四、平衡与重构农村社区权力

农村社区权力的重构是当前推进村民自治的核心，也是贯彻农村社会治理的关键。改革开放后，在农村经济体制改革的带动下，农民政治民主化也悄然起步。从政府垄断乡村权力的人民公社的解体到推进村民自治权的兴起，以"引入以村委会为代表的村民自治权，使农村社区的权力结构由一元国家基层政权转变为一元村民自治权"①，实践证明这种促进"一元村民自治权"的兴起是存在很大问题的。农村社会在长时期的政府主导力量的深入下，农民自治权是缺乏嵌入机制的，对自己主体意识毫无感知力，正如马克思所言："他们不能代表自己，一定要别人代表他们。他们的代表一定要同时是他们的主宰，是高高站在他们上面的权威，是不受限制的政府权力，这种权力保护他们不受其他阶级侵犯，并从上面赐给他们雨水和阳光。"②从而导致其主体意识的缺失，在农村社区权力结构中的自主力量薄弱。由于农民这种代表"社会"力量的缺位，使得当前在农村社会治理中代表"国家—市场—社会"三种权力的失衡，所以平衡与重构农村社区权力是非常必要的。

第一，在宏观层次上，要改变这种单一的权力治理结构，就要推行多中心的治理。所谓多中心，就是多个权力中心和组织共同治理公共事务，提供公共服务，它涉及广泛的公共领域，在公共治理中主要指生产的多中心和治理体制的多中心，在多中心治理机制中，需要借助多样化权力和政府单位，以解决不同范围的公共治理问题③。在农村权力的宏观框架内要有效地利用国家力量，不能太强也不能太弱，既要给予基层政权充分的自主性权力，也要加强监督，防止权力过大，同时要增强农民的主体意识，激发其参与农村

---

① 邹静琴：《村民自治背景下的农村社区权力结构及其功能》，《社会主义研究》2003 年第 6 期。

② 马克思：《资本论》，人民出版社 1964 年版。

③ 参见王兴伦：《多中心治理：一种新的公共管理理论》，《江苏行政学院学报》2005 年第 1 期。

社会治理的积极性和自主性，另外还要加强农村宗族等社会组织的构建，发挥第三部门的作用，从而最终促成农村社区"多中心权力"的并存合作的关系，契合当前社会治理的"善治"的理念。

第二，在微观层次上，从乡村治理秩序的演变来看，在传统的乡村社会，"王权止于县"，国家与农民之间的关系是单纯的"保护"和"纳税"关系，士绅阶层充任农民的"保护型经纪人"并承担乡村公共物品供给的主要义务，由此构成了国家意识形态支撑、士绅精英组织领导以及宗族自治共同作用的"内生型"乡村秩序。① 士绅阶层成为主导农村社会治理的核心，也是社区权力的核心，这些士绅一般是基于血缘关系同宗同族内年龄较大、有知识、有文化的人，所以是宗族精英和文化精英的合体。而到现代社会，政府对于乡村权力的渗入，代表国家力量的政治精英成为主导农村社区权力的核心，宗族精英的权力处于式微的状态。所以"精英治理"一直是农村社会治理中所潜存的特征，无论是以宗族精英为主导，还是政治精英为核心，都是农村社区权力在微观层次上的一种失衡的状态。在当前社会转型期，农村中已经出现了多种精英主体，经济精英、文化精英已经成为乡村社会发展中不可忽视的力量，以一种精英主导社区权力必然导致农村社会治理的困境。在法务前沿工程中，虽然政府在实践中发动了社会精英即五老的力量，他们大多是政治精英出身，虽然得到村民的认可，但还有进一步拓展的空间，因此，在推进农村社会治理的过程中，应该平衡各个精英主体在社区权力中的力量。

农村权力精英在农村有着特殊的地位，能起到重要的凝聚与组织民众的作用，正如费孝通曾指出，中国农村的传统社会是一个与西方"团体格局"不同的"差序格局"社会，即个人通过血缘、地缘等纽带形成一个个圈子，圈子越靠近中心表明圈内人与中心的关系越紧密，而中心对圈内人的影响也就越大，这里圈子的中心指的就

---

① 参见刘祖云、孔德斌：《乡村软治理：一个新的学术命题》，《华中师范大学学报》2013 年第 52 卷第 3 期。

是农村精英①。而在现代农村社会结构既有差序格局的影响，又有团体格局的二重性的农村社会结构场域中，应该发挥各种精英的治理作用。笔者认为可能的平衡框架是在政治精英的权力只限于基层政权，发挥一种政策引导作用，大力发挥经济精英和宗族精英的力量，起到乡村"软治理"的作用。但是值得注意的是农村社区中各精英群体之间的矛盾与斗争并非总是显而易见的，他们的利益诉求也并非总成犄角，水火不容，在一定条件下，这些精英群体也有可能相互融合，相互转换，成为具有共同价值与利益的联合体。这是因为各类精英群体并非总是划界分明，组成精英群体的村民中存在着一人身兼多职的可能性；同时当具备了各项素质的某位精英从原有群体中退居二线以后，很有可能凭借个人能力成为另一领域精英群体的代表人物；各精英群体在涉及关乎本村最高利益的时候，可能一致对外，众志成城，形成牢不可破的利益联盟，这种利益联盟有可能会造成地方权力的垄断。因此平衡农村社区的精英权力在农村的社会治理实践中，要随着农村社会的变迁寻找具普适性的规则。

---

① 参见费孝通：《乡土中国》，上海人民出版社 2012 年版。

参 考 文 献

一、中文文献

[1]《中国共产党第十八届中央委员会第三次全体会议公报》。

[2]《中华人民共和国 2013 年国民经济和社会发展统计公报》。

[3] 埃莉诺·奥斯特罗姆：《公共事物的治理之道》，三联书店 2000 年版。

[4] 安东尼·M. 奥勒姆，董云虎、李云龙译：《政治社会学导论：对政治实体的社会剖析》，浙江人民出版社 1989 年版。

[5] 安东尼·吉登斯著，胡宗泽等译：《民族、国家与暴力》，三联书店 1998 年版，第 72 页。

[6] 安生岭，道真站记者自管委：《农村社会管理创新的"隆兴样本"》，《遵义日报》2011 年 8 月 22 日 05 版。

[7] 包心鉴：《我国社会管理面临的困境和体制的创新》，《理论视野》2011 年第 3 期。

[8] 鲍宗豪：《论全球化时代的社会管理创新能力》，《河北学刊》2007 年第 4 期，第 54~59 页。

[9] 本报编辑部：《构建农村和谐社会的基础性工程》，《农民日报》2011 年 3 月 25 日。

[10] 本刊首席时政观察员：《农村社会管理系列谈新农民新村干新村官是农村社会管理创新主力军》，《领导决策信息》2011 年第 15 期，第 4~7 页。

[11] 本刊首席时政观察员：《强化治理优化服务是农村社会管理创新着力点》，《领导决策信息》2011 年第 16 期，第 4~7 页。

[12] 本刊首席时政观察员：《新经济组织是农村社会管理创新的重

要依托》,《领导决策信息》2011 年第 13 期,第 4~7 页。

[13] 本刊县域经济观察员:《中央对农村社会管理创新的三个关注点》,《领导决策信息》2011 年第 15 期,第 22~23 页。

[14] 毕玉宝:《乡镇检察室推进社会管理创新的探索与实践》,《法制与社会》2011 年第 2 期,第 204~205 页。

[15] 边燕杰:《市场转型与社会分层》,见涂肇庆、林益民主编:《改革开放与中国社会:西方社会学文献述评》,牛津大学出版社 1999 年版。

[16] 蔡禾:《国家治理的有效性与合法性——对周雪光、冯仕政二文的再思考》,《开放时代》2012 年第 2 期。

[17] 蔡乐渭:《社会管理创新的法治之维——论法治视角下社会管理创新的重点》,《领导科学》2011 年第 12 期,第 9~11 页。

[18] 蔡勇志、黄跃东、戴云:《以社区化推进农村"六大员"制度创新》,《福建农林大学学报》(哲学社会科学版)2009 年第 2 期,第 31~35 页。

[19] 蔡玉胜:《经济功能区社会管理创新的探索》,《理论探索》2011 年第 3 期,第 84~87、99 页。

[20] 蔡允栋:《民主行政与网路治理:"新治理"的理论探讨及类型分析》,《台湾政治学刊》2006 年第 1 期。

[21] 操世元、韦晓蓓:《探寻加强党的领导与创新社会管理之路——2011 年浙江省政治学会年会综述》,《浙江社会科学》2011 年第 9 期,第 153~155 页。

[22] 曹海林:《从"行政性整合"到"契约性整合":农村基层社会管理战略的演进路径》,《江苏社会科学》2008 年第 5 期,第 155~161 页。

[23] 曹海林:《乡村和谐发展与农村基层社会管理创新的理性选择》,《中国行政管理》2009 年第 4 期,第 72~76 页。

[24] 曹建明:《充分发挥检察职能作用深入推进三项重点工作》,《求是》2010 年第 5 期,第 10~12 页。

[25] 曹正汉:《中国上下分治的治理体制及其稳定机制》,《社会学研究》2011 年第 1 期。

[26] 曾维和:《"整体政府"论——西方政府改革的新趋向》,《学术界》2008 年第 3 期。

[27] 曾勇明:《两种治理理论》,见高航、杨松主编:《新世纪的公共管理》,中国商业出版社 2001 年版。

[28] 晁珊珊:《共议公共服务均等化与社会矛盾疏导机制——"公共服务与社会管理创新"分论坛侧记》,《小康》2012 年第 1 期,第 86~87 页。

[29] 陈柏峰:《代际关系变动与老年人自杀》,《社会学研究》2009 年 4 月。

[30] 陈成文、孙嘉悦、唐嵩林:《农村社会管理创新与社会工作研究》,《社会工作》2012 年第 1 期,第 15~19 页。

[31] 陈东冬:《创新社会管理的民生解读》,《大连干部学刊》2011 年 11 月。

[32] 陈福今:《大力推进社会管理创新努力构建和谐社会》,《国家行政学院学报》2005 年第 6 期,第 15~17 页。

[33] 陈福今:《转变政府职能推进社会管理创新——在首届福建·政府管理高层论坛上的致辞》,《福建行政学院福建经济管理干部学院学报》2005 年第 3 期,第 5~7 页。

[34] 陈光金:《当代中国农村社区精英的权力与社区权力结构研究》,《中国二十一世纪》第 8 卷 2000 年第 5 期。

[35] 陈洪生:《传统乡村治理的历史视阈:政府主导与乡村社会力量的对垒》,《江西师范大学学报》2006 年第 3 期。

[36] 陈鸿宇:《广东省人民政府参事广东省委党校副校长、教授关于创新农村社会管理体制的建议》,《南方日报》2011 年 7 月 14 日 A22 版。

[37] 陈家建:《法团主义与当代中国社会》,《社会学研究》2010 年第 2 期。

[38] 陈洁:《中国农业现代化之环境法问题思考》,《法制与经济》(下旬刊)2009 年第 4 期,第 48~49 页。

[39] 陈里:《农村法治短板亟待补齐》,《人民公安报》2012 年第 003 版。

[40]陈里：《农村社会管理创新须把握几个问题》，《学习时报》
2012 年 4 月 30 日。

[41]陈棉权：《关于公安机关社会管理创新的初步思考》，《公安研
究》2010 年第 10 期，第 26~29 页。

[42]陈朋：《协商合作：农村基层社会管理创新的趋向和选择——
浙江温岭案例启示》，《中国井冈山干部学院学报》2011 年第 2
期，第 122~127 页。

[43]陈强虎：《村民权力虚化：特征、原因及对策分析》，《中国农
村观察》1999 年第 3 期。

[44]陈群祥：《建立健全农村应急管理体系思考》，《陕西行政学院
学报》2010 年第 2 期，第 38~42 页。

[45]陈荣卓、唐鸣：《城乡统筹中的农村基层司法行政服务模式创
新——湖北罗田法务前沿工程的经验与反思》，《江汉论坛》
2012 年第 4 期，第 131~136 页。

[46]陈赛：《农村信息化建设问题研究》，湖南农业大学硕士论文，
2008 年。

[47]陈剩勇、李立东：《20 世纪 50 年代以来的西方比较政治学发
展述评》，《政治学研究》2008 年第 6 期。

[48]陈锡文：《中国农村制度变迁 60 年》，人民出版社 1950 年版。

[49]陈晓波：《中共肥西县委农村基层社会管理创新再思考》，《安
徽日报》B03 版。

[50]陈雪莲、杨雪冬：《地方政府创新的驱动模式》，《公共管理学
报》2009 年第 7 期。

[51]陈用龙：《深化社会管理创新的法治思考》，《岭南学刊》2011
年第 1 期，第 76~79 页。

[52]陈振明、李德国：《重视社会体制改革与社会管理创新的研
究——社会管理研究的一个方案设计》，《电子科技大学学报》
(社科版)2011 年第 6 期，第 1~7 页。

[53]陈振明：《政府再造：西方"新公共管理运动"述评》，中国人
民大学出版社 2003 年版，第 9 页。

[54]陈振明主编：《公共管理学》，中国人民大学出版社 2005 年版。

[55] 陈志勇：《社会管理创新：非正式制度视角思考》，《理论探索》2007 年第 2 期，第 128~130 页。

[56] 程国栋：《我国农民的财产性收入问题研究》，福建师范大学博士学位论文，2005 年。

[57] 程曦：《"运动式治理"日常化的困境——以 L 县基层纠纷化解活动为例》，《社会主义研究》2013 年第 4 期。

[58] 仇立平、张虎祥：《当代中国社会治理转型及其逻辑》，中国社会学年会论文，2014 年。

[59] 从翰香：《近代冀鲁豫乡村》，中国社会科学出版社 1995 年版。

[60] 崔传义：《我国农民进城就业社会管理的重大转变——实践中的问题反思与近期管理创新》，《重庆工学院学报》2005 年第 12 期，第 1~5 页。

[61] 崔建平：《社会管理创新与农村社区建设——以潍坊市农村社区建设为例》，《山东社会科学》2012 年第 3 期，第 128~131 页。

[62] 戴解平：《无锡市委常委政法委书记实施"五大工程"推动社会管理创新》，《江苏法制报》。

[63] 戴维·赫尔德、安东尼·麦克格鲁著，曹荣湘、龙虎译：《治理全球化：权力、权威与全球治理》，社会科学文献出版社 2004 年版。

[64] 道格拉斯·C. 诺斯著，厉以平等译：《西方世界的兴起》，华夏出版社 2009 年版。

[65] 邓冰红：《以加强农村党建工作引领农村社会管理创新的研究》，《科教导刊》(中旬刊) 2011 年第 9 期，第 168~169 页。

[66] 邓伟志：《"社会管理创新"的创新》，《党政论坛》2011 年第 11 期，第 9~11 页。

[67] 邓伟志、张钟汝、范明林主编：《社会管理与社会政策：境外公共政策扫描上海》，上海人民出版社 2007 年版。

[68] 邓正来：《中国法学向何处去》，商务印书馆 2006 年版。

[69] 邓正来主编：《布莱克维尔政治学百科全书》，中国政法大学出版社。

[70] 狄金华：《通过运动进行治理：乡镇基层政权的治理策略——

对中国中部地区麦乡"植树造林"中心工作的个案研究》,《社会》2010 年第 3 期。

[71] 丁煌:《西方行政学说史》,武汉大学出版社 2010 年版,第 26 页。

[72] 丁友良:《创新农村社会管理模式促进农村社会稳定——舟山渔农村"网格化管理、组团式服务"的经验与启示》,《农村·农业·农民》(A 版)2009 年第 11 期,第 56~59 页。

[73] 丁元竹:《我国社会管理创新的重点与方向》,《开放导报》2010 年第 7 期,第 5~11 页。

[74] 丁元竹:《当前我国社会管理创新的主要领域和基本做法》,《马克思主义与现实》2011 年第 5 期,第 156~161 页。

[75] 丁元竹、江汛清:《社会体制的历史和逻辑轨迹考察》,《经济社会体制比较》2012 年第 3 期。

[76] 董娟:《回顾与反思:当前我国社会管理研究中若干问题的思考》,《济南大学学报》(社会科学版)2011 年第 2 期,第 87~90 页。

[77] 董立人:《政务微博发展助推社会管理创新》,《领导科学》2011 年第 28 期,第 20~22 页。

[78] 董颖:《论基层妇联组织如何有效参与社会管理创新》,《延边党校学报》2012 年第 2 期,第 48~50 页。

[79] 董志军:《科学发展观视野下的乡镇政府绩效评估》,《内蒙古农业大学学报》(社会科学版)2008 年第 5 期,第 279~281 页。

[80] 董治良:《法院是社会管理创新的参与者和推动者》,《法制资讯》2010 年第 11 期,第 54~56 页。

[81] 杜万华、王林清:《〈关于审理劳动争议案件适用法律若干问题的解释(三)〉的理解与适用》,《人民司法》2010 年第 19 期,第 15~20 页。

[82] 杜赞奇:《文化、权力与国家:1900-1942 年的华北农村》,江苏人民出版社 1994 年版,第 156 页。

[83] 方堃、王蓉,陈思霖:《社会转型中的湖北农民思想状况及其改善对策——基于咸宁市和仙桃市的问卷调查与实证研究》,

《清江论坛》2011 年第 3 期，第 43~47 页。

[84] 费孝通：《乡土中国》，人民出版社 2012 年版。

[85] 费孝通：《费孝通文集》第 5 卷，群言出版社 1999 年版，第 68 页。

[86] 费孝通：《皇权与绅权》，见《费孝通文集》第 5 卷，群言出版社 1999 年版，第 33 页。

[87] 费孝通：《乡土中国　生育制度》，北京大学出版社 1998 年版，第 32、58 页。

[88] 费孝通：《乡土中国与乡土重建》，风云时代出版公司 1993 年版，第 147~158 页。

[89] 费正清、麦克法夸尔著，王建朗等译：《剑桥中华人民共和国史——革命的中国的兴起（1949-1965)》，上海人民出版社 1990 年版，第 72 页。

[90] 冯明华：《检察机关与社会管理创新》，《法制与社会》2010 年第 26 期，第 202~204 页。

[91] 冯仕政：《中国国家运动的形成与变异：基于政体的整体性解释》，《开放时代》2011 年第 1 期。

[92] 冯维江：《侠以武犯禁——中国古代治理形态变迁背后的经济逻辑》，见林毅夫、姚洋主编：《经济学季刊》第 8 卷，北京大学出版社 2009 年版。

[93] 冯志峰：《中国运动式治理的定义及其特征》，《中共银川市委党校学报》2007 年第 2 期。

[94] 冯志峰：《中国政府治理模式的发展：从运动中的民主到民主中的运动》，《领导科学》2010 年第 5 期。

[95] 福山著，刘榜离等译：《大分裂：人类本性与社会秩序的重建》，中国社会科学出版社 2002 年版。

[96] 付少平：《农业技术传播与农村社会管理研究》，陕西人民出版社 2003 年版。

[97] 付子堂：《论建构法治型社会管理模式》，《法学论坛》2011 年第 2 期，第 40~44 页。

[98] 付宗亮：《人口老龄化背景下的农业农村发展及农村社会管理

创新研究》，重庆大学硕士学位论文，2011 年。

[99] 甘锋、叶江：《试论有关"全球治理"理念的学术争论——兼谈国际非政府组织与全球治理之间的关系》，《上海交通大学学报》(哲学社会科学版)2007 年第 2 期。

[100] 甘庭宇：《农村社会结构变动下的乡村治理机制探索》，《农村经济》2012 年第 11 期。

[101] 高丙中、夏循祥：《作为当代社团的家族组织——公民社会的视角》，《北京大学学报》2012 年第 4 期。

[102] 高默波：《高家村——共和国农村生活素描》，香港中文大学出版社 2013 年版。

[103] 高文宇：《政府在社会管理创新中的角色定位》，《行政论坛》2007 年第 6 期，第 20~23 页。

[104] 格尔兹：《文化的解释》，上海人民出版社 1999 年版。

[105] 格里·斯托克：《作为理论的治理：五个论点》，见俞可平主编：《治理与善治》，社会科学文献出版社 2000 年版。

[106] 公安部"社会治理"专题调研组：《关于加强创新社会管理若干问题的研究》，《公安研究》2011 年第 7 期。

[107] 古斯塔夫·勒庞著，冯克利译：《乌合之众》，中央编译出版社 2000 年版，第 19 页。

[108] 关浩浩：《农村社区志愿者参与社会管理研究：以罗田县法务前沿工程为例》，武汉大学硕士学位论文，2012 年。

[109] 广东省阳春市委常委、市纪委书记：《陈基文阳春市加强制度建设 推进农村社会管理创新》，《中国纪检监察报》003 版。

[110] 郭风英：《土地流转进程中农村社会管理体制变革》，《江南社会学院学报》2011 年第 1 期，第 23~27 页。

[111] 郭佳佳、石之瑜：《郑永年的中国新民族主义叙事——华裔作家的一种身份策略》，《中国大陆研究》2008 年第 3 期。

[112] 郭荣朝、宋双华：《中国农村土地流转探析》，《科学·经济·社会》2007 年第 4 期，第 3~6 页。

[113] 郭小刚：《培育发展农村服务性、公益性、互助性社会组织——以南京侯冲村为例》，《行政论坛》2009 年第 6 期，第

76～78 页。

［114］郭星华：《从中国经验走向中国理论——法社会学理论本土化的探索》，《江苏社会科学》2011 年第 1 期。

［115］郭星华：《社会规范：多元、冲突与互动》，《中州学刊》2014 年第 3 期。

［116］郭泽保：《构建中国现代农村社会管理体制的路径选择——基于社会转型期存在的问题》，《福建行政学院学报》2009 年第 3 期，第 42～46 页。

［117］郭振宗：《加强农村社会管理的重大意义及对策》，《理论学刊》2007 年第 10 期，第 72～75 页。

［118］郭振宗：《加强农村社会管理的有效途径》，《全国商情》(经济理论研究)2009 年第 2 期，第 80～81 页。

［119］哈耶克、弗里德里希·冯著，邓正来等译：《法律立法与自由》(第二、三卷)，中国大百科全书出版社 2000 年版，第 332 页。

［120］韩保中：《全观型治理之研究》，《公共行政学报》2009 年第 3 期。

［121］韩冬雪：《社会管理谨防落入西方陷阱》，《人民论坛》2011 年第 21 期，第 50～51 页。

［122］韩俊：《加快建立普惠型的农村金融体系》，《教学与研究》2008 年第 12 期，第 10～14 页。

［123］何林深：《社会管理创新：一种制度分析的路径》，《决策咨询通讯》2009 年第 1 期，第 38～44 页。

［124］何一峰、杨张乔、张叶：《印度农村现代化进程及对浙江的启示》，《浙江学刊》2007 年第 3 期，第 185～191 页。

［125］何增科主编：《社会管理与社会体制》，中国社会出版社 2008 年版。

［126］贺东航、叶劲松：《集体林权制度改革与农村社会管理创新研究》，《东南学术》2011 年第 5 期，第 94～101 页。

［127］贺海波：《选择性合作治理：国家与农村精英的关系变迁》，《社会主义研究》2014 年第 4 期。

[128] 贺雪峰：《论农村基层组织的结构与功能》，《天津行政学院学报》2010 年第 6 期。

[129] 贺雪峰著：《新乡土中国》，广西师范大学出版社 2003 年版，第 23 页。

[130] 亨廷顿：《变革中的政治秩序》，三联书店 1989 年版，第 12 页。

[131] 胡鞍钢、王绍光、康晓光：《中国地区差异报告》，致良出版社 1996 年版。

[132] 胡锦光：《社会管理创新不能游离于法律框架之外》，《人民论坛》2011 年第 23 期，第 74~76 页。

[133] 胡薇、张超：《"基层社会管理创新研讨会"综述》，《国家行政学院学报》2011 年第 6 期，第 134~135 页。

[134] 胡维维、吴晓燕：《农村社会管理与新型农村社区管理体制建设》，《新疆财经》2011 年第 1 期，第 60~63 页。

[135] 胡维维、郑进：《农村社会管理与新型农村社区管理体制建设》，《西安财经学院学报》2011 年第 3 期，第 104~107 页。

[136] 胡仙芝：《治理理论与公共管理变革》，《公共治理与制度创新：第一届中美公共管理学术研讨会论文集》，中国人民大学出版社 2004 年版。

[137] 胡永佳：《村民自治、农村民主与中国政治发展》，《当代中国研究》2000 年第 4 期。

[138] 胡泽君主编：《公共管理与社会服务》，中央编译出版社 2008 年版。

[139] 胡志军、刘志刚：《电子政务环境下政府社会管理创新动因分析》，《江南社会学院学报》2007 年第 1 期，第 65~68 页。

[140] 湖北省政协社会和法制委员会：《罗田县实施法务前沿工程纪实》，《世纪行》2010 年第 1 期，第 34~35 页。

[141] 华乃强：《公安机关社会管理创新的几个重要问题》，《公安学刊》(浙江警察学院学报)2010 年第 5 期，第 6~9 页。

[142] 黄超：《检察机关参与社会管理创新要坚持五个原则》，《人民检察》2010 年第 4 期，第 72~73 页。

[143] 黄红华、潘起造：《双峰村老人教育基金会——一个自治农村的社会组织》，《浙江学刊》2002 年第 6 期，第 28~32 页。

[144] 黄科：《运动式治理：基于国内研究文献的评述》，《中国行政管理》2013 年第 10 期。

[145] 黄汝娟：《社会管理创新与农村征地型群体性事件的长效治理》，《长白学刊》2011 年第 5 期，第 143~146 页。

[146] 黄世虎、赵建梅：《村民自治背景下乡镇政府权威弱化问题分析》，《地方政府管理》2001 年第 2 期，第 30~31 页。

[147] 黄树安：《公安机关推进社会管理创新的措施探析》，《公安研究》2010 年第 10 期，第 30~33、42 页。

[148] 黄卫平、陈文：《中国政府体制改革现状及其成因浅析》，《社会科学研究》2008 年第 3 期。

[149] 黄小敏、王丽兰：《社会主义新农村建设视角下的农业保险发展探析》，《安徽农业科学》2011 年第 7 期，第 4320~4322、4325 页。

[150] 黄小敏、张祖荣：《农业保险怎样服务社会主义新农村建设》，《农业经济》2010 年第 8 期，第 66~67 页。

[151] 黄宗智：《华北的小农经济与社会变迁》，中华书局 2000 年版。

[152] 黄宗智：《长江三角洲小农家庭与乡村发展》，中华书局 1992 年版，第 291~304 页。

[153] 惠从冰：《社会管理创新：法院的角色定位与路径选择》，《人民司法》2011 年第 19 期，第 54~57 页。

[154] 霍华德·威亚尔达著，刘青、牛可译：《新兴国家的政治发展：第三世界还存在吗》，北京大学出版社 2005 年版。

[155] 季丽新、耿金玲：《在村民自治条件下如何实现乡村关系的协调》，《世纪桥》2000 年第 6 期，第 23~24 页。

[156] 季丽新、王培杰：《农村民主治理：困境与出路——20 个省级行政区的 68 个村庄调查》，《中国行政管理》2013 年第 2 期。

[157] 贾广元、刘文成：《关注民生视角下的公安社会管理创新》，

《北京人民警察学院学报》2008 年第 2 期，第 42~46 页。

[158]贾宇：《社会管理创新与法治保障》，《公民与法》（法学版）2011 年第 8 期，第 2~5 页。

[159]江必新：《拓宽行政审判职能　推进社会管理创新——行政审判在社会管理创新中的角色思考》，《法律适用》2011 年第 3 期，第 2~7 页。

[160]江国华：《从农民到公民——宪法与新农村建设的主体性视角》，《法学论坛》2007 年第 2 期，第 101~106 页。

[161]江国华、韩姗姗：《从村民社会到公民社会——宪法与新农村建设的财政视角》，《岭南学刊》2007 年第 2 期，第 19~23 页。

[162]江国华、项坤：《从人治到法治——乡村治理模式之变革》，《江汉大学学报》（社会科学版）2007 年第 4 期，第 5~9 页。

[163]江宁：《基层改革"人走政息"谁之过》，《村委主任》2010 年 15 期。

[164]姜裕富：《农村社会组织管理体制探析》，《安徽农业科学》2010 年第 31 期，第 17875~17877 页。

[165]蒋桂斌：《"暴力标语"的背后》，《瞭望新闻周刊》2003 年第 45 期，第 30~31 页。

[166]蒋森华：《立足检察职能积极参与社会管理创新》，《法制与经济》（下旬）2011 年第 10 期，第 129~130 页。

[167]焦必方、孙彬彬：《日本的市町村合并及其对现代化农村建设的影响》，《现代日本经济》2008 年第 5 期，第 40~46 页。

[168]焦存朝：《主体视阈下农村社会管理水平提升问题的思考》，《学理论》2010 年第 15 期，第 76~77 页。

[169]焦存朝、杨文圣：《公平视阈下政府社会管理创新问题的思考》，《宁夏社会科学》2008 年第 2 期，第 8~10 页。

[170]金标：《地方国家统合主义：中国经济奇迹的制度经济学分析》，中国制度经济学年会，2006 年。

[171]金明植：《法团主义努力与市场化——关于中国工会角色的实证研究》，见苏阳、冯仕政编：《中国社会转型中的阶级》，

社会科学文献出版社 2010 年版。

[172] 金太军:《村庄治理与权力结构》,广东人民出版社 2008 年版,第 14 页。

[173] 靳高风:《2010 年中国犯罪形势与刑事政策分析》,《中国人民公安大学学报》(社会科学版) 2011 年第 2 期,第 149～156 页。

[174] 景军、吴飞译:《神堂记忆:一个中国乡村的历史、权力与道德》,福建教育出版社 2013 年版。

[175] 康树元、颜小燕:《农村社区建设与构建农村和谐社会》,《重庆职业技术学院学报》2006 年第 4 期,第 82～84 页。

[176] 柯麟彪:《转型期乡村社会管理的对策选择》,《福建论坛》(经济社会版) 2000 年第 4 期,第 50～51 页。

[177] 孔飞力著,谢亮生等译:《中华帝国晚期的叛乱及其敌人》,中国社会科学出版社 1990 年版,第 217 页。

[178] 孔祥智:《加快发展农村公共事业努力缩小城乡差距》,《教学与研究》2008 年第 12 期,第 14～17 页。

[179] 蓝志勇、李东泉:《社区发展是社会管理创新与和谐城市建设的重要基础》,《中国行政管理》2011 年第 10 期,第 71～74 页。

[180] 李步云:《科学发展观与社会管理创新的法律制度研究——在第五届东北法治论坛上的主题报告》,《学习与探索》2010 年第 6 期,第 79～82 页。

[181] 李川:《中西文化冲突下的司法审判》,见谢晖、陈金钊:《民间法》(第四卷),山东人民出版社 2005 年版,第 453 页。

[182] 李汉林、李路路:《资源与交换——中国单位组织中的依赖性》,见中国社会科学院社会学研究所编:《中国社会学》第 2 卷,上海人民出版社 2003 年版。

[183] 李厚培、孙溥:《实施"五大工程"推进社会管理创新》,《江淮》2012 年第 2 期,第 37 页。

[184] 李积万:《我国政府部门间协调机制的探讨》,《汕头大学学报》2008 年第 6 期。

[185] 李建国、张建兵：《应着眼四个方面参与社会管理创新》，《人民检察》2010 年第 5 期，第 79~80 页。

[186] 李军鹏：《推进社会管理创新的着力点》，《领导科学》2011 年第 9 期，第 6~8 页。

[187] 李乐平：《社会法视野中的社会管理创新》，《创新》2012 年第 1 期，第 80~84、128 页。

[188] 李猛、周飞舟、李康：《单位：制度化组织的内部机制》，见中国社会科学院社会学研究所编：《中国社会学》第 2 卷，上海人民出版社 2003 年版。

[189] 李培林、李强、马戎主编：《社会学与中国社会》，社会科学文献出版社 2008 年版，第 6 页。

[190] 李培林：《创新社会管理是我国改革的新任务》，《人民网》2011 年 2 月 18 日。

[191] 李培林：《深化社会治理体制创新研究，推动中国社会学走向世界》，《中国社会科学报》2014 年 8 月 18 日。

[192] 李培林：《改革和发展的"中国经验"》，《甘肃社会科学》2010 年第 4 期。

[193] 李强：《"丁字型"社会结构与"结构紧张"》，《社会学研究》2005 年第 3 期。

[194] 李盛霖：《加快发展现代交通助推社会管理创新》，《求是》2011 年第 19 期，第 29~31 页。

[195] 李伟：《检察机关职务犯罪预防部门参与社会管理创新问题研究》，《法制与社会》2010 年第 32 期，第 192~193 页。

[196] 李伟、潘尔春：《政府在农村公共事业发展中的作用》，《中国市场》2010 年第 52 期，第 157、159 页。

[197] 李文喜：《关于公安机关深入推进社会管理创新的几点思考》，《公安研究》2010 年第 9 期，第 5~9 页。

[198] 李向文：《记者以群众利益为出发点推进农村基层社会管理创新》，《玉溪日报》001 版。

[199] 李小强：《农村派出所推进社会管理创新的功能定位及其途径》，《农业考古》2011 年第 6 期，第 207~209 页。

[200]李银河:《生育与村落文化》,中国社会科学出版社 1994 年版,第 68 页。

[201]李勇华:《农村基层社会管理创新与村民自治制度的内洽性研究》,《东南学术》2012 年第 2 期,第 68~79 页。

[202]李玉娇:《农村基层组织人员职务犯罪与社会管理创新》,《辽宁公安司法管理干部学院学报》2011 年第 2 期,第 50~51 页。

[203]李长晏:《全球化趋势下地方治理的困境与发展》。

[204]李芝兰、吴理财:《"倒逼"还是"反倒逼"——农村税费改革前后中央与地方之间的互动》,《社会学研究》2005 年第 4 期。

[205]理查德·C. 博克斯:《公民治理引领 21 世纪的美国社区》,中国人民大学出版社 2013 年版,第 35 页。

[206]廉如鉴、黄家亮:《社会管理创新视野下重大事项社会稳定风险评估》,《湖南社会科学》2011 年第 6 期,第 63~66 页。

[207]练梅、殷荣林:《农村社会管理创新的探索——基于长兴县林城镇上狮村"和谐共建会"的实践》,《桂海论丛》2012 年第 2 期,第 88~92 页。

[208]梁伟发:《公安机关社会管理创新的若干思考》,《公安研究》2010 年第 2 期,第 5~9 页。

[209]梁伟发:《广东省委常委、政法委书记、省公安厅厅长关于社会管理创新的思考》,《人民日报》2010 年 6 月 26 日。

[210]林国铨:《加强农村社会管理的对策和方法》,《台湾农业探索》2011 年第 5 期,第 60~63 页。

[211]林燕萍:《台湾政府与工会之统合关系研究(1949-2008)》,台湾"中山大学"政治学研究所硕士学位论文,2011 年。

[212]刘伯龙、竺乾威、程惕洁:《当代中国农村公共政策研究》,复旦大学出版社 2005 年版,第 342 页。

[213]刘禾著,宋伟杰等译:《跨语际实践:文学、民族文化与被译介的现代性》,三联书店 2002 年版。

[214]刘和生:《对娄底市农村社会管理现状的调查与思考》,《湖

湘论坛》2011 年第 6 期，第 74~77、108 页。

[215] 刘虹：《建好农村互助幸福院　推进社会管理创新》，《邯郸日报》2011 年 9 月 14 日。

[216] 刘家义：《论国家治理与国家审计》，《中国社会科学》第 6 期。

[217] 刘建新：《坚持以群众路线统筹农村社会管理创新》，《政策》2012 年第 2 期，第 77~78 页。

[218] 刘建雄：《中国政治锦标赛竞争研究》，《公共管理学报》2008 年第 3 期。

[219] 刘军芳：《加强社会管理促进社会和谐——江西省万安县推进社会管理创新的几点做法》，《老区建设》2011 年第 23 期，第 22~24 页。

[220] 刘少杰：《改革创新社会管理体制，化解风险型社会矛盾》，《科学社会主义》2010 年第 3 期。

[221] 刘世洪：《中国农村信息化测评理论与方法研究》，中国农业科学院博士学位论文，2008 年。

[222] 刘世界：《当代中国村级治理变迁研究》，福建师范大学硕士学位论文，2002 年。

[223] 刘涛、王震：《中国乡村治理中"国家——社会"的研究路径——新时期国家介入乡村治理的必要分析》，《中国农村观察》2007 年第 5 期。

[224] 刘天旭、张星久：《象征性治理：一种基层政府行为的信号理论分析》，《武汉大学学报》（哲学社会科学版）2010 年第 5 期，第 673~678 页。

[225] 刘同理：《统筹城乡发展的切入点》，《山东省农业管理干部学院学报》2005 年第 2 期，第 16~17 页。

[226] 刘旺洪：《社会管理创新：概念界定、总体思路和体系建构》，《江海学刊》2011 年第 5 期，第 137~146、239 页。

[227] 刘旺洪：《社会管理创新与社会治理的法治化》，《法学》2011 年第 10 期，第 42~46 页。

[228] 刘武俊：《社区矫正入法助力社会管理创新》，《法制日报》。

[229] 刘雅灵：《国家—社会关系研究途径：理论与实例》，转引自李英明、光向光编：《中国研究的多元思考》，巨流图书股份有限公司 2007 年版。

[230] 刘燕舞：《中国农村的自杀问题（1980-2009）》，《青年研究》2011 年第 6 期。

[231] 刘宇玲：《当前基层检察院推进社会管理创新的调查分析——以灵山县检察院为例》，《法制与经济》（下旬）2010 年第 11 期，第 107~108 页。

[232] 刘祖云主编：《社会转型解读》，武汉大学出版社 2005 年版，第 5、149 页。

[233] 柳亮：《农村配套改革后的乡镇地位与公共服务职能的建立》，《社会主义研究》2006 年第 5 期，第 76~78 页。

[234] 龙锦江、朱明辉：《以农村基层党建创新引领乡村社会管理创新》，《黔西南日报》。

[235] 卢超：《地方政府都市化 V.S 市民地域?》，《二十一世纪》2011 年第 12 期。

[236] 卢芳霞：《中国农村社会管理创新之路径与模式初探——以"枫桥经验"为例》，《中共杭州市委党校学报》2011 年第 5 期，第 62~66 页。

[237] 卢卫红：《社会管理创新：构建社会主义和谐社会的必然要求》，《学习论坛》2006 年第 2 期，第 46~48 页。

[238] 鲁开垠、李文辉：《加大力度促进广东农村社会管理创新的建议》，《广东省社会主义学院学报》2012 年第 1 期，第 5~9 页。

[239] 陆雯琦：《话语视角下的村人民调解过程分析：基于鄂东 L 县的调查》，武汉大学硕士学位论文，2012 年。

[240] 陆学艺：《社会建设就是建设社会现代化》，《社会学研究》2011 年第 4 期，第 3~11 页。

[241] 陆学艺主编：《当代中国社会建设》，社会科学文献出版社 2013 年版，第 5~8 页。

[242] 陆益龙：《农民中国——后乡土社会与新农村建设研究》，中

国人民大学出版社 2009 年版，第 105 页。

[243]路风：《中国单位体制的起源和形成》，见中国社会科学院社会学研究所编：《中国社会学》第 2 卷，上海人民出版社 2003年版。

[244]罗伯特·D. 帕特南：《使民主运转起来：现代意大利的公民传统》，江西人民出版社 2001 年版。

[245]罗豪才、苗志江：《社会管理创新中的软法之治》，《法学杂志》2011 年第 12 期，第 1~4、144 页。

[246]罗田县司法局内部资料汇编：《法务前沿工程理论与实践》，2010 年。

[247]罗威廉：《红雨：一个中国县域七个世纪的暴力史》，中国人民大学出版社 2014 年版。

[248]罗昭：《深入推进社会管理创新扎实做好刑释解教人员安置帮教工作》，《中国司法》2010 年第 8 期，第 64~67 页。

[249]吕尔浩：《市场化地方统合主义——苏州开发区个案研究》，国立政治大学东亚研究所硕士论文，2002 年。

[250]吕文敏：《欠发达地区农民维权行为分析：以 L 县为例》，武汉大学硕士学位论文，2009 年。

[251]麻宝斌：《公共治理理论与实践》，社会科学文献出版社 2013年版，第 71~73 页。

[252]马基雅维利著，潘汉典译：《君主论》，商务印书馆 1985 年版，第 79 页。

[253]马克斯·韦伯著，洪天富译：《儒教与道教》，江苏人民出版社 2008 年版。

[254]马良灿：《农村社区内生性组织及其"内卷化"问题探究》，《中国农村观察》2012 年第 6 期。

[255]马勇霞：《延伸法律监督触角促进农村社会管理创新》，《人民检察》2010 年第 16 期，第 21~24 页。

[256]马勇霞：《海南省人民检察院党组书记、检察长积极参与农村社会管理创新促进农村社会管理水平提高》，《海南日报》。

[257]毛丹等著：《村庄大转型——浙江乡村社会的发育》，浙江大

学出版社 2008 年版，第 181 页。

[258] 毛桂文：《农村社会管理创新大有可为——从浙江省常山县"民情沟通日"谈起》，《农村工作通讯》2008 年第 1 期，第 37~38 页。

[259] 毛寿龙：《西方政府的治道变革》，中国人民大学出版社 1999 年版。

[260] 毛寿龙：《现代治道与治道变革》，见余逊达主编，《法治与行政现代化》，中国社会科学出版社 2005 年版。

[261] 毛寿龙：《中国政府治道变革的新进展》，见法国更新治理研究院编：《治理年鉴 2007》，新星出版社 2007 年版。

[262] 毛宗福、林卫、汪文新：《SCL-90 量表应用于农村五保老人的信度和效度》，《公共卫生与预防医学》2006 年第 4 期，第 52~55 页。

[263] 门献敏：《社会管理创新视野下我国农村社会组织的角色定位》，《社会主义研究》2012 年第 2 期，第 73~76 页。

[264] 孟德拉斯：《农民的终结》，社会科学文献出版社 2010 年版，第 6 页。

[265] 闵学勤：《社区自治主体二元区隔及其演化》，《社会学研究》2009 年第 1 期。

[266] 莫于川：《行政法治视野中的社会管理创新》，《法学论坛》2010 年第 6 期，第 18~24 页。

[267] 倪寿明：《人民法院在推进社会管理创新中的职能定位》，《人民司法》2010 年第 3 期，第 70~75 页。

[268] 倪寿明：《最高人民法院在推进社会管理创新中的职能定位和政策措施》，《人民法院报》。

[269] 宁德市委课题组：《宁德市委宣传部课题组在社会管理创新中加强农村群众思想引领的探索实践》，《闽东日报》2011 年 10 月 15 日。

[270] 潘鸣啸著，欧阳因译：《失落的一代：中国的上山下乡运动（1968-1980）》，中国大百科全书出版社 2010 年版。

[271] 潘小娟、白少飞：《中国地方政府社会管理创新的理论思

考》，《政治学研究》2009 年第 2 期，第 106～112 页。

[272] 彭慕兰著，史建云译：《大分流：欧洲、中国及现代世界经济的发展》，江苏人民出版社 2008 年版。

[273] 彭玉生：《当正式制度与非正式规范发生冲突：计划生育与宗族网络》，《社会》2009 年第 1 期。

[274] 蒲实、廖祖君：《高度关注城市近郊农村社会管理面临的难题》，《农村经济》2011 年第 7 期，第 11～13 页。

[275] 戚建刚：《非常规突发事件与我国行政应急管理体制之创新》，《华东政法大学学报》2010 年第 5 期，第 105～109 页。

[276] 齐存庄：《我国农村基层组织建设研究》，陕西师范大学硕士学位论文，2006 年。

[277] 钱鼎炜：《"城中村"转型发展研究——兼谈对推进农村城市化的启示》，福建农林大学硕士学位论文，2004 年。

[278] 秦晖：《传统十论——本土社会的制度、文化及其变革》，复旦大学出版社 2003 年版。

[279] 秦剑平：《新时期公安机关社会管理创新问题初探》，《公安研究》2010 年第 12 期，第 28～31、84 页。

[280] 邱澎生：《当法律遇上经济：明清中国的商业法律》，五南图书出版公司 2008 年版。

[281] 山东省社会治安综合治理委员会：《共建平安　共享平安——山东省新泰市社会管理创新的调查与思考》，《求是》2010 年第 22 期，第 51～52 页。

[282] 渠敬东、周飞舟、应星：《从总体性支配到技术治理——基于中国 30 年改革经验的社会学分析》，《中国社会科学》2009 年第 6 期。

[283] 任中平：《维持地方新政可持续性的政治考量》，《领导科学》2011 年 9 月下。

[284] 荣敬本、崔之元：《从压力型体制向民主合作体制的转变：县乡两级政治体制改革》，中央编译出版社 1998 年版，第 28 页。

[285] 沙占华：《新农村建设中社会管理问题探讨》，《保定学院学

报》2009 年第 1 期，第 29~32 页。

[286]尚晓援编著：《冲击与变革：对外开放中的中国公民社会组织》，中国社会科学出版社 2007 年版。

[287]邵书龙：《中国农村社会管理体制的由来、发展及变迁逻辑》，《江汉论坛》2010 年第 9 期，第 5~10 页。

[288]申振东：《仲裁是实现社会管理创新的有效方式——基于商事仲裁的视角》，《中国行政管理》2010 年第 9 期，第 51~54 页。

[289]沈德咏：《人民法院推进社会管理创新的几点思考》，《人民司法》2010 年第 21 期，第 4~8 页。

[290]沈德咏：《最高人民法院党组副书记常务副院长人民法院推进社会管理创新的几点思考》，《人民法院报》。

[291]沈金华：《中国农村社会管理模式的创新》，《发展研究》2005 年第 11 期，第 42~44 页。

[292]盛明科：《地方政府绩效评估指标体系构建及其应用研究》，湘潭大学硕士学位论文，2005 年。

[293]师泽生、李猛：《中国的社会管理创新走向》，《理论参考》2011 年第 3 期，第 22~24 页。

[294]时立荣、章东辉、艾茹：《限制性困境与适应性创新：对一个新的社会管理机构的组织分析》，《北京行政学院学报》2009 年第 3 期，第 87~91 页。

[295]史传林：《民间组织参与农村公共服务的模式与限度》，《社会主义研究》2009 年第 5 期，第 55~59 页。

[296]宋洪远：《加强农村制度建设推进农村改革发展》，《教学与研究》2008 年第 12 期，第 5~9 页。

[297]宋利国、张亚娜：《社会管理创新背景下我国政务微博建设刍议》，《理论导刊》2012 年第 1 期，第 26~28 页。

[298]宋林飞：《"中国模式"的成功与未来》等，《社会科学战线》2006 年第 2 期。

[299]苏力：《审判管理与社会管理——法院如何有效回应"案多人少"?》，《中国法学》2010 年第 6 期，第 176~189 页。

[300]苏力：《二十世纪中国的现代化和法制》，《法学研究》1998
年第 1 期。

[301]苏力：《法治及其本土资源》，中国政法大学出版社 2004
年版。

[302]苏力：《送法下乡：中国基层司法制度研究》，中国政法大学
出版社 2000 年版，第 30~35、40~43 页。

[303]孙彩红：《试论社会管理创新和公民参与的作用及实现》，
《兰州学刊》2011 年第 6 期，第 37~41 页。

[304]孙彩红：《政府在社会管理创新中的"变"与"不变"》，《天水
行政学院学报》2011 年第 4 期，第 72~77 页。

[305]孙彩红：《县级政府农村社会管理创新的着力点》，《决策探
索》(下半月)2012 年第 2 期，第 38 页。

[306]孙潮：《平安世博催生社会管理创新——以上海市闵行区"城
市综合管理和应急联动机制"为例》，《行政管理改革》2010
年第 10 期，第 43~46 页。

[307]孙立平、郭于华：《"软硬兼施"：正式权力非正式运用的过
程分析》，《清华社会学评论》2000 年特辑。

[308]孙立平、晋军、何江穗、毕向阳：《动员与参与——第三部
门募捐机制的个案研究》，浙江人民出版社 1999 年版。

[309]孙立平：《改革前后中国国家、民间统治精英及民众间互动
关系的演变》，《中国社会科学季刊》1994 年第 1 卷。

[310]孙立平：《社会转型：发展社会学的新议题》，《开放时代》
2008 年第 2 期。

[311]孙立平：《走向积极的社会管理》，《社会学研究》2011 年第 4
期，第 22~32 页。

[312]孙立洲：《创新农村社会管理思路探析》，《江苏农村经济》
2011 年第 11 期，第 56~57 页。

[313]孙同文：《从威权政府到民主治理：台湾公共行政理论与实
务之变迁》，元照出版社 2003 年版。

[314]孙晓光：《深刻把握能动司法与推进社会管理创新的关系》，
《人民司法》2010 年第 11 期，第 52~53 页。

[315]孙晓莉：《西方国家政府治理的理念及其启示》，《社会科学研究》2005 年第 1 期。

[316]孙兴杰：《金砖四国之路：巴西》，长春出版社 2010 年版。

[317]孙永波：《公安机关推进社会管理创新应该着力把握的几个问题》，《公安研究》2010 年第 7 期，第 5～10 页。

[318]谭海波、蔡立辉：《论"碎片化"政府管理模式及其改革路径——"整体型政府"的分析视角》，《社会科学》2010 年第 8 期。

[319]谭桔华：《社会结构转型与社会管理创新》，《湖湘论坛》2011 年第 3 期，第 90～94 页。

[320]谭可为、吴细辉：《农村基层组织工作人员职务犯罪实证分析》，《法制与经济》(中旬刊) 2011 年第 10 期，第 12～13、15 页。

[321]汤辛鸣：《社会管理创新的内涵》，《当代社科视野》2011 年第 5 期，第 47 页。

[322]唐娟：《治理与善治研究综述》，转引自《中国政治学年鉴》编委会编：《中国政治学年鉴：2003-2005》，中国文联出版社 2006 年版。

[323]唐民擎：《浅析社会组织与社会管理创新》，《社团管理研究》2011 年第 9 期，第 8～10 页。

[324]唐鸣、赵鲲鹏、刘志鹏：《中国古代乡村治理的基本模式及其历史变迁》，《江汉论坛》2011 年第 3 期。

[325]滕尼斯著，林荣远译：《共同体与社会——纯粹社会学的基本概念》，北京大学出版社 2010 年版，第 340 页。

[326]田野：《浅析推进社会管理创新的法律应用》，《当代法学》2010 年第 6 期，第 152～156 页。

[327]田毅鹏：《"村落终结"与农民的再组织化》，《人文杂志》2012 年第 1 期。

[328]田毅鹏：《城市社会管理网格化模式的定位及其未来》，《学习与探索》2012 年第 2 期。

[329]仝志辉、贺雪峰：《村庄权力结构的三层分析》，《中国社会

科学》2002 年第 1 期。

[330]涂敏霞、陆士桢、沈杰：《社会管理创新与青年工作》，《青年探索》2011 年第 3 期，第 93~96 页。

[331]万宝瑞：《关于农民专业合作社当前急需关注的几个问题》，《农业经济问题》2010 年第 10 期，第 9~11 页。

[332]汪道胜：《积极探索"法务前沿工程"努力创新基层社会管理与服务路径》，《中国司法》2011 年第 10 期，第 14~15 页。

[333]汪锦军：《从行政侵蚀到吸纳增效：农村社会管理创新中的政府角色》，《马克思主义与现实》2011 年第 5 期，第 162~168 页。

[334]汪锦军：《论行政主导模式下农村社会管理创新中的政府角色》，《行政管理改革》2012 年第 1 期，第 60~64 页。

[335]汪可威：《国家、资本与层峰组织：工会总会如何代表与实践资本家的利益?》，台湾"中山大学"政治学研究所硕士论文，1997 年。

[336]王承武、蒲春玲：《农村土地使用权流转的制约因素与路径选择》，《经济视角》(下)2008 年第 9 期，第 8~11 页。

[337]王德虹、罗丹、罗文：《推进社会管理创新的几个做法》，《中国检察官》2010 年第 9 期，第 69 页。

[338]王国强：《"法务前沿工程"理论与实践》，《中国司法》2009 年第 8 期，第 82~84 页。

[339]王卉：《农村社会管理创新问题探究》，《中共云南省委党校学报》2012 年第 1 期，第 128~130 页。

[340]王家梁：《本报记者张国庆余东明农村社会管理创新的样本》，《法制日报》。

[341]王建新、王凌光：《行政法视野下的社会管理创新——中国法学会行政法学研究会 2010 年年会综述》，《行政法学研究》2010 年第 4 期，第 133~140 页。

[342]王健、徐睿：《基层社会管理创新中的民生与自治互促共赢策略——成都村级公共服务和社会管理政策的实践与启示》，《社会科学研究》2012 年第 1 期，第 10~16 页。

［343］王乐泉：《深入推进社会管理创新　努力提高安置帮教工作水平》，《中国司法》2010 年第 10 期，第 6~8 页。

［344］王立民：《法治与社会管理创新》，《企业经济》2010 年第 7期，第 5~8 页。

［345］王丽慧、任海江：《服务型政府视角下县级政府管理方式的变革》，《行政与法》2009 年第 3 期，第 1~3 页。

［346］王铭铭、王斯福主编：《乡土社会的秩序、公正与权威》，中国政法大学出版社 1997 年版，第 464 页。

［347］王锐：《关于公安机关深入推进社会管理创新不断提升维护稳定能力的认识与思考》，《公安研究》2011 年第 1 期，第 8~12 页。

［348］王胜俊：《扎实推进三项重点工作　努力实现人民法院工作新发展》，《求是》2010 年第 14 期，第 7~9 页。

［349］王诗宗：《治理理论及其中国适用性》，浙江大学出版社 2009年版。

［350］王思斌：《村干部的边际地位与行为分析》，《社会学研究》1991 年第 4 期，第 46~51 页。

［351］王秀汉：《延伸法律监督触角　推进社会管理创新》，《天津人大》2011 年第 4 期，第 36~37 页。

［352］王勇：《近年来我国社会管理问题研究综述》，《云南社会科学》2007 年第 5 期，第 30~32 页。

［353］王宇翔、陈建华：《中国古代乡村治理模式的影响因素、特点及其变迁》，《西北农林科技大学学报》（社会科学版）2011年第 6 期。

［354］王玉宝：《政法维稳视域下的基层社会管理创新》，《湖北函授大学学报》2011 年第 12 期，第 44~45 页。

［355］王占益：《强化农村社会管理　推动新农村建设》，《山东省经济管理干部学院学报》2010 年第 2 期，第 126~128 页。

［356］威尔逊著，王铁生译：《利益集团》，五南图书出版社 1993年版。

［357］魏娜、刘蕾：《社会管理创新背景下的和谐社区建设》，《甘

肃理论学刊》2011 年第 6 期，第 119~124 页，112 页。

[358]魏小龙：《试析公安机关社会管理创新的体系结构与实践路径》，《公安研究》2010 年第 12 期，第 32~37 页。

[359]魏新生、朱建璋：《农村社会管理创新的若干思考》，《宁波经济》(三江论坛)2009 年第 5 期，第 40~42 页。

[360]温莹莹：《非正式制度与村庄公共物品供给》，《社会学研究》2013 年第 1 期。

[361]乌尔里希·贝克著，何博闻译：《风险社会》，译林出版社2004 年版，第 15 页。

[362]乌杰：《中国政府与机构改革》，国家行政学院出版社 1998年版，第 170 页。

[363]吴爱英：《加强刑释解教人员安置帮教工作深入推进社会管理创新》，《中国司法》2010 年第 10 期，第 9~12 页。

[364]吴开松：《社会资本与民族地区农村社会管理创新》，《华中师范大学学报》(人文社会科学版)2012 年第 2 期，第 15~22 页。

[365]吴丽峰：《农村社会管理模式改革》，《延边党校学报》2008年第 1 期，第 50~52 页。

[366]吴秋菊、林辉煌：《中国农村进入风险社会》，《中国社会科学报》2011 年 7 月 30 日。

[367]吴新叶：《农村社会管理的动力机制与实现路径》，《河南师范大学学报》(哲学社会科学版)2010 年第 2 期，第 142~145 页。

[368]吴毅：《小镇喧嚣：一个乡镇政治运作的演绎与阐释》，三联书店 2007 年版，第 620 页。

[369]吴玉琦、徐安怀、梅红、龚新雨：《检察机关推进社会管理创新的调查与思考——以法律监督为视角》2010 年第 6 期。

[370]伍敏、杨莉：《创新虚拟社会综合管控机制》，《湘潮》(下半月)2010 年第 10 期，第 63、65 页。

[371]夏建中：《国外社会学关于城市社区权力的界定》，《江海学刊》2001 年第 5 期。

[372]夏黎阳：《行政执法检察监督与社会管理创新问题研究》，
《人民检察》2011 年第 4 期，第 35～37 页。

[373]夏征农、陈至立：《大辞海：政治学·社会学卷》，上海辞书
出版社 2010 年版。

[374]向春玲：《论多种社会主体在社会管理创新中的作用》，《中
共中央党校学报》2011 年第 5 期，第 89～93 页。

[375]向德平、高飞：《社区参与的困境与出路——以社区参理事
会的制度化尝试为例》，《北京社会科学》2013 年第 6 期。

[376]项辉、周威峰：《农村经济精英与村民自治》，《社会》2001
年第 12 期。

[377]辛鸣：《社会管理创新的社会背景与实践要求》，《今日浙
江》2011 年第 9 期，第 28～29 页。

[378]邢露：《人民法院参与社会管理创新途径之探索》，《法制与
社会》2012 年第 1 期，第 195～196 页。

[379]熊昌茂：《现阶段农村社会管理创新的路径研究》，《常州大
学学报》(社会科学版)2011 年第 3 期，第 43～46 页。

[380]徐超华：《政府部门间协调机制问题初探》，《武陵学刊》2010
年第 3 期。

[381]徐朝光：《职业共同体与中国经验：以基层司法职业共同体
为例》，武汉大学硕士学位论文，2010 年。

[382]徐理响：《从动员式参与到自主式参与——农村公共事务治
理中的农民角色分析》，《学术界》2011 年第 5 期。

[383]徐炜、曾琼：《西方政治社会学理论模式述评》，《武汉大学
学报》2006 年第 6 期。

[384]徐炜等：《中国农村社会秩序的重建：法务前沿工程的历史
社会学解析》，《アシァのれきしと文化》(亚洲历史与文化)
(日本)，アジァれき l. 文化研究会编，平成 25 年(2013 年)
3 月，第十七辑，第 91～98 页。

[385]徐霄飞：《司法治理与社会管理创新》，《前线》2012 年第 1
期，第 29～30 页。

[386]徐勇：《论乡政管理与村民自治的有机衔接》，《华中师范大

学学报》(哲学社会科学版)1997 年第 1 期,第 22~28、130 页。

[387]徐勇:《现代国家的建构与村民自治的成长——对中国村民自治发生与发展的一种阐释》,《学习与探索》2006 年第 6 期。

[388]徐勇:《中国农村村民自治》,华中师范大学出版社 1997 年版。

[389]徐镇强、何彩英:《我国社会管理创新学术滞后探微——文献学视角下的社会管理创新研究现状分析》,《浙江师范大学学报》(社会科学版)2011 年第 5 期,第 104~110 页。

[390]许立一:《从形式参与迈向实质参与的公共治理:哲学与理论的分析》,《公共暨行政策学报》2011 年总第 52 期。

[391]许芸、孙建:《大学生"村官"制度与农村社会管理创新》,《青海社会科学》2012 年第 1 期,第 24~28 页。

[392]许振奇:《一个山区农村社区矫正的模式——基于罗田县法务前沿工程中的社区矫正调查》,《中国司法》2011 年第 11 期,第 71~77 页。

[393]闫镇国:《履行法律监督职能参与社会管理创新》,《人民检察》2010 年第 14 期,第 77 页。

[394]颜如春:《当代中国的政府与社会关系模式探析》,《探索》2006 年第 3 期。

[395]阳信生:《农村社会管理服务的缺陷与政府对策》,《湖南农业大学学报》(社会科学版)2008 年第 1 期,第 36~41 页。

[396]杨建顺:《行政法视野中的社会管理创新》,《中国人民大学学报》2011 年第 1 期,第 102~109 页。

[397]杨建顺:《中国人民大学法学院教授博士生导师比较行政法研究所所长社会管理创新的内容、路径与价值分析》,《检察日报》。

[398]杨金:《基层党建与社会管理创新的生动实践》,《贵州日报》。

[399]杨立新、侯琦:《试论转型期我国社会管理创新的若干问

题》，《党政干部学刊》2010 年第 12 期，第 53~55 页。

[400] 杨佩龙：《当前我国社会管理领导体制改革实践研究——兼论创新社会治理体制》，《湖北社会科学》2014 年第 1 期。

[401] 杨平：《欠发达地区加强和创新农村社会管理的着力点——对欠发达地区农村社会管理创新的调查与思考》，《产业与科技论坛》2011 年第 6 期，第 180~182 页。

[402] 杨嵘均：《论治理理论在新农村建设中的境遇及其出路》，《江苏社会科学》2010 年第 6 期。

[403] 杨瑞松：《病夫、黄祸与睡狮："西方"视野的中国形象与近代中国国族论述想像》，台湾政治大学出版社 2010 年版。

[404] 杨绍华、易赛键：《以改革创新精神破解社会管理难题——深圳市社会管理创新工作调研》，《求是》2010 年第 17 期，第 54~55 页。

[405] 杨淑雅：《检察工作参与社会管理创新探析》，《中国刑事法杂志》2010 年第 12 期，第 98~100 页。

[406] 杨素英：《为推进基层社会管理创新太原农村将建村务监督委员会》，《山西经济日报》。

[407] 杨绪斌：《计划生育村民自治的理论与实践》，《市场与人口分析》2004 年第 2 期，第 68~74、22 页。

[408] 杨雪冬：《市场发育、社会成长和公共权力构建》，河南人民出版社 2002 年版，第 49 页。

[409] 杨智：《探讨"法务前沿工程"对人民调解功能的拓展与完善》，《人民调解》2010 年第 11 期，第 39~40 页。

[410] 叶敏：《从政治运动到运动式治理——改革前后的动员政治及其理论解读》，《华中科技大学学报》2013 年第 2 期。

[411] 叶启政：《社会学理论的本土化建构》，北京大学出版社 2006 年版，第 21 页。

[412] 殷民娥：《村民自治下的村级社会管理的路径选择——以霍山县落儿岭村为例》，《合肥学院学报》(社会科学版) 2009 年第 3 期，第 69~72 页。

[413] 殷燕敏：《新经济浪潮与中国乡土社会结构双重转型》，《武

汉大学学报》(社会科学版)2003年第3期,第380~384页。

[414]应松年:《社会管理创新引论》,《法学论坛》2010年第6期,第5~9页。

[415]游垠:《社会建设与社会管理创新需突破哪些瓶颈》,《法制日报》。

[416]于建嵘:《共治权威与法治权威——中国政治发展的问题和出路》,《当代世界社会主义问题》2008年第4期。

[417]于建嵘:《利益表达、法定秩序与社会习惯——对当代中国农民维权抗争行为取向的实证研究》,《中国农村观察》2007年第6期。

[418]于建嵘:《农村治理的问题与对策》,《中国政法大学学报》2008年第4期。

[419]于水、杨萍:《"有限主导——合作治理":未来农村社会治理模式的构想》,《江海学刊》2013年第3期。

[420]于秀琴等:《"点线成面"的社会治理联动机制研究》,《当代世界社会主义研究》2014年第1期。

[421]余亚梅、唐贤兴:《政府部门间合作与中国公共管理的变革——对"运动式治理"的再解释》,《江西社会科学》2012年第9期。

[422]俞可平:《中国农村治理的历史与现状》,《经济社会体制比较》2004年第2期。

[423]俞可平:《治理与善治引论》,《马克思主义与现实》1999年第5期。

[424]俞可平:《中国治理变迁30年:1978-2008》,《吉林大学社会科学学报》2008年第3期。

[425]俞可平:《〈中国治理评论〉发刊词》,见俞可平编:《中国治理评论》,中央编译出版社2012年版。

[426]俞可平:《改革开放30年政府创新的若干经验教训》,《国家行政学院学报》2008年第3期。

[427]郁建兴、高翔:《农业农村发展中的政府与市场、社会:一个分析框架》,《中国社会科学》2009年第6期,第89~103、

206~207 页。

[428] 郁建兴、王诗宗：《治理理论的中国适用性》，《哲学研究》2010 年第 1 期。

[429] 袁振华：《建立社会主义新农村必须创新农村社会管理机制》，《决策探索》2006 年第 4 期，第 20~21 页。

[430] 约翰·密尔：《论自由》，商务印书馆 1982 年版，第 125 页。

[431] 岳经纶、邓智平：《社会管理创新的理论与行动框架——以社会政策学为视角》，《探索与争鸣》2011 年第 10 期，第 48~52 页。

[432] 岳向阳、黄学昌、张德江：《社会管理创新与检察工作》，《中国检察官》2010 年第 13 期，第 69~76 页。

[433] 岳向阳、黄学昌、张守良：《化解社会矛盾的检察途径》，《中国检察官》2010 年第 9 期，第 72~80 页。

[434] 云山城：《推进公安机关社会管理创新若干问题的思考》，《中国人民公安大学学报》（社会科学版）2010 年第 5 期，第 107~110 页。

[435] 翟学伟：《中国人的关系原理：时空秩序、生活欲念及其流变》，北京大学出版社 2011 年版。

[436] 詹姆斯·R. 汤森著，顾速译：《中国政治》，江苏人民出版社 1995 年版，第 283 页。

[437] 詹姆斯·N. 罗西瑙主编，张胜军、刘小林等译：《没有政府的治理：世界政治中的秩序与变革》，江西人民出版社 2001 年版。

[438] 张春枫：《宁夏是怎样推进农村社区建设的》，《乡镇论坛》2010 年第 17 期，第 6~7 页。

[439] 张翠娥、万江红：《社会组织发展与农村社会管理主体多元化——基于农民合作经济组织发展历程的分析》，《华中农业大学学报》（社会科学版）2011 年第 2 期，第 14~17 页。

[440] 张国祥：《农村社会管理体制的探索与思考——以社区建设创新农村管理》，《社会主义研究》2008 年第 6 期，第 101~105 页。

[441] 张汉：《统合主义与中国国家—社会关系研究——理论视野、经验观察与政治选择》，《人文杂志》2014 年第 1 期。

[442] 张厚安：《中国农村基层政权研究》，四川人民出版社 1992 年版，第 196 页。

[443] 张欢、陆奇斌、王新松：《社会管理创新路径研究》，《中国行政管理》2012 年第 1 期，第 30~33 页。

[444] 张欢、胡静：《社会治理绩效评估的公众主观指标体系探讨》，《四川大学学报》2014 年第 2 期。

[445] 张紧跟：《当代中国地方政府间横向关系协调研究》，中国社会科学出版社 2003 年版，第 9 页。

[446] 张静：《法团主义——及其与多元主义的主要分歧》，中国社会科学出版社 1998 年版。

[447] 张举：《乡民自治：农村治理模式的一种选择》，《理论导刊》2005 年第 9 期。

[448] 张军：《创新刑事审判 化解社会矛盾》，《法律适用》2011 年第 2 期，第 3~5 页。

[449] 张开云：《社会组织供给农村公共服务：现状评价与政策取向》，《江西社会科学》2010 年第 11 期，第 219~225 页。

[450] 张康之：《论"后国家主义"时代的社会治理》，《江海学刊》2007 年第 1 期。

[451] 张立荣、汪志强：《当代中国政府社会管理创新——以麦肯锡 7-S 系统思维模型为分析框架》，《江汉论坛》2006 年第 10 期，第 13~15 页。

[452] 张旅平、赵立玮：《自由与秩序：西方社会管理思想的演进》，《社会学研究》2012 年第 3 期。

[453] 张平伟：《新疆农村基层组织建设的研究》，新疆农业大学硕士学位论文，2009 年。

[454] 张思宁：《社会管理创新与制度层面上的社会主义核心价值体系建构》，《求索》2010 年第 12 期，第 101~102、122 页。

[455] 张小劲、景跃进：《比较政治学导论》，中国人民大学出版社 2008 年版。

[456] 张昕：《转型中国的治理与发展》，中国人民大学出版社 2007 年版。

[457] 张新光：《20 世纪以来中国乡镇行政管理体制改革的回顾与前瞻》，《学习与实践》2006 年第 10 期，第 47~56 页。

[458] 张星久：《对传统社会宗族、乡绅历史地位的再认识》，《湖北行政学院学报》2002 年第 4 期，第 5~8 页。

[459] 张星久：《农村宗族问题与村级治理的初步研究——以湖北省农村为例》，《湖北行政学院学报》2004 年第 5 期，第 56~59 页。

[460] 张星久：《走向共和——从合法性视角看中国近代政体"激进"变革的原因》，《学习与实践》2010 年第 1 期，第 50~57 页。

[461] 张星久：《象征与合法性：帝制中国的合法化途径与策略》，《学海》2011 年第 2 期，第 49~57 页。

[462] 张学东、李红霞：《当前农村社会管理存在的问题及其治理策略——基于河北省 76 个农村的调查与分析》，《重庆社会主义学院学报》2011 年第 1 期，第 95~96 页。

[463] 张学栋、李克章、余贞备：《广东镇域社会管理创新与农村公共服务调研报告》，《中国行政管理》2012 年第 3 期，第 121~123 页。

[464] 张艳娥：《统一战线在农村社会管理创新中的功能与作用探析》，《重庆社会主义学院学报》2011 年第 6 期，第 31~34 页。

[465] 张云英：《农村社会组织：农村社会管理创新的基础》，《湖南农业大学学报》(社会科学版)2011 年第 6 期，第 1~4 页。

[466] 张志超：《检察机关参与社会管理创新的路径思考》，《中国检察官》2011 年第 24 期，第 16~18 页。

[467] 张智富：《浅谈加强农村基层社会管理的有效路径》，《商业文化》(下半月)2012 年第 3 期，第 130~131 页。

[468] 张子建：《西方政府三 E 取向改革对我国推进社会管理创新的启示》，《江西行政学院学报》2006 年第 2 期，第 20~

22 页。

[469] 张祖荣:《论农业保险在新农村建设中的作用》,《经济问题》2009 年第 12 期,第 74~76 页。

[470] 赵锋:《乡镇政府面临的问题和对策》,《探索》1989 年第 4 期,第 73~76 页。

[471] 赵居伦:《关于公安工作服务社会管理创新的思考》,《吉林省教育学院学报》(学科版)2010 年第 9 期,第 42~44 页。

[472] 赵树凯:《乡村治理:组织和冲突》,《战略与管理》2003 年第 6 期。

[473] 赵穗生:《"国强民弱"现象论——当代中国大陆国家与社会关系变动分析》,见周雪光主编:《当代中国的国家与社会关系》,桂冠图书股份有限公司 1992 年版。

[474] 赵祥麟:《检察机关参与社会管理创新研究》,《中国刑事法杂志》2010 年第 10 期,第 88~93 页。

[475] 赵旭东:《秩序、过程与文化——西方法律人类学的发展及其问题》,《环球法律评论》2005 年第 5 期。

[476] 郑秉文:《社会凝聚:拉丁美洲的启示》,当代世界出版社 2009 年版。

[477] 郑杭生:《社会学视野中的社会建设与社会管理》,《中国人民大学学报》2006 年第 2 期,第 1~10 页。

[478] 郑杭生:《社会学概论》,人民大学出版社 2008 年版。

[479] 郑杭生、黄家亮:《当前社会管理和社区治理的新趋势》,《甘肃社会科学》2012 年第 6 期。

[480] 郑杭生:《"理想类型"与本土特质》,《社会学评论》2014 年 6 月第 2 卷第 3 期。

[481] 郑杭生:《促进中国社会学的"理论自觉"——我们需要什么样的中国社会学?》,《江苏社会科学》2009 年第 5 期。

[482] 郑杭生:《论"传统"的现代性变迁——一种社会学视野》,《学习与实践》2012 年第 1 期。

[483] 郑杭生:《社会建设和社会管理研究与中国社会学使命》,《社会学研究》2011 年第 4 期,第 12~21 页。

［484］郑杭生：《社会学概论》，中国人民大学出版社 2008 年版，第 5 页。

［485］郑杭生：《中国模式或中国经验与当代中国社会学再研究》，《江苏社会科学》2010 年第 6 期。

［486］郑红娥、贺蕙先：《乡村治理的困境与新农村建设》，《农村经济》2008 年第 7 期。

［487］郑向东、侯祖戎：《我国县域社会包容式治理研究——以重庆市巫溪县社会管理创新实践为例》，《中国市场》2011 年第 37 期，第 52~60 页。

［488］郑萱：《张连珍在政协中共界委员联组讨论时发言提出推动社会管理创新促进社会和谐稳定》，《江苏政协》2011 年第 3 期，第 19 页。

［489］郑永年：《国际发展格局中的中国模式》，《决策与信息旬刊》2011 年第 5 期。

［490］郑泽金、冯裕芳、张国祥：《基层社会管理创新的实践与探索——乐天溪镇社会管理创新调查》，《三峡论坛》(三峡文学·理论版)2011 年第 5 期，第 1~5、147 页。

［491］中共绍兴市委党校、绍兴市"枫桥经验"研究会编：《"枫桥经验"与新城镇社会管理创新研究》，中国社会科学出版社，2013 年版，第 89 页。

［492］中国妇运：《以实施民生工程为切入点积极参与社会管理创新》，《中国妇运》2011 年第 6 期，第 23~25 页。

［493］中国浦东干部学院学报：《推行"农事村办"制度探索农村社会管理和服务新模式》，《中国浦东干部学院学报》2011 年第 2 期，第 125~130 页。

［494］钟其：《"县域善治"：基层社会管理创新的理想模式》，《浙江学刊》2012 年第 1 期，第 166~171 页。

［495］钟涨宝、狄金华：《社会转型与农村社会管理机制创新》，《华中农业大学学报》(社会科学版)2011 年第 2 期，第 7~13 页。

［496］钟涨宝、高师：《后税改时代的乡村治理改革》，《农村经

济》2007 年第 11 期。

[497]钟涨宝:《农村社会学》,高等教育出版社 2010 年版,第 75 页。

[498]钟涨宝等:《社会转型与农村社会管理机制创新》,《新华文摘》2011 年第 15 期。

[499]周本顺:《走中国特色社会管理创新之路》,《求是》2011 年第 10 期,第 37~38 页。

[500]周春霞:《结构功能主义视阈下的农村社会管理创新——基于 2005CGSS 的实证分析》,《东南学术》2012 年第 3 期,第 49~61 页。

[501]周飞舟:《从汲取型政权到"悬浮型"政权——税费改革对国家与农民关系之影响》,《社会学研究》2006 年第 3 期。

[502]周光辉:《如何实现社会管理创新》,《理论视野》2011 年第 3 期,第 27~29 页。

[503]周航、赵连章:《社会组织发展与社会管理创新》,《东北师范大学学报》(哲学社会科学版)2011 年第 6 期,第 215~216 页。

[504]周红云:《作为全新改革理念的社会治理》,《学习时报》2014 年 2 月 24 日。

[505]周军:《关于社会管理创新几个问题的认识与思考》,《公安研究》2010 年第 8 期,第 9~11、38 页。

[506]周黎安:《转型中的地方政府:官员激励与治理》,上海人民出版社 2008 年版,第 87~95 页。

[507]周宁:《异想天开:西洋镜里看中国》,南京大学出版社 2007 年版。

[508]周沛:《农村社区中的权威结构》,《社会》1999 年第 1 期。

[509]周庆华:《"南通杯"有奖征文颁奖仪式暨"能动司法与促进社会管理创新"研讨会召开》,《人民司法》2010 年第 11 期,第 2 页。

[510]周水仙:《协同治理:农村社会管理创新模式——以衢州"三民工程"为例》,《山东省农业管理干部学院学报》2011 年第 1

期，第 18~20 页。

[511] 周晓红：《"中国经验"与"中国体验"》，《学习与探索》2012
年第 3 期。

[512] 周晓虹：《中国研究的可能立场与范式重构》，《社会学研究》2010 年第 2 期。

[513] 周晓虹：《社会建设：西方理论与中国经验》，《学术月刊》2012 年第 9 期。

[514] 周鑫泽：《农村社会组织发展与社会管理创新——基于浙江省枫桥镇的实证研究》，《中共浙江省委党校学报》2012 年第 1 期，第 12~18 页。

[515] 周雪光：《西方社会学关于中国组织与制度变迁研究状况述评》，见涂肇庆、林益民主编：《改革开放与中国社会：西方社会学文献述评》，牛津大学出版社 1999 年版。

[516] 周雪光：《中国政府的治理模式：一个"控制权"理论》，《社会学研究》2012 年第 5 期。

[517] 周雪光：《运动型治理机制：中国国家治理的制度逻辑再思考》，《开放时代》2012 年第 9 期。

[518] 周叶中、江国华：《法律理性中的司法和法官主导下的法治——佘祥林案的检讨与启示》，《法学》2005 年第 8 期，第 69~76 页。

[519] 周玉华：《法院在社会管理创新中的角色定位》，《法制资讯》2010 年第 11 期，第 48~50 页。

[520] 周振国、田翠琴：《以人为本：中国特色社会主义社会管理的核心理念》，《毛泽东思想研究》2011 年第 5 期，第 86~89 页。

[521] 周志忍：《政府绩效管理研究：问题、责任与方向》，《中国行政管理》2006 年第 2 期。

[522] 朱道亚：《中共国家与社会关系——近来的理论观点与文献分析》，《东亚研究》2007 年第 1 期。

[523] 朱海艳：《民间纠纷及其调解机制的人观研究》，武汉大学硕士学位论文，2010 年。

［524］朱建堂:《农民主体地位缺失分析与对策》,《湖北经济学院学报》2007 年第 1 期, 第 88~92 页。

［525］朱孝清:《充分发挥公诉职能作用深入推进三项重点工作》,《人民检察》2010 年第 14 期, 第 6~14 页。

［526］朱孝清:《当前侦查监督工作需要重点把握的几个问题》,《国家检察官学院学报》2010 年第 5 期, 第 3~11 页。

［527］朱莹:《促进农民工返乡创业推进社会管理创新》,《学理论》2012 年第 4 期, 第 75~76 页。

［528］竺乾威:《从新公共管理到整体性治理》,《中国行政管理》2008 年 10 期。

［529］庄天慧主编:《农村法治理论与实务》, 中国农业出版社 2008 年版。

［530］邹谠:《二十世纪中国政治: 从宏观历史与微观行动的角度看》, 牛津大学出版社 1994 年版。

［531］邹东升、冯清华:《城市烟花燃放"禁改限"的政策调整分析——基于政府社会管理创新的视角》,《社会科学家》2006 年第 6 期, 第 146~149 页。

二、英文文献

［1］Andrew Walder(1989). Social Change in Post-Revolution China. *Annual Review of Sociology*, No. 15.

［2］Andrew Walder(1995). Local Government as Industrial Firms: An Organizational Analysis of China's Transitional Economy. *American Journal of Sociology*, No. 101.

［3］Andrew Walder(1995). The Quiet Revolution from Within: Economic Reform as a Source of Political Decline. In Andrew Walder (eds.), *The waning of the Communist State*. Berkeley: University of California Press.

［4］Clements, Paul (1986). Aconceptual Framework for Analyzing, Managingand Evaluating Village Development Projects. *Sociologia Ruralis*, Vol. 26, No. 1, pp. 128-145.

[5] Figlio, Karl(1984). The Civilized Body: Social Domination, Control and Health. *Sociology of Health & Illness*, Vol. 26, No. 1, pp. 99-100.

[6] Fletcher, Robin(2005). Policingacompl excommunity; political influence on policing and its impact on local and central accountability. *Journal of Community & Applied Social Psychology*, Vol. 15, No. 3, pp. 170-187.

[7] Fukuyama(1999). Social Capitaland Civil Society. IMF conference on second generation reforms.

[8] Gerhard Lehmbruch (1982). Introduction: Neo-Corporatism in Comparative Perspective. In G. Lehmbruch & P. Schmitter (eds.), *Patterns of Corporatist Policy Making*, California: Sage Publication.

[9] Gran, Brian(2008). Publicor Private Management? A Comparative Analysis of Social Policies in Europe. *Sociology Compass*, Vol. 2, No. 5, pp. 1462-1490.

[10] Hawdon, James, John Ryan(2011). Neighborhood Organizations and Resident Assistanceto Policel. *Sociological Forum*, Vol. 26, No. 4, pp. 897-920.

[11] Howard J. Wiarda (1981). *Corporatism and National Development in Latin America*. Boulder: Westview Press.

[12] Howard J. Wiarda (1997). *Corporatism and Comparative Politics: The Other Great "Ism"*. New York: M. E. Sharp.

[13] Jack. P. Gibbs (1982). *Social Control: Views from the Social Sciences*. Beverly Hills, Calif, Sage Publications.

[14] Jackson, Jonathan, BenBradford (2009). Crime, policing and social order: on the expressive nature of public confidence inpolicing. *The British Journal of Sociology*, Vol. 60, No. 3, pp. 493-521.

[15] Jean Oi(1992). Fiscal Reform and Economic Foundations of Local State Corporatism in China. *World Politic*, No. 8.

[16] Jean Oi(1998). Evolution of Local State Corporatism. In Andrew

Walder(eds.), *Zouping in Transition: The Process of Reform in Rural North China*. Cambridge: Harvard University Press.

[17] Jean Oi(1999). *Rural China Takes off: Institutional Foundations of Economic Reform*. Berkeley: University of California Press.

[18] John Maurice Clark (1939). *Social Control of Business*. London: McGraw-Hill book company.

[19] John Paul Scott(1971). *Social Control and Social Change*. Chicago: University of Chicago Press.

[20] Jonathan Unger & Anita Chan (1995). China, Corporatism and East Asian Model. *The Australian Journal of Chinese Affairs*, No. 33.

[21] Jonathan Unger & Anita Chan (2008). Associations in a Bind: The Emergence of Political Corporatism. In J. Unger(eds.), *Associations and the Chinese State: Contested Spaces*, New York & London: M. E. Sharp.

[22] Joseph. S. Rouček (1956). *Social Control*. Princeton, VanNostrand.

[23] Kane, Robert J. (2002). The Social Ecology of Police Misconduct. *Criminology*, Vol. 40, No. 4, pp. 867-896.

[24] Katherine. Beckett & Steven. Kelly. Herbert (2010). *Banished: the New Social Control in Urban America*. New York: Oxford University Press.

[25] Kenneth G. Lieberthal(1992). Introduction: The Fragmented Authoritarianism Model and its Implications. In Kenneth G. Lieberthal & David M. Lampton (eds.), *Bureaucracy, Politics, and Decision-Making in Post-Mao China*. Berkeley: California University Press.

[26] Maria Edin (2003). State Capacity and Local Agent Control in China: CCP Cadre Management from a Township Perspective. *China Quarterly*, No. 173.

[27] Martin King Whyte(1975). Inequality and Stratification in China. *China Quarterly*, No. 64.

[28] Marx, Gary T. (1970). Civil Disorder and the Agents of Social Control1. *Journal of Social Issues*, Vol. 26, No. 1, pp. 19-57.

[29] Mastrofski, Stephen D., Jeffrey B. Snipes, Roger B. Parks, (2000). The helping hand of the law: police control of citizen son request. *Criminology*, Vol. 38, No. 2, pp. 307-342.

[30] Mc Clelland, Katherine E. (1990). The social management of ambition. *Sociological Quarterly*, Vol. 31, No. 2, pp. 225-251.

[31] Muldavin, Joshua (2000). The Paradoxes of Environmental Poli-cyand Resource Management in Reform-Era China. *Economic Geography*, Vol. 76, No. 3, pp. 244-271.

[32] Nina P. Halpern (1993). The Study of Chinese Society. In David Shambaugh (ed.), *American Studies of Contemporary China*. Washington D. C.: Woodrow Wilson Center Press.

[33] Nyerges, A. Endre (1992). The Ecology of Wealth-in-People: Agriculture, Settlement, and Society on the Perpetual Frontier. *American Anthropologist*, Vol. 94, No. 4, pp. 860-881.

[34] PaulS. Adams:《统合主义与比较政治》，Howard J. Wiarda 主编，李培元等译:《比较政治研究的新方向》，韦伯文化出版有限公司 2005 年版。

[35] Peter J. Katzenstein (1985). *Small State in the World Market: Industrial Policy in Europe*. New York: Cornell University Press.

[36] Peter J. Williamson (1989). *Corporatism in Perspective: An Introductory Guide to Corporatist Theory*. London: Sage Publication.

[37] Philippe C. Schmitter (1971). *Interest Conflict and Change in Brazil*, Stanford: Stanford University Press.

[38] Philippe C. Schmitter (1974). Still the Century of Corporatism. *The Review of Politics*, No. 1.

[39] R. A. W. Rhodes (1996). The New Governance: Governing Without Government. *Political Studies*, No. 44.

[40] Rosemary Barberet (1994). A Cross-cultural Comparison of Social Reform: The Growing Pains of the Battered Women's Movementsin

Washington, D. C. and Madrid, Spain. *Law & Social Inquiry*, Vol. 19, No. 4, pp. 923-966.

[41] Ruth B. Collier & David Collier(1979). Inducements versus Constraints: Disaggregating "corporatism". *American Political Science Review*, No. 73.

[42] Samuel P. Huntington (1975). The Democratic Distemper. *The Public Interest*, No. 41.

[43] Shepherd, Andrew(1995). Participatoryenvir on Mental Management: Contradiction of process, Project and Bureaucracy in the Himalayan Foot Hills. *Public Administration and Development*, Vol. 15, No. 5, pp. 465-479.

[44] Shiaw-Chian Fong(2000). *Corporatization or Privatization? Exploration of Consequences of Property Rights Reform in Chinese Rural Enterprise*. Paper in 29th Sino American Conference on Contemporary China. Taipei: Institute of International Relations.

[45] Victor Nee(1996). The Emergence of a Market Society: Changing Mechanisms of Stratification in China. *American Journal of Sociology*, No. 101.

[46] Vivienne Shue (1988). *The Reach of the State: Sketches of the Chinese Body Politics*. Stanford: Stanford University Press.

[47] William L. Parish (1975). Egalitarianism in Chinese Society. Problems of Communism, No. 29.

[48] You-tienHsing(2010). *The Great Urban Transformation: Politics of Land and Property in China*. New York: Oxford University Press.